福泰亨金号家族文书

傅为群 · 编著

上海科学技术出版社

图书在版编目（CIP）数据

福泰亨金号家族文书 / 傅为群编著. -- 上海 : 上海科学技术出版社, 2023.6
ISBN 978-7-5478-6172-1

Ⅰ. ①福… Ⅱ. ①傅… Ⅲ. ①家族—文书—汇编—上海 Ⅳ. ①K820.9

中国国家版本馆CIP数据核字(2023)第075786号

责任编辑　励　真
装帧设计　房惠平
电脑制作　谢腊妹
责任校对　卢秋萍

福泰亨金号家族文书
傅为群　编著

上海世纪出版（集团）有限公司
上　海　科　学　技　术　出　版　社　出版、发行
（上海市闵行区号景路 159 弄 A 座 9F-10F）
邮政编码 201101　www. sstp. cn
苏州工业园区美柯乐制版印务有限责任公司印刷
开本 889 × 1194　1/16　印张 11.75
字数 240 千字
2023 年 6 月第 1 版　2023 年 6 月第 1 次印刷
ISBN 978-7-5478-6172-1/G · 1164
定价：198.00 元

前言

20 世纪 30 年代，上海成为远东的最大金融中心，上海外滩时称“东方华尔街”。在黄浦滩路、九江路、宁波路、北京路、天津路、河南路六条马路上，金融机构总数达 180 家，上海全市金融机构总数不过 300 家左右，而这六条马路已经占了十分之六。1933 年 10 月，上海中外银行库存现银为 4.56 亿元。当时据中国银行总经理张嘉璈估计，全国银货之可称为资金者不过 6 亿元左右，而上海一埠就占全国资金总量的 76%，可见其集中的程度。1936 年，上海有国民党当局的中央银行、信托局等 18 家，华商银行 55 家，钱庄（包括钱兑业）约 80 家，信托公司 10 家，外商银行（包括日、德、意的）27 家，另有保险公司华商 20 家，外商约 50 家。

大概在 2007 年，上海市场流出一批老上海金号的家族文书，主要是上海福泰亨贞记金号的，内容包括创建金号的合同议墨、往来信函、标金账本、交易手册、发票收据等，以及几个铸造金条的模具，总数在一二百件。

这些书信文献时间跨度大致从 1920 至 1937 年，正是旧上海二三十年代，号称“远东最大金融中心”形成期和世界三大黄金市场之一的上海（仅次于纽约、伦敦）全盛时期。

该家族文书实物的主人为上海福泰亨金号经理高秋眉，家住上海华界小西门外大吉路谦益里二号。他曾任大德成金号经理，1925 年与他人合伙创办福泰亨贞记金号，又创办金业公所所属的私立金业初级商业职业学校并任校董。1935 年上海金业同业公会成立，他以 47 票高票（第四名）当选为理事。

这批家族文书实物，当属其后人流出，其中几个熔金铁模具是老上海金业遗珍，这种熔造金砖的铁质母范为目前仅见。

这批信函文书经笔者整理释读后，根据内容大致可分为六部分：

一、创立福泰亨贞记金号的合同议墨、印章模具等；

二、金业公所、金业公会、金业交易所、金业经纪人公会章程、通知和人事会务（共20件）；

三、委托代理标金买卖业务及信函；

四、账本清单及各种分红帖；

五、投资其他金融与实业；

六、社会公益和家庭日常。

·第一部分

为福泰亨金号创建的“合同议墨”数件。这种合伙人制度即近代公司制，其间股东所占股份也可转让。

在中国漫长的历史中，重农抑商一直是经济发展的基调，商业发展包括公司这种组织直到清末才纷纷涌现，从晚清到民国，公司的发展始终与挽救民族危亡，实现国家富强的历史叙事密不可分。商人希望立法对其利益进行保护，但1949年前的中国由于战乱和政局的动荡并未给公司提供一个特别理想的环境，导致近代公司的发展步履维艰，整体上限制了国民经济的发展。

·第二部分

有关金业同业公会组织的创建。进入民国以后，上海黄金交易发展迅速。1917年农商部颁布《工商同业公会规则》金业公所应依据新章重订规程，改组为金业公会，并咨传总商会，转部立案。这方面史料反映从金业公所、金业公会、金业商业同业公会和金业经纪人公会的组织沿革、有关章程、会议通知、选举成立等，其规范程度是与20世纪30年代上海黄金市场发展繁荣相呼应的。

近代上海金市机构沿革：

1905 年成立金业公所（北无锡路 43 弄 4 号）；

1917 年成立金业公会（北无锡路 43 弄 4 号）；

1920 年成立上海证券物品交易所（标金部）位于爱多亚路（今延安东路）；

1921 年成立上海金业交易所（九江路禾兴坊内）；

1934 年成立上海金业同业公会（北无锡路 43 弄 4 号。1937 年迁至天元银号内，仁记路今滇池路 119 号）；

1946 年成立上海证券交易所（标金部）（汉口路 422 号）。

· 第三部分

主要是福泰亨金号业务及标金交易的信函。

当时上海黄金交易品种主要有四类：

一、标金十两一条。俗称“大黄鱼”，每平七条，计重漕平 70 两，为期货交易主要标的物。日成交达 10 多万条。

二、矿金（砂金）。为国产，来自东三省和云南。

三、各国金块、金币。如日本金币多见，欧美次之。

四、赤条（赤金）每平五条。计重漕平 50 两，价格以一条十两计算，从史料上看福泰亨股东，每笔成交平均在 100 ~ 200 条，基本以期货形式交易。

另外，标金买卖与中国传统银两、银圆、外汇比价关系，价格则是每天都在变化的。如清末，1906 年担任出使英国大臣的汪大燮上奏：“昔者银十六而金一，今者银三十五六而金一。”说明一条标金初合银 160 元，后涨至 350 ~ 360 元不等。1916 年标金一条合 480 日元，1929 年 2 月 5 日一条标金合九八规元（虚银两）数约 355 两，1934 年 2 月 1 日按上海外滩汇丰银行挂牌，美汇 240 元合标金一条，1934 年 2 月 10 日合 346 美元。1934 年 2 月 20 日一条标金按外滩中央银行牌价，合海关

金（又称关金券）540元，等等。

文献实物中有一本《福泰亨金号每日行情记录簿》，信息含量极大，从1934年12月29日起至1935年6月25日，大致半年时间，正好处在抗战前夕。从记录本中可见，各种金银行情及外汇牌价，每日行情起伏波动大，其中黄金品种有标金、烚赤、纯金、标准金等；白银主要交易品种为大条银，又称“红毛条”“花旗条”等，主要为英美进口，价格均为每日电汇的国际行情，主要有英国伦敦、美国纽约、印度孟买和日本东京等市场交易信息，上海在20世纪30年代已成为世界黄金交易的第三大中心，仅次于纽约和伦敦，在印度孟买和日本东京之上。因此从记录上可见在上海参与金银交易国内外人数众多：有称为“大户”的，如中国、印度、英、美、汇丰、花旗等银行；有称“投机家”坐庄的主力；也有一般小钱庄、小银行称“银公司”；还有称为“大众”的，估计为市民散户。外汇买卖主要有先令、法郎、花旗，之后还有中国的关金券等，外汇与黄金挂钩，之前每日行情主要看汇丰银行（又称“外滩银行”）的每日牌价。1934年2月10日上海金业经纪人公会奉政府令通知改定新的度量衡，“所有买卖至2月20日起一律改用市平一两等于漕平八钱五分二厘五毫”。同年2月11日政府函令市场交货以上海中央银行每日挂牌行情为准，“交货以照是日中央银行初次挂牌海关金（即关金券）价格为准，以海关金514元合九九成色赤金一条（计市平十两）核算了结”。另外在研究中发现，在5月30日页面上，金号主人特意在记录本上写下了“沉痛”二字，虽仅二字，意义重大，其实为纪念1925年5月30日发生的“五卅惨案”，从1925年5月30日到1935年5月30日，十年祭，反映了当年一个商人的心境和政治觉悟。记录本真实记录了该时代的金融风云，正是其珍贵之处。

・第四部分和第五部分

主要是账本清单，涉及同业多家金号、金炉。金炉过去多见称银炉，但实际上银炉也铸金条、金元宝，只是主业有所不同，专称“金炉”想必主要冶炼黄金，也是首见，如祥泰金炉、同丰裕记金炉、方记和金炉、金业同业公会等，填补了以往史料的空白。账本记录时间从甲子年（1924 年）正月初九到除夕大年三十，内容丰富，业务涉及金号、金业公会、金业交易所、银楼、金炉、银炉、钱庄、中外银行、保险公司、洋行、布店、慈善机构、公馆大佬等共 66 家之多。其中，金号：宏兴永、天昌祥、东来信、大德昌、顺成、东来升、永成义、同丰永、大丰永、顺成、慎成、庆华、虞永和、生源、庆和永记金号、宁康永、裕发永、李葆记、泰康润、魏广兴荪记、信亨、义丰永、成丰永久记、三兴、裕康、恒兴。银楼：杨庆和久记、宝成裕、宝成裕记、老凤祥、老九霞、南天宝、景福、北庆云、裘天宝、杨庆和福记、新凤祥、新天宝、庆和祥。金炉：同丰裕记金炉、方记和金炉、祥泰金炉。银炉：生源、萃泰。钱庄：安裕、信成（申庄）、源通、致和、永春庄。银行及中外商号：上海银行、华比银行、花旗银行；哈同洋行、安达洋行；杨子保险公司、德律风公司（电话公司）、华洋德律风公司、老介福绸缎局。慈善机构：普爱堂（杜美路六号，今东湖宾馆）。涉及人物：刘聚卿（刘公馆）、陈庆平（陈公馆）、施再春（施公馆）、曾焕堂、伍渭英、王大吉等。

从分红帖得知福泰亨高秋眉等股东还投资其他金融业：如投资天宝金号和开设运大钱庄。分红帖有红利、官利、福食、薪奉等开支名目，另外账帖数字书写是当时的老式商用数码，又称“苏州码子”，历史悠久古已有之。

・第六部分

社会公益和家庭日常开支等。这部分书信史料中可见高秋眉创办的私人金业初

级商业学校，“灌以近代商业知识和学艺”，和过去的学徒制不一样，重视职业培训和文化教育以跟上近代商业文明的步伐。另外信中还涉及中国近代著名实业家慈善家曾铸的有关创办上海贫儿院的事迹，难能可贵。也是一件珍贵的史料。

2019年笔者出版了《老上海黄金图志》一书，共收入近代上海各个时期的“大黄鱼”“小黄鱼”金条实物250多件，珍贵历史照片了200帧，并将上海老金条的历史划分为四个时期。通过实物展现近代上海金市和金条的发展和演变史。如今《福泰亨金号家族文书》的出版，则是通过一个老金号的个体，折射出整个行业的发展，进而反映近代上海黄金市场的业态和商业运作，从一个侧面反映近代上海作为远东最大金融中心的地位。两书相得益彰，可互为补充。

傅为群

近代上海的金市与金条

专论一

在 20 世纪 20 年代末，上海已成为国内的金融中心，也是远东地区的国际金融中心。上海金市的黄金交易量仅次于伦敦和纽约两大金市，成为世界第三大金市。杨荫溥《中国交易所论》中讲到标金市场："吾国之最大金货市场，非特为上海及全国之金融界所瞩目，即欧美及日本金融界，亦因时受其交易之影响，而特加注意。故吾国之谈标金交易者，恒以上海金业交易所为其主体市场也。"

从 20 世纪 30 年代开始，上海金业交易所的金价不仅在各大报刊上刊登，而且还分电全国，全国各地的金市均以上海的金价为依据标价。此外，上海金业交易所的价格每日还要分电伦敦、纽约、巴黎、东京、孟买等世界各大金融市场。上海金市成为世界上屈指可数的黄金交易市场，并且对世界黄金价格的升跌产生重大影响。

"标金"是上海金市交易的主要品种，其形为长条式，长约四寸，宽约五分，酷似小砖。上海通行标金每条漕平十两（漕平一两合 1.178 54 盎司 *）。其成色为 978，978‰ 之意，故曰"九七八标金"或"标金"。早在光绪年金业公所《同业公订买卖规则》第 11 条规定"上海标金，以金业向章，包足九七八成色"。每条标金除镌有炼制之金号名称外，尚有熔制之年份及"标金"二字。

上海的黄金交易，在 19 世纪 60 年代就已经出现，直到 1902 年，才在现今的滇池路上出现了一个比较集中的黄金交易场所，这是上海黄金交易市场的雏形。光绪三十一年（1905 年）上海各大金号组成了金业公所，加入公所的金号有 30 余家，所址设在山西路北无锡路铸范里，为老式石库门房屋，今旧所尚存（为一家单位仓库占用）。笔者曾得以入内，所见屋顶木结构雕刻均保存完好，可见当年的辉煌。据仓库

* 注：金衡 1 盎司 =31.103 4 克。

职工介绍，过去的大门也是精雕细刻，惜现已被撤换。走出大门到弄口，东西两块界石依然砌在墙角里，“金业公所”四个大字清晰可辨。一百年前这一带炒金者人头攒动，道路为之塞拥。1907 年发生了影响较大的金市风潮，诱发原因是印度金矿工人罢工使印度赤金上市量骤减，引起金价陡升，银价狂泻。是日上海金市开盘，金价暴涨，整个市面为之牵动。当时上海的金号因做期货买卖，受该风潮而倒闭破产者极多。一般跟进的炒客一时焦头烂额，走投无路，上吊、服毒、跳黄浦江者大有人在。为此，1907 年 10 月底上海道发出禁止照会，并勒石明令禁止金业的买空卖空。兹节录于下：

照得上海金业常有买空卖空事，其买进者曰多头，其卖出者名曰抛盘。至期非真实买卖，并不各交现金现银，但以金价商抵核实其输赢之数，互相找给。前数年此风虽有，尚未大长，上年逐渐放大，即有金店倒闭，伙计逃亡，并闻因此自尽者，本年越做越大，近日金价陡涨，闻一人有输赢数十金者，核计通市输赢不下数百万，非仅关一人一家性命，实于上海市面大有掣动。查买空卖空大干禁例，本道访查得实，亟应严行禁止，以维市面而保身价。为此谕饬金业董事，以后如实买卖，无论中外商人均不禁止，其余买空卖空，以前概不追究，自本年十一月初一日起，一律永远禁绝。……除分别移行照会暨详请南洋大臣转咨农工商部立案，合就备文照会贵总董请烦查照，希一体查禁施行。

由于清政府禁止做黄金期货，以后的交易一度转移到英商麦加利银行上海分行内，之后又迁到华俄道胜银行。原公所作会议之用。

进入民国后，上海黄金交易迅速发展。1917 年（民国六年）农商部颁布《工商同业公会规则》。金业公所应依据新章重定规程，改组为金业公会，并咨传总商会，转部立案。当时入会金号有 38 家，1921 年（民国十年）上海金业交易所正式成立，地址在九江路禾兴坊内，标金交易主要在此进行，日成交高达 10 多万条。其时上海还有一处金市，即 1920 年（民国九年）成立的上海证券物品交易所下设的标金部，但标金交易量远不及前者。20 世纪 20 年代是上海金市的全盛期，交易金货种类，大致有四类：其一，标金。标金买卖以“一平”为最小单位，每平七条，计重漕平 70 两。从而 140 两、210 两、280 两，以平递加，其价格以一条十两计。另有一种说法：标金分小条和大条，大条标金重 70 两，即七小条合熔而成，称为“一平”。其二，矿金（砂金）。矿金为国产，来自东三省和云南。其三，各国金块、金币。以日本输入为佳、欧美次之，日本黄金输入多乃因日本离中国近，运费低，另外日金成色、重量较准确，金商比较信任。其四，赤条（赤金）。此为上海及外埠金店银楼应需之金货，买卖也以一平为最小单位。每平五条，计重漕平 50 两，价格则以一条十两计算，赤条交易每日 20 ~ 30 平，因此买卖成立于市场外，交易所仅负责为其登记。

关于标金与外汇结价大概可分为以下四个时期。一、英汇结价时期，第一次世界大战前，英镑为世界上最稳固之货币，其国际信用亦最高，故标金以英镑为结价标准。二、日汇结价时期，第一次世界大战发生，英国放弃金本位，英镑大跌，中国市场几为日本所独占，日元价格较稳定，故标金改以日元结价：每标金一条（漕平十两）合日金 480 元。三、第二次英汇结价时期，1924 到 1926 年间日元的价格上落甚大，殊不稳定，乃仍以英镑结价。四、美汇结价时期，1931 年 9 月 21 日英国重又放弃金本位，英镑大跌，乃舍英镑而以美汇结价。至 1934 年 2 月 1 日美政府实施美元贬值政策，减低金圆成色 40%，每一美元含纯金十三又七分之五格林，合旧时金圆五角九分六毫。金业交易所乃改算每标金一条含美金 364 元。之后国民政府一度禁止用外汇结价。自 1934 年和 1935 年起，国民政府先是推出由中央银行发行的关金券，后又推行法币政策，交易所即按中央银行每日之货币金价挂牌行市结价。

在全面抗战爆发之前，上海金业交易所是国内唯一的黄金市场，银行头寸的吞吐，投机家的操纵，多通过金业交易所黄金市场反映出来。1936 年 11 月国民政府实行新

货币政策，无限制买卖外汇以后，黄金失去外汇的依据，黄金投机开始趋于没落。

1937年“八一三”事变，日本侵略军进犯上海，金业交易所遂告停业。但不久之后，黄金黑市交易渐见展开，当时黑市集合处在仁记路119号（中国旅行社大楼）天元银号内，相当于茶会性质，每日上午聚谈交换行情。各金号银楼在该处大多装对讲电话，计有36家经纪人。此外，当时全市经营黄金交易的字号，统计不下300家之多。至1940年底，原36家经纪人又增至40家，分别代表了沪西邦、广帮（潮州邦）、北方邦及原金业交易所、银号、钱兑业等势力。黄金交易日盛，至于分布在各处的小型金号，约有1 000家，直接间接参加黄金买卖的人，包括从业人员、日汪官僚、银行钱庄职员、公馆太太奶奶等，不下50万人。

抗战胜利后，金业交易所并未复业，但黄金买卖仍十分兴盛，主要是分散在各处的证券字号门市的公开交易。1946年3月，国民政府公布外汇管理办法，并公开配售黄金，以“吸收游资，平衡物价”。至1947年1月4日止，通过央行共配售黄金79 382条（以十两条为单位）。1947年2月10日央行突然中止配售黄金，引起金价狂涨，当地物价也随之大涨，2月16日颁布《经济紧急措施方案》，禁止黄金买卖，并禁止外国币券在中国境内流通，故以经营黄金外汇交易为主要业务的金号、银号、钱兑业，自2月17日起自动停业，黄金买卖又转入黑市。1948年8月19日，金圆券出笼，国民党当局规定以200：1的比例强行收兑人民手中的黄金，禁止任何人持有。至此，上海的黄金市场彻底垮台，一般小额黄金交易，从此转入地下。

根据《李宗仁回忆录》记载，“民国三十七年八月金圆券发行后，民间之黄金、银圆及外币为政府一网打尽，当时监察院财政委员会秘密报告：全部库存黄金为390万英两……”这批黄金后大部分运抵台湾。

近代上海远东金融中心的形成

一、开埠：贸易金融时代（1843—1864）

160年前，一位法国冒险家如此描述黄浦滩：这是我们所能想象的最丑的地方，他那平庸的外貌具有一种令人可怕的单调乏味的气象。土地上没有一点树木，有一半淹在水里，差不多全部种上了庄稼，不计其数的污水涧和小河纵横交错，到处是坟墩，低矮肮脏的茅屋，其实只是竹子和干泥搭成的破棚子。一条黄浦江边船夫拉纤的小道，被煤屑、炉渣铺成了叫黄浦滩路的小马路。这就是当年的外滩。

1845年的《上海土地章程》揭开了西方建筑进入上海的第一幕。外滩变成了洋行街，最早一批建在外滩的洋房中有怡和洋行和琼记洋行。这一时期的洋行建筑，是在印度、中国澳门、中国香港流行的"买办风格"。这是一种不东不西的正方形的两层建筑。之后一批商业大王纷纷抢滩开设洋行。

从1843到1864年的21年间，上海的"港脚商人"成为商业大王，如怡和、宝顺、仁记、李白里等英商大洋行，以及美商的旗昌、同孚等洋行。在进入上海以前基本上是"代理行"，推销本国工业品或从事大规模的鸦片贸易。经上百年的发展，这些"港脚商人"逐渐有了独立的公司，成为远东"商业大王"。他们不仅控制了上海中外贸易，而且也将西方诸多金融业务导入了上海。其中最为重要的是国际汇兑，另外还有证券交易、保险业，以及城市土地（永租权）炒卖、抵押贷款等等。怡和洋行和旗昌洋行很早就经营汇兑交易且占有很大份额。

在当时上海的汇兑业中，怡和洋行及时掌握伦敦金融市场上英镑的牌价，对上海汇票价格具有决定性的影响，为此，怡和洋行甚至长期备有一艘高速飞剪船，平时隐蔽在芦苇丛中，每逢英国邮轮到达上海的船期前一天，就赶赴海上，取回怡和洋行的邮件。这样，怡和洋行能比其他银行提前一天获取伦敦金融行情。当第二天邮船到达

吴淞口后，领事馆所设书信馆邮差即飞马赶回上海，沿着黄浦江边大道飞驰着将各洋行邮包抛进他们的院子，此时怡和早已及时调整他所掌握的汇票买卖价格，从中获得巨额的盈利。

随着上海殖民经济的初步“繁荣”，1864年前在外滩开设的外国银行有：

1847 丽如银行（中文名称为“上海英国丽如号”）；

1854 阿加剌银行；

1854 有利银行；

1855 汇隆银行（1866年关闭）；

1858 麦加利银行；

1860—1864 汇川、利彰、利生、利升等英商银行；

1863 法兰西银行。

除了法兰西银行，这一时期黄浦滩片几乎全是挂着米字旗的英国银行。他们金融业务主要是国际汇兑、经营抵押放款、吸收存款（没有利息，甚至还要付手续费），以及发行钞票。这一时期，以英商为主的“外滩银行”，都还是商业银行，上海金融还停留在贸易金融阶段。

二、近代上海金融市场的形成（1864—1894）

汇丰银行的创建标志着上海金融业进入了一个新的发展阶段，它改变了开埠以来上海金融业的格局，它为近代上海本地化金融市场的形成奠定了基础。汇丰银行创立的意图在于控制“整个中国”的金融市场，进而建成辐射日本、东南亚的远东金融市场。这是上海金融中心的早期形成阶段。

汇丰银行原名香港上海银行有限公司，总行设在香港，创立于1864年，系英国的怡和仁记、美国的其昌洋行和德国、波斯等商人所发起，开设时华商亦有股份加入。后来华商的股份陆续出让，而美、德商人也因利害冲突，分道扬镳，所有股份依次归英商，最后为英人所独占。上海分行于1865年开办，最初在南京路口设上海分行，后迁黄浦江路12号。1923年在原址新建银行大楼。汇丰银行总行设在香港，而业务活动重心却在上海，直接由上海分行管辖其在中国各地的分行业务。1874年汇丰银行取得了对清政府“筹办台防借款”200万两的贷款权，1877年他取得了对左宗棠第四次“西征”借款500万两的贷款权。汇丰银行的成功，在外商中引起震动，进一步提高了在外商中的地位。

钱庄是我国旧式信用机构之一。随着外商银行在上海设立，上海钱庄在性质和业务上也发生了很大变化。外国资本主义企业要深入内地推销商品和掠夺原料，必须利用原有金融机构调拨资金，这样钱庄便首先成为受其利用的工具，在中外商人之间以及上海与内地之间起着调拨资金的媒介作用。据1858年《北华捷报》载，当时上海城内和租界地区约有钱庄120家，其中较大的钱庄以10天或20天的期票对经营棉织品等的批发商和鸦片掮客给予资金周转的便利。钱庄与外国银行成为“合伙人”，主要表现在两个方面：第一，上海钱庄发出的庄票，要在外商和外资银行的承认和支持下才能顺利流通，上海钱庄依赖外资银行的拆票才能扩大信用，增加放款和扩展业务范围；第二，外国银行的买办往往投资钱庄，也使外资银行更易于控制钱庄，在钱庄中培植其忠实的代理人。当时上海钱庄签发的银票被称为“上海头寸”，相当于硬通货，为中外贸易双方认可。钱庄较快地改变着营业模式，成为外国金融业的合作伙伴，从而连结国际金融与内地金融的重要工具。外资银行与中国的钱庄共同构成了上海乃至延伸到内地的金融网络。近代上海金融市场初步形成。

三、"外滩银行"从商业金融到财政金融（1895—1911）

20 世纪之交上海金融业发生的畸变：从单纯的商业和金融业务，逐步介入中国国家财政金融领域。甲午战争后，在"实业救国"的口号下，华资银行也出现在外滩。

清政府向上海外国银行借款始于 19 世纪 60 年代，如镇压太平天国运动，但借款仅限于地方财政范畴。1895 年中日《马关条约》后，清政府为了赔偿 2.3 亿两白银，在 1894 到 1898 年间，先后 7 次举借巨额外债，几乎每一笔都和外滩银行和海关有关。这些借款多以中国关税作为抵押，以上海规元作为核算单位。一部分在上海谈判签订，大部分借款还款最终还必须由上海相关的外国银行收解。于是，上海的"外滩银行"与赫德控制下的江海关，从此开始成为各国联手控制中国财政的主要工具。1901 年签订的《辛丑条约》，赔款高达 9.82 亿两白银。清政府无力偿还，被迫大举借款，帝国主义列强纷纷争做清政府的债主，到 1911 年三笔巨额借款，清政府均以关税、盐税作为抵押。这些款项的具体处置主要也在上海办理。正因如此，中国大宗财政收入落入了上海外滩银行的手中。上海外滩银行不仅介入了中国财政，而且与海关税务司联手控制了清政府财政命脉。

这一时期（1890—1911）新设的外滩银行有：

1890 德国 德华银行（黄浦滩路 14 号）；
1893 日本 横滨正金银行（黄浦滩路 31 号）；
1896 中俄 华俄道胜银行（黄浦滩路 15 号）；
1899 法国 东方汇理银行（黄浦滩路 29 号）；
1899 日本 台湾银行（黄浦滩路 16 号）；
1899 比利时 华比银行（黄浦滩路 20 号）；
1902 美国 花旗银行（九江路 A 字 1 号）；
1902 荷兰 荷兰银行（黄浦滩路 21 号）。

1897 年中国第一家华商银行“中国通商银行”在黄浦滩路 7 号成立。中国通商银行开业后，主要营业活动有三项：吸收存款，拆放业务，发行钞票。1897—1911 年，中国共开办了 17 家华资银行，其中 10 家在上海开设了总行或分行：

1897 中国通商银行（黄浦滩路 7 号）；

1905 户部银行（黄浦滩路 23 号，上海分行）（1908 年改名大清银行，1911 年改名中国银行）；

1906 四川濬川源银行（宁波路，在北苏州路设分行）；

1906 信成银行（南市大东门万聚码头）；

1907 浙江兴业银行（北京路 230 号）；

1907 信义银行（北河南路鹏程里）；

1908 交通银行（黄浦滩路 14 号，上海分行）；

1908 四明商业储蓄银行（北京路 240 号）；

1908 裕商银行（南京路）；

1910 浙江银行（北京路 39 号，上海分行）。

四、“东方华尔街”——远东金融中心形成（20 世纪 20、30 年代）

外滩包括后街，除了银行，还集中了钱庄、银号、证券交易所、金业交易所、银楼、信托公司和宝银的鉴定机构——公估局等金融机构。时人称“东方华尔街”。

1933 年 10 月，上海中外银行库存现金为 4.56 亿元，当时中国银行总经理张嘉璈估计，全国银货之可称为资金者不过 6 亿元左右，而上海一埠即占全国资金总量的 76%，可见其集中的程度。

国民政府建立垄断性的官僚资本金融体系，代表为中央银行、中国银行、交通银行、农民银行等四行，中央信托局、邮政储金汇业局两局，简称四行两局，总行机构

均设在上海。同时，中国重要银行的总行绝大部分也设在上海。1936年中、中、交、农银行在中国164家银行中，实收资本占42%，资产总额占59%，发行钞票占78%，纯益占44%，事实上控制了中国金融命脉。

1934年外滩设有中央银行、中国银行、交通银行、中国通商银行四家本国银行，还有麦加利、汇丰、有利、大英等英商银行，东方汇理、中法工商等法商银行，日商的横滨正金、台湾银行；荷商的荷兰银行，比法合办的义品放款银行，比商的华比银行，美商的友邦银行等共12家外资银行。1923年，汇丰银行在外滩兴建了高七层的银行大楼，被英国人自诩为“从苏伊士运河到远东的白令海峡最华贵建筑”，象征着汇丰银行在远东地区独一无二的地位。

上海的黄金市场规模之大与交易量之巨，“虽不足与伦敦、纽约媲美，然凌驾法、印、日而上之”。一位对中国深有研究的美国学者雷麦曾对上海的优越条件和贸易金融必然兴旺发达做过生动地描绘：“如果我们把新奥尔良和纽约合为一个密西西比河口的城市，这部分地域有些像中国，而这两处合成的一个城市在重要性上就有些像上海。”

1936年上海有外国银行27家，如将侨资银行9家归入，则有36家，占当时上海122家中外银行总家数的30%。这些银行都是构成上海远东地区的资金集散和资本流动为业务重心的。上海的外汇市场非常活跃。如汇丰银行挂牌交易的外汇共有15种，它进行大宗外汇买卖，对国际贸易和国际金融的发展与沟通起了巨大的作用。

1937年由于日本侵华，使上海沦陷前大批工厂和金融机构内迁，自1946年国民党政府发动内战，致使国内政局急剧动荡，经济形势随之恶化。严重的通货膨胀、物价飞涨使上海经济陷入困境。上海大量资金逃往香港，近代金融业在上海的退潮不可避免。

目录

一、创立福泰亨贞记金号

二、金业交易所、金业公会规章、会议和通知

三、委托代理标金买卖

四、账本清单及分红帖

五、其他金融业和实业

六、社会公益和家庭日常

七、附录

一 创立福泰亨贞记金号

1. 乙丑年（1925 年）创设福泰亨金号合同议墨之一

立合同议墨：伍渭英……高秋眉、高砚耘因意气相投，爰合集资本在上海创设福泰亨贞记金号。专营兑换赤金上海九七八标金以及仙令、东洋、美金兼收各路沙金、各国金币等交易，共合资本规元二万两匀作十股成议。计高秋眉君得一股发资本规元二千两，伍渭英君得二股发资本规元四千两，陈庆平君得二股发资本规元四千两，陈德源君得二股发资本规元四千两，高厥候（侯）君得二股发资本规元四千两，高砚耘君得一股发资本规元二千两。公请高秋梅君为经理，执管号内营业银钱伙友一切事宜并担完全责任。公请伍渭英君为查账员。今将公议条规详载于后：一议股本于签字日全交并不另立收据，官利常年一分，每届年底给发不得预支；一议本号银钱往来如暂时运用不敷由经理人调度；一议本号图章不得在外担保；一议本号不能兼做别种营业，各股东及经理暨各伙友不得私自挪移银钱以固基本，如挪移银钱归经理负责；一议代客买卖标金及各国汇票必须收足证金垫银，如遇市价涨跌应追加证金时立须向客户追足证金，尚未交足即照交易所章程报明结价，设有不足仍向原客户索偿，即各股东及其亲友

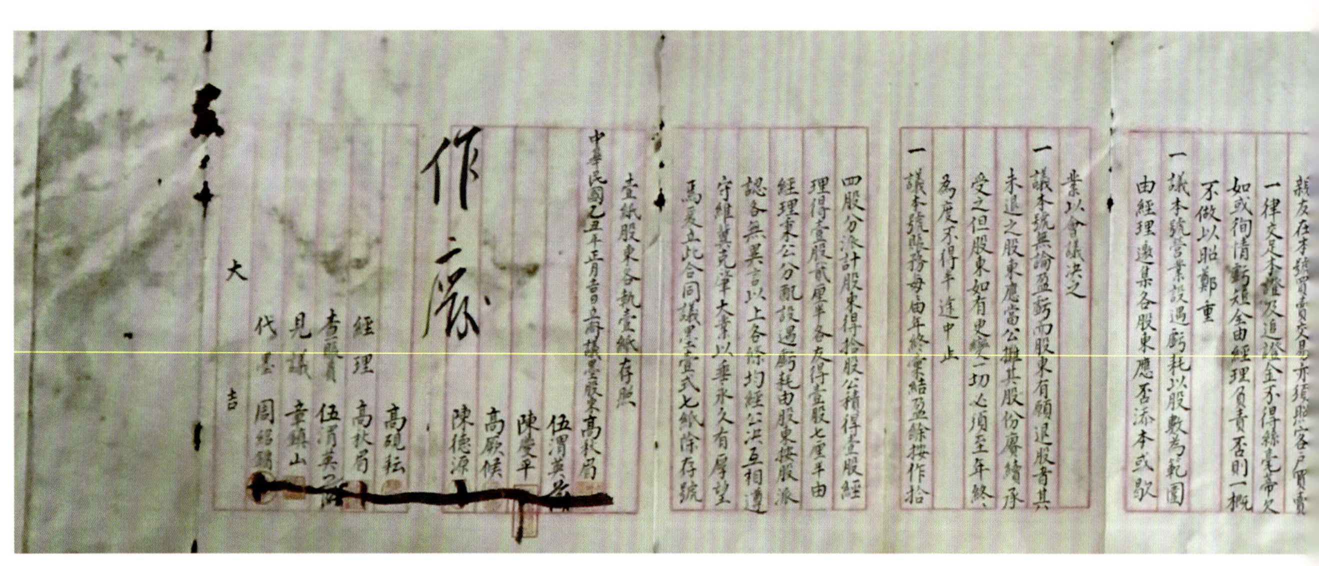

親友在本號買賣交易亦須照客戶買賣
一律交足本證及追證金不得絲毫帶欠
如或徇情虧短金由經理負責否則一概
不做以昭鄭重
一議本號營業設遇虧耗以股數為範圍
由經理邀集各股東應否添本或歇
業以會議決之
一議本號無論盈虧而股東有願退股者其
未退之股東應當公攤其股份賡續承
受之但股東如有更變一切必須至年終
為度不得半途中止
一議本號賬務每由年終結盈餘按作拾
四股分派計股東得捌股公積得壹股經
理得壹股貳厘半各友得壹股七厘半由
經理秉公分配設遇虧耗由股東按股派
認各無異言以上各條均經公決互相遵
守維冀克臻大業以垂永久有厚望
焉爰立此合同議墨壹式七紙除存號
壹紙股東各執壹紙存照
中華民國乙丑年五月吉日立議墨股東高秋眉
伍渭英
陳慶平
高厥候
陳德源
作廢
高硯耘
經理 高秋眉
查賬員 伍渭英
見議 章鎮山
代墨 周紹錫
大吉

· 乙丑年（1925 年）创设福泰亨贞记金号合同墨议（高秋眉君惠存）

在本号买卖亦须照客户买卖，一律交足本证及追证金，不得丝毫蒂欠，如或徇情亏短全由经理负责，否则一概不做以昭郑重；一议本号营业设遇亏耗以股数为范围由经理邀集各股东应否添本或歇业以会议决之；一议本号无论盈亏而股东有愿退股者，其未退之股东应公摊其股份赓续承受之，但股东如有更变一切必须至年终为度，不得半途中止；一议本号账务每届年终汇结盈余按作十四股分派，计股东得十股，公积得一股，经理得一股二厘半，各友得一股七厘半，由经理秉公分配，设遇亏耗，由股东按股派认，各无异言。以上各条均经公决互相遵守，维冀克肇大业以垂永久厚望焉！爰立合同议墨一式七纸，除存号一纸，股东各执一纸存照。

中华民国乙丑年正月吉日

立合同议墨股东高秋眉、伍渭英、陈庆平、高厥候（侯）、陈德源、高砚耘；

经理高秋眉；查账员伍渭英；

见议章镇山；代墨周绍镛

大吉

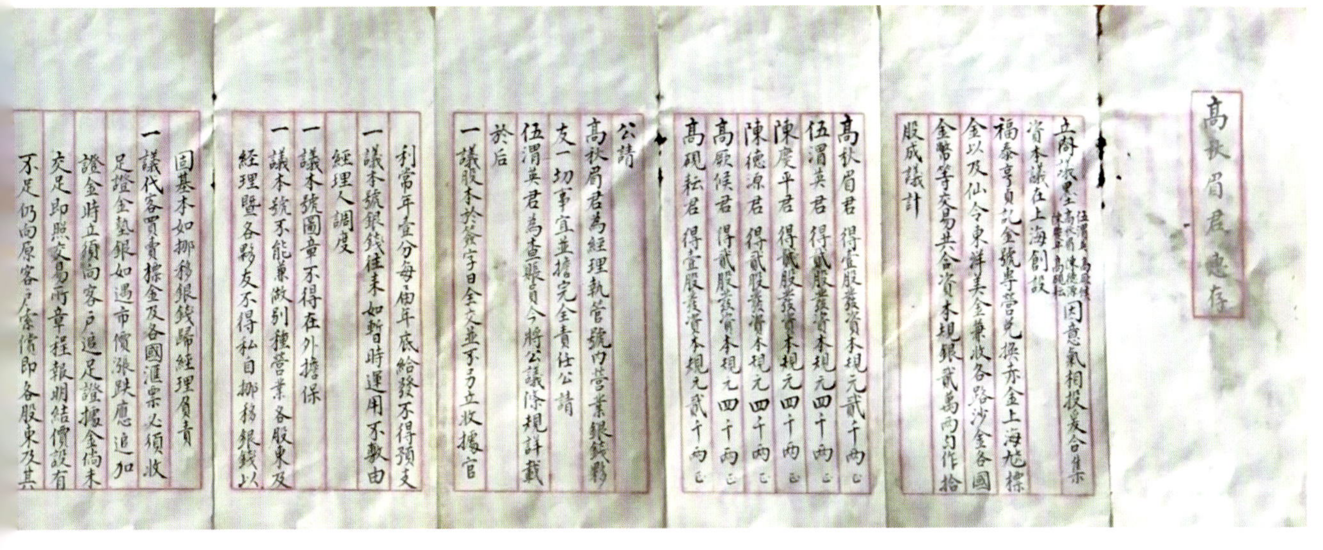

高秋眉君惠存

立合同議墨股東伍渭英 高厥候 高秋眉 陳德源 陳慶平 高硯耘因意氣相投爰合集
資本議在上海創設
福泰亨貞記金號專營兌換赤金上海赴標
金以及仙令東洋美金兼收各路沙金各國
金幣等交易共合資本規銀貳萬兩勻作拾
股成議計
高秋眉君 得壹股共資本規元貳千兩正
伍渭英君 得貳股共資本規元四千兩正
陳慶平君 得貳股共資本規元四千兩正
陳德源君 得貳股共資本規元四千兩正
高厥候君 得貳股共資本規元四千兩正
高硯耘君 得壹股共資本規元貳千兩正
公請
高秋眉君為經理執管號內營業銀錢夥
友一切事宜並擔完全責任公請
伍渭英君為查賬員今將公議條規詳載
於后
一議股本於簽字日全交並予另立收據官
利常年壹分每屆年底給發不得預支
一議本號銀錢往來如暫時運用不敷由
經理人調度
一議本號圖章不得在外擔保
一議本號不能兼做別種營業各股東及
經理暨各夥友不得私自挪移銀錢以
固基本如挪移銀錢歸經理負責
一議代客買賣標金及各國匯票必須收
足證金墊銀如遇市價漲跌應追加
證金時立須向客戶追足證據金倘未
交足即照交易所章程報明結價設有
不足仍向原客戶索償即各股東及其

20 世纪 20 年代上海外滩

上海外滩的第一次世界大战纪念碑，为自由女神像，抗战时被日军拆毁

清末上海的江海北关

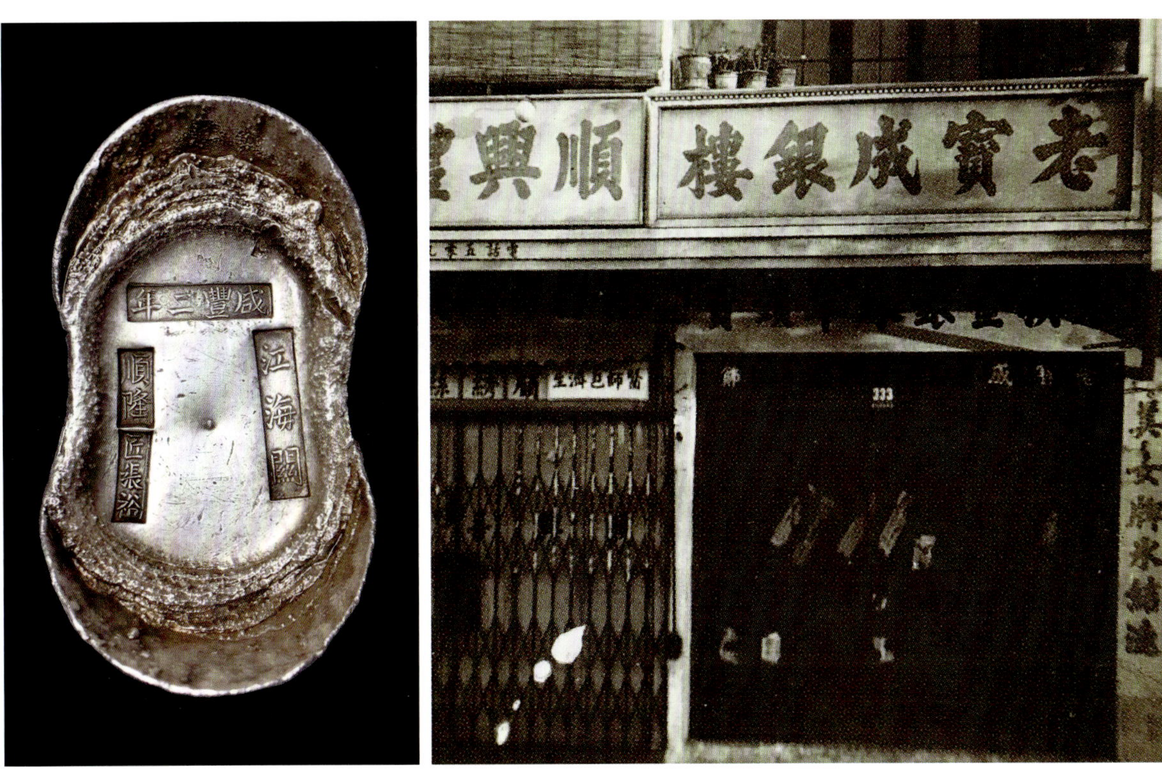

江海关清咸丰二年五十两银锭

老宝成银楼

· 南市（今黄浦区）内园。原为上海邑庙豫园的一部分，清乾隆年间，由上海钱业购下，作为“公所”

上海的商船会馆，距今已有300多年历史

清乾隆年间的十两金条。沉船打捞所出

2. 乙丑年（1925 年）创设福泰亨金号合同议墨之二

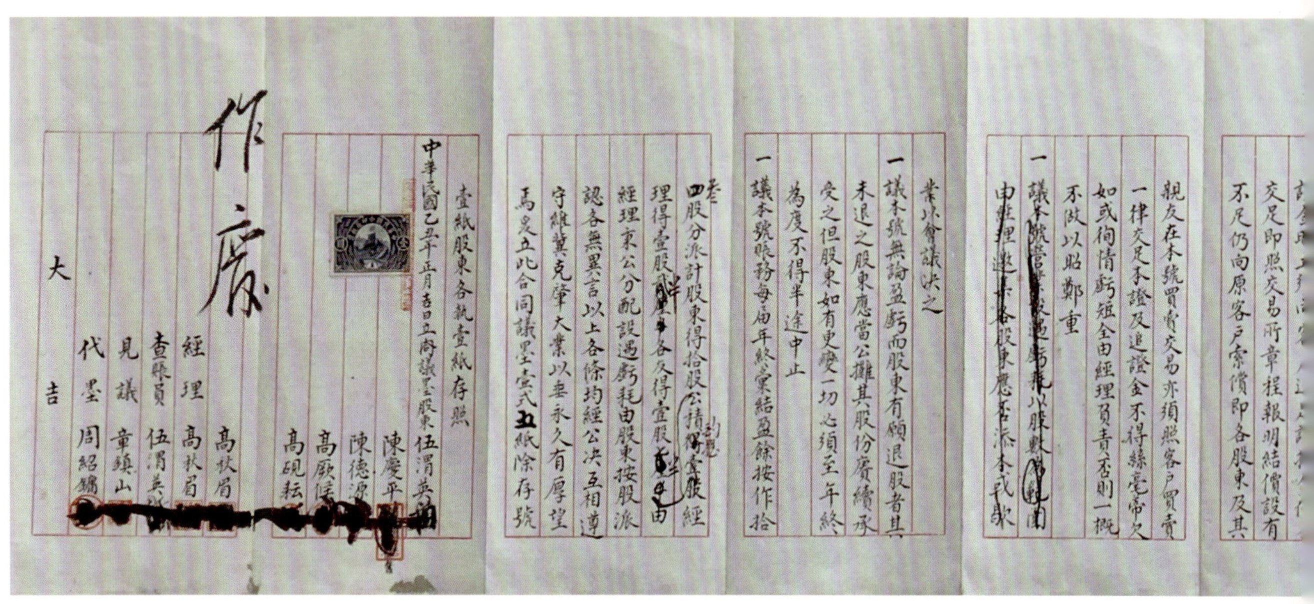

交足即照交易所章程報明結價設有
不足仍向原客戶索償即各股東及其
親友在本號買賣交易亦須照客戶買賣
一律交足本證及追證金不得絲毫帶欠
如或徇情虧短全由經理負責否則一概
不徇以昭鄭重
一議本號[illegible]以股數[illegible]
由經理邀[illegible]各股東應否添本[illegible]款
業以會議決之
一議本號無論盈虧而股東有願退股者其
未退之股東應當公攤其股份賡續承
受之但股東如有更變一切必須至年終
為度不得半途中止
一議本號賬務每屆年終彙結盈餘按作拾
四股分派計股東得拾股公積得壹股經
理得壹股[illegible]各得壹股[illegible]由
經理東公分配設遇虧耗由股東按股派
認各無異言以上各條均經公決互相遵
守維冀克肇大業以垂永久有厚望
焉爰立此合同議墨壹式五紙除存號
壹紙股東各執壹紙存照
中華民國乙丑年正月吉日立合議墨股東 伍渭英
陳慶平
陳德源
高厥候
高硯耘
高秋眉
經理 高秋眉
查賬員 伍渭英
見議 章鎮山
代墨 周紹鏞
大吉
作廢

• 乙丑年（1925 年）创设福泰亨贞记金号合同议墨（存号）

立合同议墨。陈庆平、伍渭英、陈德源、高厥候（侯）、高砚耘、高秋眉因意气相投，爰合集资本在上海创设福泰亨贞记金号。专营兑换赤金、上海九七八标金以及仙令、东洋、美金，兼收各路沙金、各国金币等交易，共合资本规银二万两匀作十股成议……

中华民国乙丑年（1925 年）正月吉日立

存　號

立

立㑹議墨陳慶平 伍渭英 陳德源 高厥候 高璣耘 高秋眉因意氣相投邑合集
資本議在上海創設
福泰亨貞記金號專營兑换赤金上海𣈱標
金以及仙令東洋美金兼收各路沙金各國
金幣等交易共合資本規銀貳萬兩勻作拾
股成議計
孫瑞祥君　叁股　六千兩
伍渭英君　得貳股資本規元四千兩　〇
陳慶平君　得貳股資本規元肆千兩　〇
陳德源君　得貳股資本規元肆千兩　〇
高厥候君　得貳股資本規元伍千兩　〇
高璣耘君　得壹股資本規元貳千兩　〇
高秋眉君　得壹股資本規元貳千兩　〇
周瑞祥君　弍股　四千兩

公請
高秋眉君為經理執管號內營業銀錢夥
友一切事宜並擔完全責任
伍渭英君為查賬　今將公議條規詳載
於后
一議股本於簽字日全交並不另立收據官
利常年壹分每届年底給發不得預支
一議本號銀錢往來如暫時運用不敷由
經理人調度
一議本號圖章不得在外擔保
一議本號不能兼做別種營業各股東及
經理暨各夥友不得私自挪移銀錢以
固基本如挪移銀錢歸經理負責
一議代客買賣標金及各國滙票必須收

3. 乙丑年（1925 年）股东高厥侯复金业公会函

福泰亨金号股东高厥侯、陈庆平等重组集资并请高秋眉任经理一事

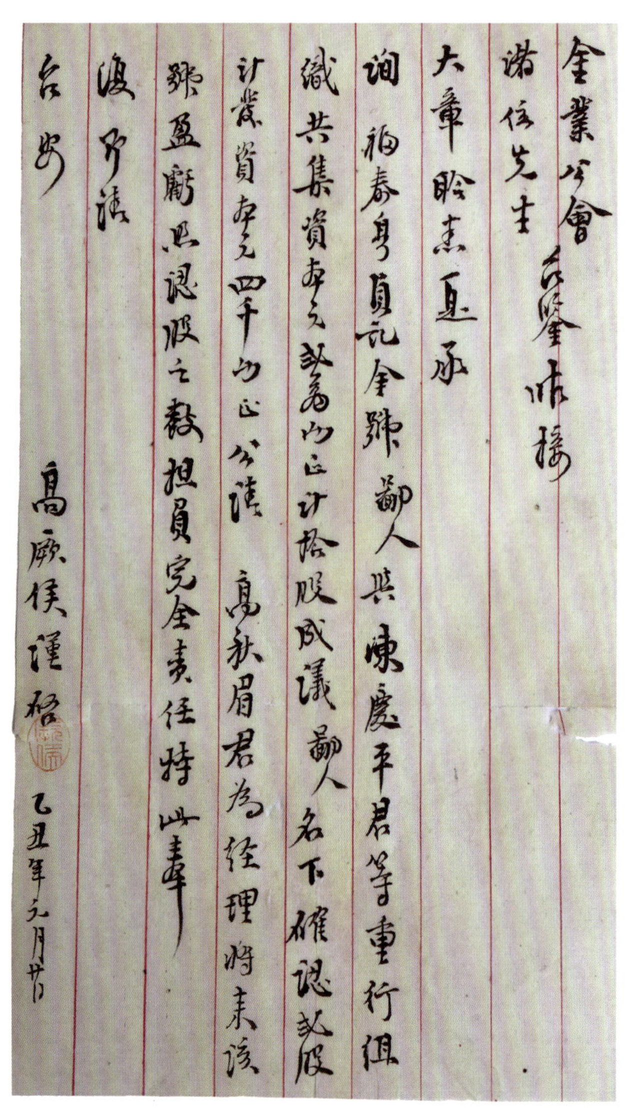

· 乙丑年（1925 年）股东高厥侯复金业公会函

· 上海金业公会致福泰亨金号高厥候（侯）先生信封

金业公会诸位先生台鉴：昨接大章聆□□承询福泰亨贞记金号，鄙人与陈庆平君等重行组织共集资本元二万两正计十股成议，鄙人名下确认二股计发资本元四千两正，公请高秋眉为经理，将来该号盈亏照认股之数担负完全责任。特此奉复。即请台安。

高厥侯谨启

厥侯（章）乙丑年元月廿日

4. 高秋眉复金业公会函（1925 年）

为创立福泰亨金号，高秋眉与陈庆平等重组集资本金一事

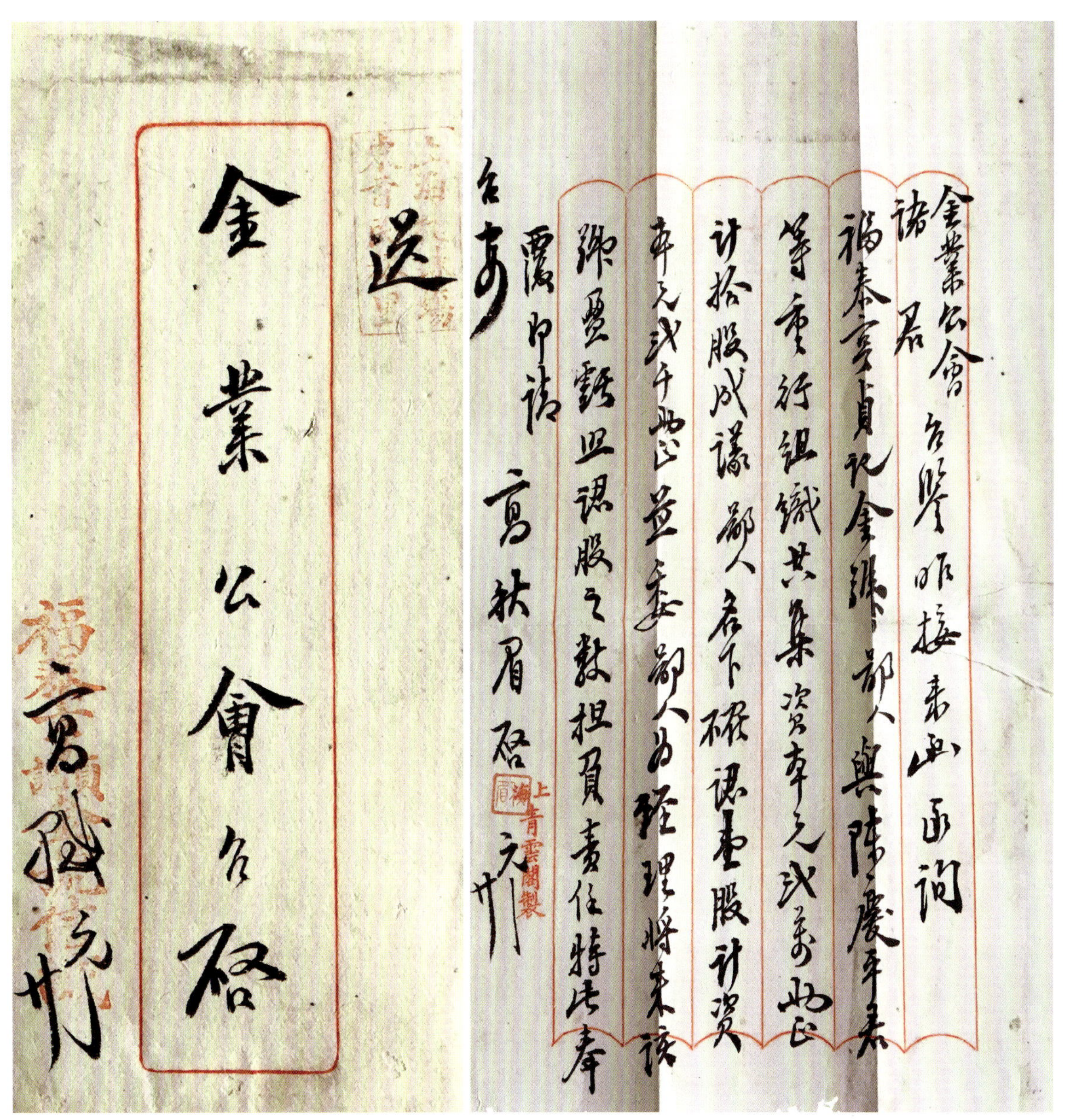

· 高秋眉复金业公会涵（附封）

金业公会诸君台鉴：昨接来函承询福泰亨贞记金号，鄙人与陈庆平君等重行组织共集资本元二万两正计十股成议，鄙人名下确认一股计资本元二千两正，并委鄙人为经理，将来该号盈亏照认股之数担负责任。特此奉复。即请台安。

高秋眉启

元月廿日

· 庆和银楼

· 早期的宝成银楼

· 上海宝善街，今广东路的一段

· 上海钱业公所外荷花池上的九曲桥

· 上海宏泰金号一两金（仅见）

· 民国初年五色旗下的费文元银楼

5. 上海金业公会致陈沪来函

询有关福泰亨股东徐又秋等股权让渡一事

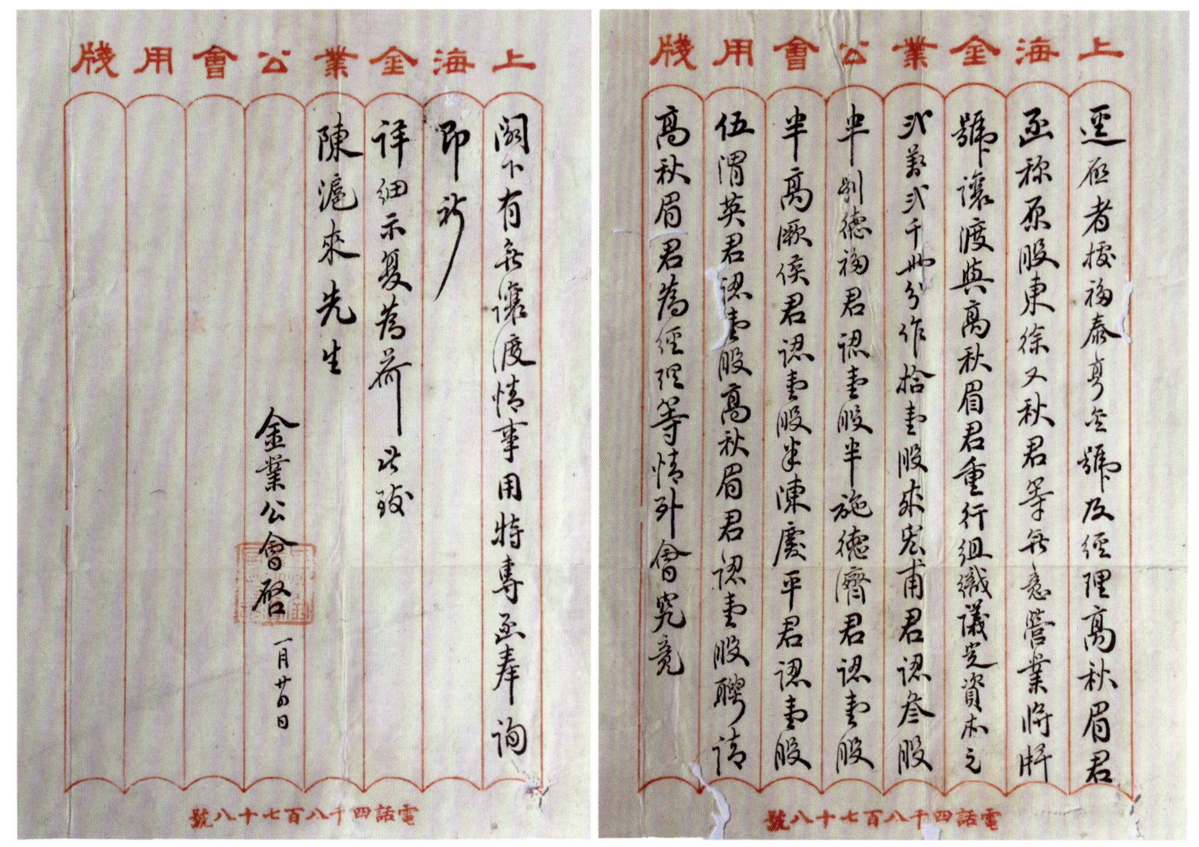
上海金業公會用箋

逕啟者據福泰亨金號及經理高秋眉君函稱原股東徐又秋君等無意營業將牌號讓渡與高秋眉君重行組織議定資本元二萬二千兩分作拾壹股來宏甫君認叁股半劉德福君認壹股半施德濟君認壹股半高厥侯君認壹股半陳慶平君認壹股伍渭英君認壹股高秋眉君認壹股聘請高秋眉君為經理等情列會究竟閣下有無讓渡情事用特專函奉詢即祈詳細示復為荷 此致

陳滬來先生

金業公會啟

一月廿四日

電話四千八百七十八號

· 上海金业公会致陈沪来函

迳启者：据福泰亨金号及经理高秋眉君函称原股东徐又秋君等无意营业，将牌号让渡与高秋眉君重行组织议定资本元二万二千两分作十一股，来宏甫君认三股半、刘德福君认一股半、施德济君认一股半、高厥侯君认一股半、陈庆平君认一股、伍渭英君认一股、高秋眉君认一股，聘请高秋眉君为经理等情。列会究竟阁下有无让渡情事，用特专函奉询。即祈详细示复为荷。

此致陈沪来先生

金业公会启

一月廿四日

6. 上海金业公会致福泰亨金号函（1929 年 3 月 30 日）

询股东周麟趾股份转让给孙瑞祥一事

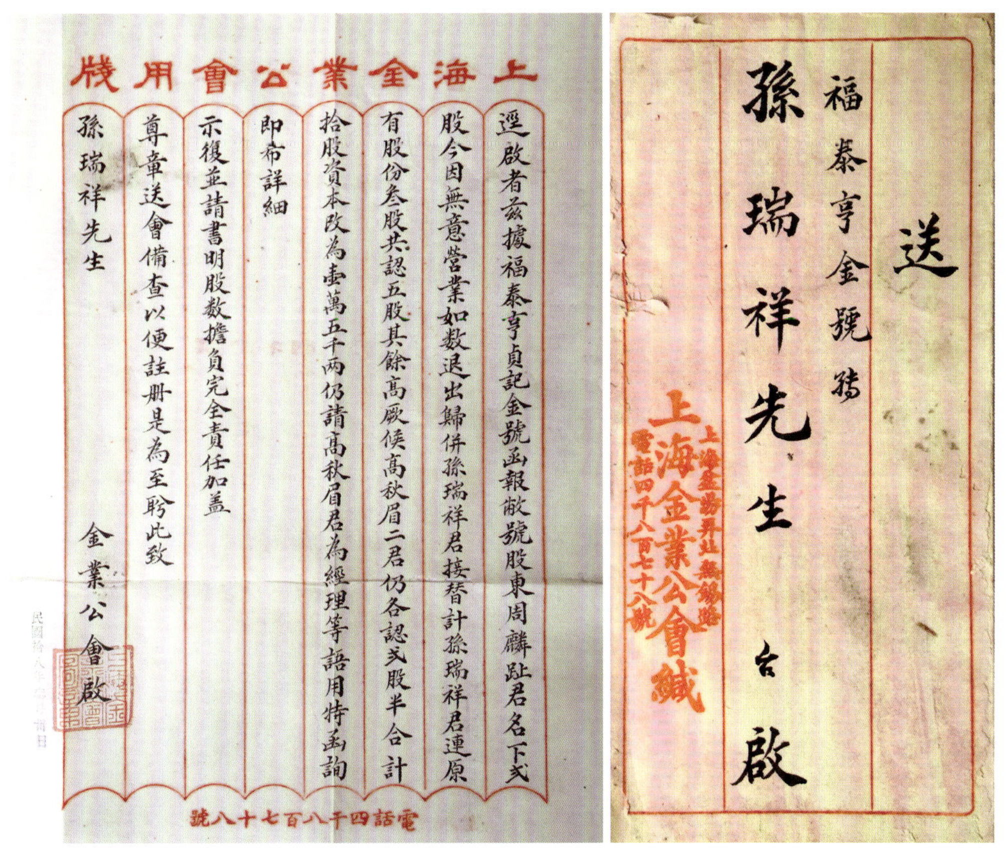

上海金業公會用箋

逕啟者茲據福泰亨貞記金號函報敝號股東周麟趾君名下弍股今因無意營業如數退出歸併孫瑞祥君接替計孫瑞祥君連原有股份叁股共認五股其餘高厥候高秋眉二君仍各認弍股半合計拾股資本改為壹萬五千兩仍請高秋眉君為經理等語用特函詢即希詳細

示復並請書明股數擔負完全責任加蓋

尊章送會備查以便註冊是為至盼此致

孫瑞祥先生

金業公會啟

電話四千八百七十八號

送

福泰亨金號 猪

孫瑞祥先生 台啟

上海金業公會緘

電話四千八百七十八號

· 上海金业公会致福泰亨金号函（附封）

逕启者：兹据福泰亨贞记金号函报敝号股东周麟趾君名下二股今因无意营业如数退出归并孙瑞祥君接替，计孙瑞祥君连原有股份三股共认五股，其余高厥候（侯）、高秋眉二君乃各认二股半合十股，资本改为一万五千两，仍请高秋眉为经理等语用特函询，即希详细示复，并请书明股数担负完全责任，加盖尊章。送会备查，以便注册。是为至盼。

此致孙瑞祥先生

金业公会启

民国十八年三月三十日

7. 股东夏麟徵致福泰亨贞记金号函

就股份弃认事作此声明

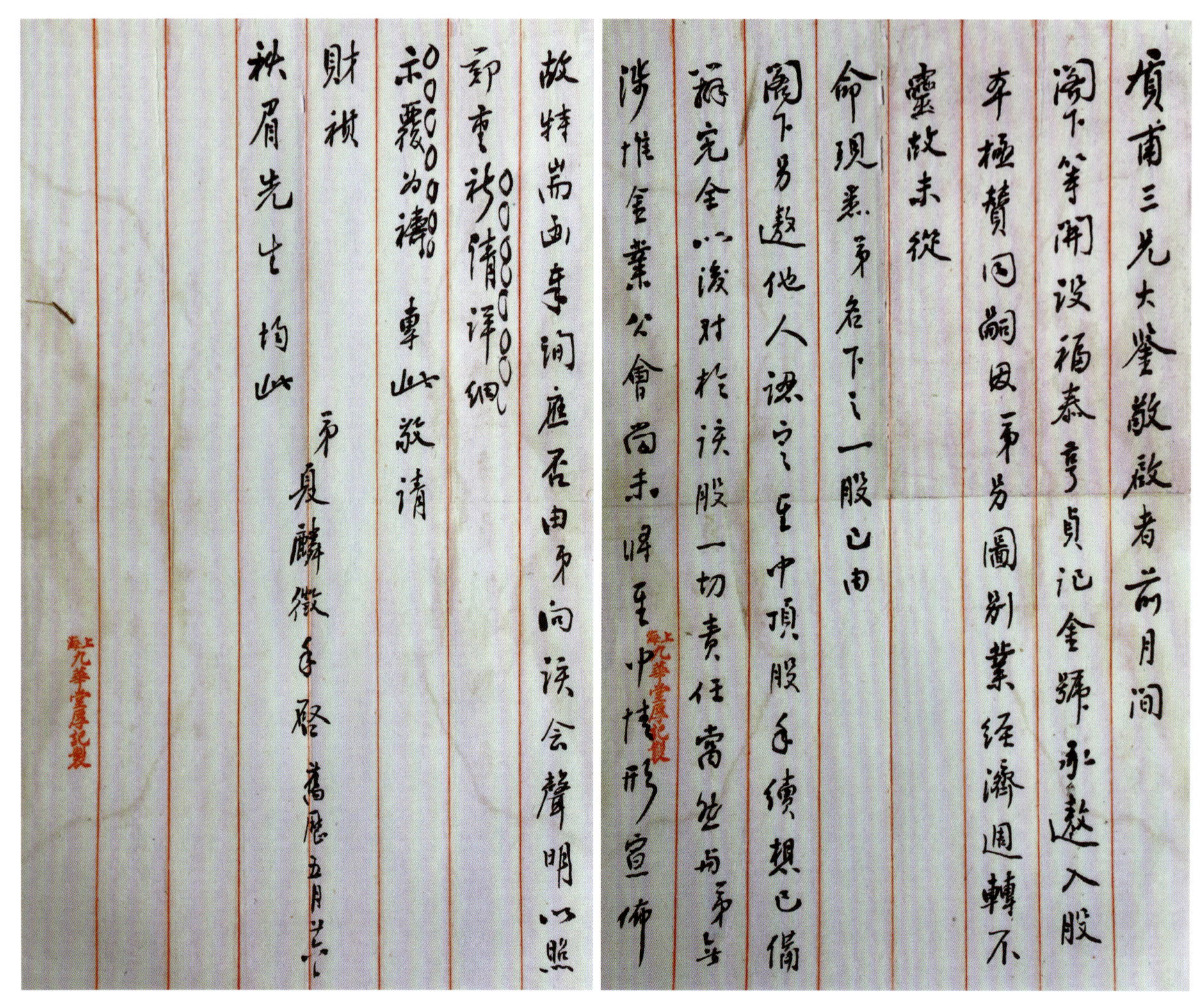
質甫三兄大鑒敬啟者前月間
閣下等開設福泰亨貞記金號承邀入股
本極贊同嗣因弟另圖別業經濟週轉不
靈故未從
命現悉弟名下之一股已由
閣下另邀他人認定至中頂股手續想已備
辦完全以後對於該股一切責任當然與弟無
涉惟金業公會尚未將至中情形宣佈
故特函專詢應否由弟向該會聲明以照
鄭重祈請詳細
示覆為禱　專此敬請
財祺
秋眉先生均此
弟夏麟徵手啓　舊歷五月廿六

· 股东夏麟徵致福泰亨贞记金号函

质甫三兄大鉴。敬启者：前月间阁下等开设福泰亨贞记金号承邀入股本极赞同，嗣因弟另图别业，经济周转不灵故未从命。现悉弟名下之一股已由阁下另邀他人认定至中，顶股手续想已备办完全。以后对于该股一切责任当然与弟无涉，惟金业公会尚未将至中情形宣布，故特函专询应否由弟向该会声明以照郑重，祈请详细示复为祷。专此敬请财祺。秋眉先生均此。

弟夏麟徵手启

旧历五月廿六日

8. 辛酉年（1921 年）末福泰亨贞记金号购物账单

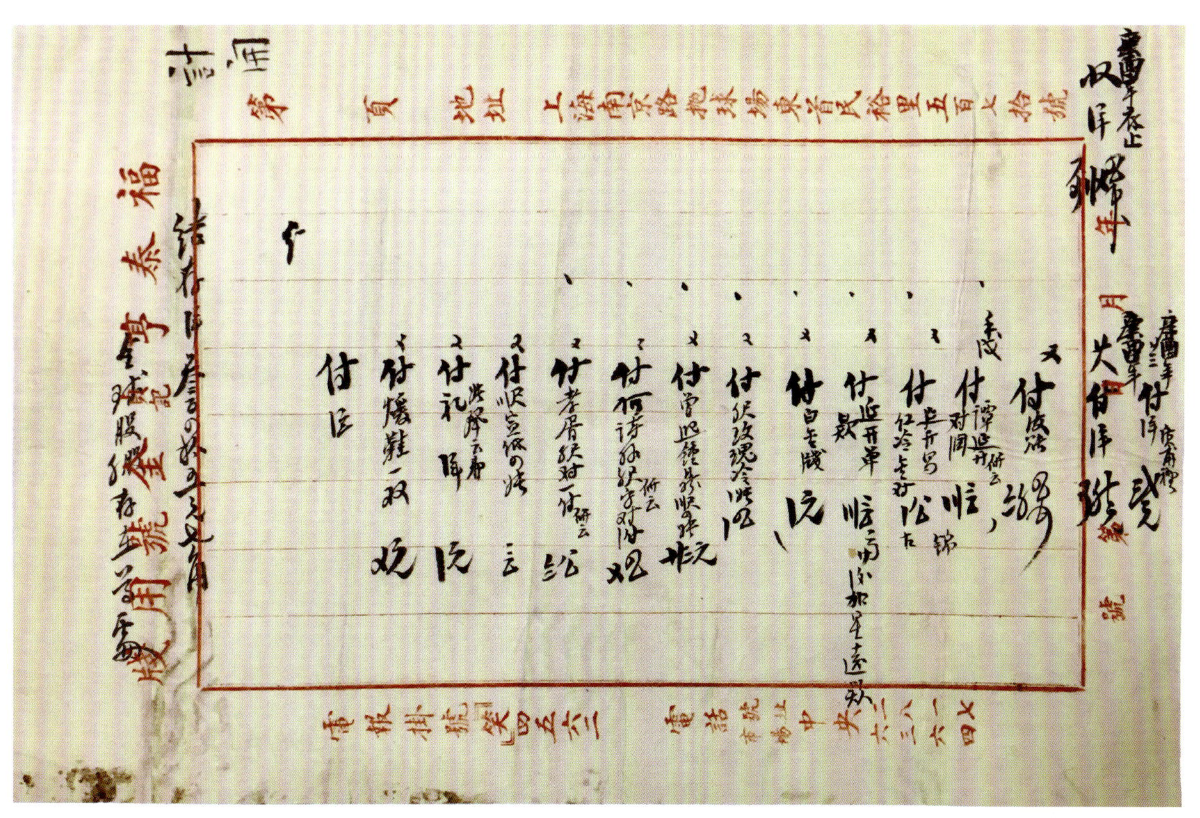

· 辛酉年（1921 年）末福泰亨贞记金号用笺所列购物账单

辛酉年底止收洋六百二十元四角。
计开：
付质甫礼洋二元；
付谭延开对阔三元三角；
付延开单款（后加星远款）三元三角；
付五尺玫瑰冷一张一元四角；
付曾熙钟鼎三尺四张一元四角；
付何诗孙五尺字对一付四元四角；
付孝胥五尺对一付八元八角；
付三尺宣纸四张三角；
付礼洋一元；
付嫒鞋一双四元。
结存洋：三百四十五元七角、全球股五股。存在遵处。

9. 福泰亨金号各式印鉴和熔金铁范

印鉴：

· 凭福泰亨金号收

· 福泰亨宝记

· 上海福泰亨宝记金号信缄

· 上海英（租）界大马路恒乐里

· 钱庄财神印章

· 上海钱业公所“内园”印章（上海历史博物馆藏）

熔金铁范：

· 天字福焓赤

柄 50 毫米 ×35 毫米

槽体 175 毫米 ×50 毫米

内腔 145 毫米 ×31 毫米 ×23 毫米

· 天字庚焓赤

柄 55 毫米 ×35 毫米

槽体 175 毫米 ×50 毫米

内腔 148 毫米 ×30 毫米 ×23 毫米

· 天字福焓赤

柄 57 毫米 ×34 毫米

槽体 186 毫米 ×56 毫米

内腔 161 毫米 ×36 毫米 ×26 毫米

· 福泰亨贞记金辅

柄 65 毫米 ×45 毫米

槽体 180 毫米 ×74 毫米

内腔 150 毫米 ×42 毫米 ×40 毫米

· 福泰亨金号熔金铁范一组

二

金业交易所、金业公会规章、会议和通知

1.《上海金业交易所经纪人公会规约》

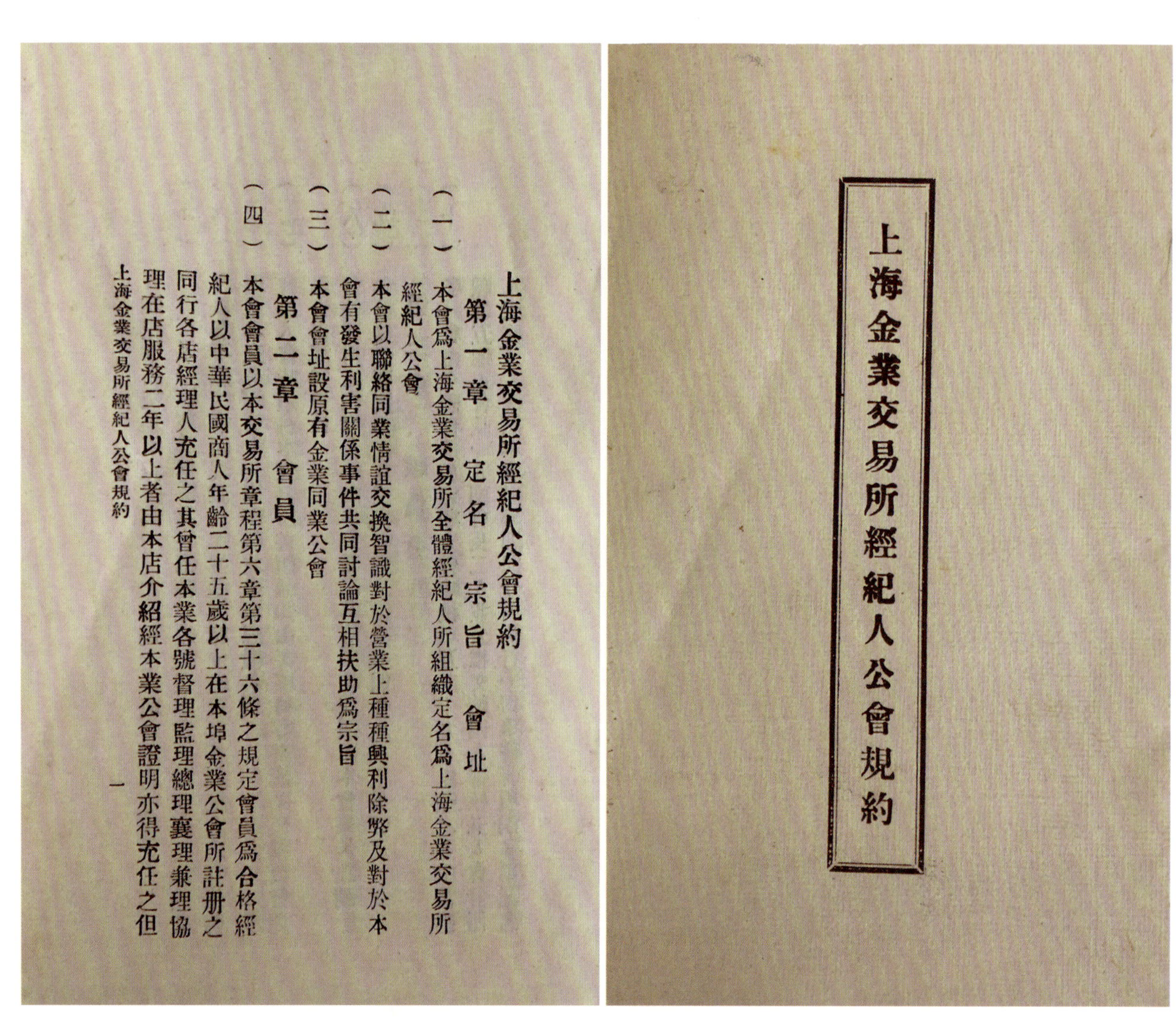

上海金業交易所經紀人公會規約

上海金業交易所經紀人公會規約

第一章 定名 宗旨 會址

（一）本會爲上海金業交易所全體經紀人所組織定名爲上海金業交易所經紀人公會

（二）本會以聯絡同業情誼交換智識對於營業上種種興利除弊及對於本會有發生利害關係事件共同討論互相扶助爲宗旨

（三）本會會址設原有金業同業公會

第二章 會員

（四）本會會員以本交易所章程第六章第三十六條之規定會員爲合格經紀人以中華民國商人年齡二十五歲以上在本埠金業公會所註册之同行各店經理人充任之其曾任本業各號督理監理總理襄理兼理協理在店服務二年以上者由本店介紹經本業公會證明亦得充任之但

上海金業交易所經紀人公會規約 一

·《上海金业交易所经纪人公会规约》，1931 年 6 月（民国二十年六月）修订付印（共 8 页）

有違犯物品交易所條例第十二條所規定各項者不得充任之

（五）會員有選舉權被選舉權及建議權並須擔負本會之經常費及特別費

（六）會員有不願營業而讓渡其牌號變更席位或喪失其經紀人之資格時須照本交易所第十一條辦理並繳清應繳各費

（七）會員入會時須得本交易所書面通知由審核科審查後提交職員會通過方得認爲會員

（八）會員雇用之代理人須向本會登記其解雇時並須向本會報告註銷

（九）會員接受賣買委托其受托契約及證據金佣金之規定另訂之

第三章　職員會

（十）職員會由全體會員於定期大會時投票互選十九人組織之並由當選職員互選正會長一人副會長二人並公推文牘四人審核五人會計四人庶務三人按照本會辦事細則分別執行一切事務前項選舉用記名投票法以票數多者爲當選若二人以上票數相同者以年長者充之年歲與票數均同者抽簽定之

（十一）職員當選後應即報告本交易所備案

（十二）職員之任期爲一年再被選者得連任之

（十三）職員遇有缺額時以次多數遞補之

（十四）會長執行各項會議之決議案秉本交易所營業細則本會規約辦理全會事務

（十五）副會長輔佐會長辦理會務在會長請假時代理其職務

（十六）職員會爲處理本會職務起見得延用辦事員役惟須經職員會之決議由會長任免之

（十七）職員會之執行事項如左

（甲）本規約之施行事項

（乙）對於違背本規約之處理事項

（丙）關於本交易所諮詢事項

（丁）關於本會財產等項之保管及款項收支事項

（戊）關於依據本規約應行執行之其他事項

（十八）職員會之辦事細則另訂之

第四章　會議

（十九）本公會會議分定期大會臨時大會職員會三種定期大會定每年國歷三月上旬舉行由職員會報告一年來會務經過及通過預決算改選職員並取決各項提案臨時大會遇有重要事項由會員十人以上之書面請求或職員會之決議召集之職員會每月舉行一次討論本會一切日常事務

（二十）會員如有提案交定期大會表決者須於會期一月前由提議人具名將議案送交職員會編入議事日程方得提議如不按規定時期送到者延至下屆定期大會提議之

（廿一）各項集會之議決權每一會員得一權在可否相同時主席得參加一權表決之

（廿二）定期大會及職員會之主席由會長任之臨時大會主席臨時公推之

（廿三）定期大會臨時大會會員因事不能出席時得委托代表惟限本會會員或該會員之代理人並須塡具委托書但職員例會不得委托代表出席

（廿四）本會會員大會之決議須以會員代表過半數之出席出席代表過半數之同意行之出席代表不滿過半數時得行假決議將其結果通告各代表於一星期後二星期內重行召集會員大會以出席代表過半數之同意對假決議行其決議

第五章　會費

（廿五）本會會費分入會費月費特別費三種入會費每會員繳納洋二十元月費每會員每月繳納洋一元特別費在必要時募集之

（廿六）會員入會費在讓渡時受渡者仍須照章繳納但讓渡者本人將來重行入會時得免繳之

（廿七）會員所繳各種會費在脫離本會時概不給還

（廿八）本會動產不動產爲本會公有產業會員脫離本會後不得再行顧問

第六章　公約

（廿九）會員及其代理人均須遵守本會規約與決議案及本交易所之各項規則公告

（三十）會員如有不正當之競爭得由受害人或會員檢舉書面報告職員會由職員會推舉代表會同本交易所理事會組織公斷委員會處理之但各該委員應行迴避時不得出席公斷委員會

（卅一）會員在市場內偶因他方違背規約致受損失得報由理事會公斷之遇不能就範時再由理事會函請本公會職員會組織公斷委員會處理之

（卅二）前項規定如遇會員之代理人有爭議在各該會員不能處斷時亦得適用之

（卅三）各會員之代理人其業務上行爲上之責任由各該會員完全負責

第七章　附則

（卅四）本規約經大會通過及本交易所承認後施行之

（卅五）本規約如有未盡事宜須經會員十人以上之連署提議或職員會之決議提交大會通過修改之

民國二十年六月修正付印

· 20 世纪 20 年代的外滩

· 20 世纪 30 年代的黄浦江

2.《上海金业交易所股份有限公司修正章程》

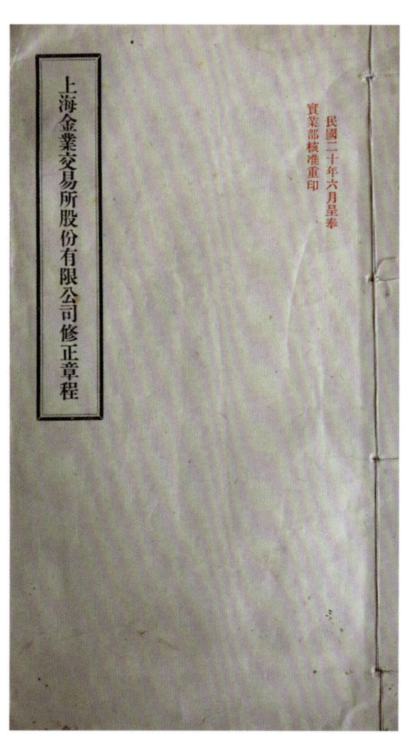

上海金業交易所股份有限公司修正章程

民國二十年六月呈奉
實業部核准重印

·《上海金业交易所股份有限公司修正章程》，1931 年 6 月（民国二十年六月）呈奉实业部核准重印（共 7 面）

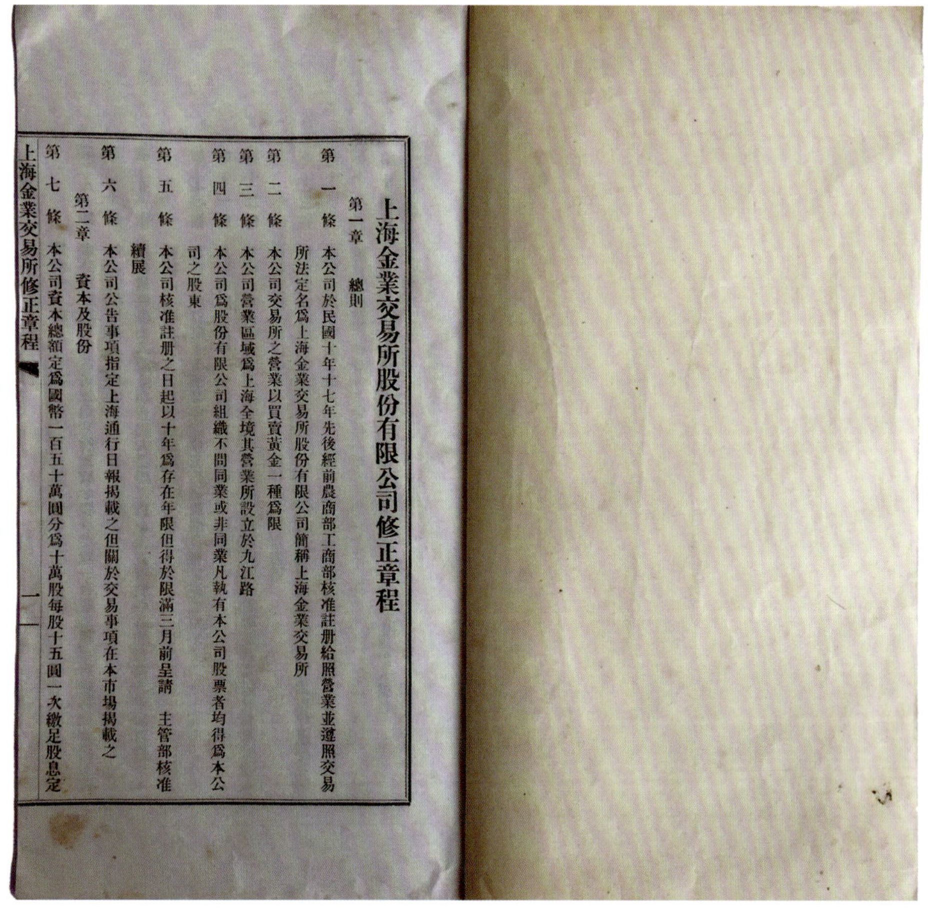

上海金業交易所股份有限公司修正章程

第一章　總則

第一條　本公司於民國十年十七年先後經前農商部工商部核准註冊給照營業並遵照交易所法定名爲上海金業交易所股份有限公司簡稱上海金業交易所

第二條　本公司交易所之營業以買賣黃金一種爲限

第三條　本公司營業區域爲上海全境其營業所設立於九江路

第四條　本公司爲股份有限公司組織不問同業或非同業凡執有本公司股票者均得爲本公司之股東

第五條　本公司核准註冊之日起以十年爲存在年限但得於限滿三月前呈請　主管部核准續展

第六條　本公司公告事項指定上海通行日報揭載之但關於交易事項在本市場揭載之

第二章　資本及股份

第七條　本公司資本總額定爲國幣一百五十萬圓分爲十萬股每股十五圓一次繳足股息定

上海金業交易所修正章程　一

爲常年八釐

第八條　本公司股票爲記名式分爲一股五股十股五十股一百股五種發行時當加本公司圖章並由理事長及常務理事二人簽名蓋印

第九條　本公司股份十萬股除由發起人認購二萬七千六百股外其餘七萬二千四百股由本區域內本業各號及業外自由認購

第十條　凡爲本所經紀人者應有保證股二百股爲至少數

第十一條　本公司股東以中華民國國籍者爲限

第十二條　凡執有本公司股票者其變更姓名或記號時應照本公司所定書式退股人及受股人並雙方證人連同簽字蓋印方可過戶登載股東名簿

第十三條　股票毀損時須將原股票繳還本所另換新股票遺失時須有二人以上之保證聲明理由經本所登報公告後六十日如無第三人提出異議本所另給新股票其公告費須由失票人擔任

第十四條　股票過戶本公司得徵收過戶費每張洋五角應貼印花稅歸過戶人擔任

第三章　職員

第十五條　本公司應置理事長一人常務理事四人理事四人監察人四人

第十六條　理事長爲本公司之代表總理所務在章程與營業細則及經紀人公會章程範圍以內得經理事會議決由理事長執行之常務理事輔佐理事長處理業務遇理事長有事故時得由理事長於常務理事或理事中委託一人代理

第十七條　監察人隨時稽查本公司應行事務及各項簿册等件如認爲不合當報告理事會會議處置設有重要事件發生當召集臨時股東會決議之

第十八條　本公司應設理事會理事均得列席決議各項事件會長卽由理事長充之監察人亦得列席

第十九條　理事監察人由股東會就股東中選舉之理事長暨常務理事由理事中互選之

第二十條　理事任期三年監察人任期三年均得連選連任

第二十一條　凡股東年滿二十五歲經驗豐富而有本公司股票二百股以上者得被選爲理事有一百股以上者得被選爲監察人但被選後應將自己合格之股票交存本公司至卸職爲

止

第二十二條　理事及監察人均不得並營與本公司同類之營業

第二十三條　理事監察人如有左列各事之一者卽行退任（一）受破産宣告（二）曾褫奪公權者（三）執行業務或代表公司有不當之行爲及違背本公司之定章者

第二十四條　本所所員之進退依理事會決議由理事長任免之

第二十五條　本公司職員及所員無論用何人名義均不得自行或受託在本所有買賣行爲

第二十六條　職員中遇有缺額時得開臨時股東會另行補選其任期以殘餘之任期爲限但理事長認爲非必要時得延至下次股東會舉行

第四章　股東會

第二十七條　本公司股東每一股有一議決權逢開大會時於五日前起憑股票發給入場券及選舉票議決票憑券入場

第二十八條　每年二月八月開股東常會如關於本公司利害必要時經理事監察人或有股份總額二十分之一以上之股東請求時得開臨時股東會

第二十九條　召集股東會時理事會應於一個月前通知各股東所議之案除通知書所載外不得涉及他事

第三十條　股東有事故不能到會時得委託他股東代表但須交付委託書證明其代理權股東受他股東委託到會時得並行其議決權

第三十一條　股東會之議長以理事長充之理事長有事故時由年長之理事代理之其股東會之議事以到會股東之議決權過半數決之可否相同時由議長決之但臨時會議長由出席股東臨時推舉之

第三十二條　股東會議決事項須記載於決議錄由議長及列席理事署名蓋印永遠保存並附存股東到會名册

第五章　經紀人

第三十三條　經紀人以中華民國人民年滿二十五歲以上經本區域內同業公會證明確係公會會員者充任之但有違犯交易所法第三章第十條所規定各項者不得充任

第三十四條　本公司經紀人定爲一百三十八人均應塡具志願書連同商業履歷書交由本公司轉

呈　主管部准核發給執照由經紀人塡具請領書請領之

第三十五條　本公司經紀人具領營業執照時應照章繳足執照費及繳存保證股二百股作爲保證金但經紀人有變更讓渡時須遵章繳還所領之營業執照並備具本所所定書式報告經紀人公會及同業公會由公會證明承受人資格相合方得讓渡之

第三十六條　經紀人詳細章程另以營業細則定之

第六章　營業開市

第三十七條　本公司交易開市時刻及通常休業於營業細則定之

第七章　會計

第三十八條　本公司每半年結算盈虧一次於總收入中除去通常經費及其他營業支出外倘有盈餘除提公積金十分之二外次付股息並繳應納正稅其餘以十分之三爲酬勞賞與金十分之七爲股東紅利設有剩餘歸入下屆結算

第三十九條　分派股東紅利按照每屆結帳俟常會決議後依當時股東記名簿憑股票照股給發

第四十條　本公司每屆決算表應由理事造具簿冊交監察人覆核簽字並延會計師核定提交股東會承認之

第八章　帳簿

第四十一條　本公司帳簿種類式樣及整理保管等法須經理事會議決施行

第四十二條　經紀人營業帳簿種類式樣及保存方法由經紀人會議決定經理事長承認然後施行

第九章　倉庫

第四十三條　本公司設置倉庫可受託存寄一切屬於營業部內之物件

第四十四條　本公司倉庫保管法以理事會議決定之

第十章　附則

第四十五條　關於營業事項本章程有未載者另以營業細則規定之本章程有變更時應由股東會依法議決修正并呈請　主管部核准施行

第四十六條　本章程未盡事宜悉遵照交易所法及公司法辦理

上海金業交易所修正章程　四

第十四條　[illegible]選舉執行委員以無記名連舉法行之以得票最多數者爲當選人並以次多數者五人爲候補當選人如遇票數相同時以抽籤法定之

第十五條　本會執行委員任期四年每屆二年改選半數應改選者不得連任第一次之改選由抽籤法定之但委員人數爲奇數留任人數得較改選人數多一人以後交替改選

第十六條　執行委員有缺額時由候補委員依次遞補常務委員有缺額時由執行委員互選補充均以補足前任任期爲限

第十七條　委員如有左列情事得開會員大會公決令其解職

一、因有不得已事故請求辭職者

二、曠廢職務遇事推諉者

三、於職務上違背法令營私舞弊或有其他重大之不正當行爲者或由主管機關令其退職者

四、發生第九條各項情事之一者

第十八條　本會得因事務之繁簡酌設總務財務調查文書等科或設置分組委員會推舉專職委員以專責成並得雇用辦事員

第五章　會務

第十九條　本會應辦之事務如左

一、關於同業之調查研究改良整頓及建設事項

二、關於興辦同業教育及其監督公益事項

三、關於會員與會員或非會員間爭議經會員請求之調解事項

四、關於同業勞資間爭執之調解事項

五、關於黨政機關及商會委辦事項

六、關於會員營業上弊害之矯正事項

七、關於會員枝果之維護事項

八、關於同業營業得呈准主管官署設立同業交易所事項

九、關於會員營業必要時之維持事項

第六章　會議

第二十條　本會會議分會員大會執行委員會常務委員會三種

一、會員大會由執行委員會召集之每年開會一次但執行委員會認爲必要時或經會員十分之一以上之請求得臨時召集之

二、執行委員會由常務委員召集之每兩星期開會一次但遇緊要事項得臨時召集之

三、常務委員會每星期開會一次

第廿一條　本會會員大會之決議須以會員代表過半數之出席出席代表過半數之同意行之出席代表不滿過半數者得行假決議將其結果通告各代表於一星期後二星期內重行召集會員大會以出席代表過半數之同意對假決議行其決議

第廿二條　左列各款事項之決議以會員代表三分之二以上之出席出席代表三分之二以上同意行之出席代表逾過半數而不滿三分之二者得以出席代表三分之二以上同意行假決議將其結果通告各代表於一星期後兩星期內重行召集會員大會以出席代大三分之二以上之同意對假決議行其決議

一、變更章程

二、會員或會員代表之除名

三、委員之退職

第廿三條　凡會員代表大會常會時須將應議事項於十日前通告各會員代表

第廿四條　會員大會所議事項祇限於議事日程上所載之案但經到會會員代表三分之二以上同意時不在此限

第七章　經濟

第廿五條　本會以下列各項收入爲經費

一、會員入會費洋壹百元

二、會員月費洋四元

三、特捐

四、公會基金

第廿六條　本會如遇特別事故須籌募特捐時須經會員大會之決議如會員大會不及召集時得經執行委員會議出席委員三分之二以上通過舉行但仍須提交下屆會員大會追認之並備具理由書呈准市社會局備案後方得開募

第八章　附則

第廿七條　本會辦事細則另訂之

第廿八條　本章程之修改須經會員大會之議決並呈請本市社會局呈轉市政府實業部核准備案

第廿九條　本章程經會員大會通過並呈請上海市社會局呈轉市政府實業部核准備案後施行

· 上海黄金交易所交易场景

3.《上海市金业同业公会章程草案》

上海市金業同業公會章程草案

第一章 總綱

第一條 本會係上海市區域內金業同業所組織定名曰上海市金業同業公會

第二條 本會事務所設立於上海北無錫路一百三十一號門牌以維持增進同業之公共利益及矯正弊害爲宗旨

第二章 會員

第三條 凡上海市區域內以完全本國人資本經營金業之商店依照本會章程遵守本會紀律履行本會決議案者皆得爲本會會員但須經過下列入會手續

一、填寫入會志願書其志願書應附載左列各欵

(甲)牌號

(乙)資本總額

(丙)股東之姓名籍貫現住處所及占有股份

(丁)經協理之姓名年齡及籍貫

(戊)股東立約時之見議人姓名

(己)設立地點

(庚)店員人數

(辛)組織性質

二、本會會員二人以上介紹連同志願書經執行委員會審查合格并須得執行委員會會議過半數之通過

三、繳納入會費

第四條 會員應享之權利

一、選舉及被選舉權

二、提出議案及表決權

三、本會章所載各項事務之利益

第五條 會員應盡之義務

一、遵守本會章程及議決案並呈准備案之業規

二、擔任本會推舉或指派之職務

三、按期繳納會費

四、應本會之諮詢及調查

五、不侵害他人營業

六、不兼不正當營業

七、準時出席會議

第六條 凡會員有不遵第五條各項義務之一者輕則予以警告大則停止其應享之權利重則除名出會

第七條 入會會員如欲請求出會者須備具理由書經會員大會過半數之通過方得出會。

第八條 入會會員如出會或被除名時其所繳會費概不退還

第三章 組織

第九條 本會以同業金號爲本位每一金號得選派會員代表一人至二人以經理人或主體人爲限其最近一年間平均店員人數每超過十人時應增派代表一人由各該金號店員中互推之但至多不得逾三人

有左列情形之一者不得爲代表

一、褫奪公權者

二、有反革命行爲經法庭判決者

三、受破產之宣告尚未復權者

四、無行爲能力及非在本業服務兩年以上者

五、曾經喪失本業營業上之信用者

第十條 本會會員委派代表須給以委託書並通知公會改派時亦同

第十一條 本會受上海特別市黨部之指導市社會局之監督

第十二條 本會爲上海市商會之會員

·《上海市金业同业公会章程草案》，1931 年 11 月

4.《上海市金业同业公会章程草案》修订初稿

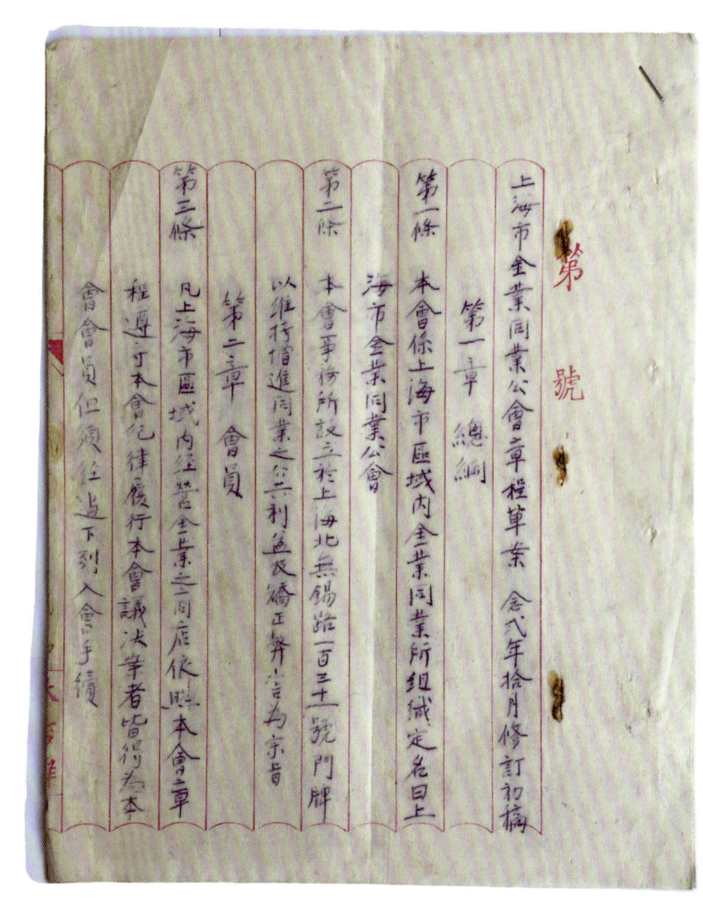

第　號

上海市金業同業公會章程草案 念弍年拾月修訂初稿

第一章 總綱

第一條 本會係上海市區域內金業同業所組織定名曰上海市金業同業公會

第二條 本會事務所設立於上海北無錫路一百三十一號門牌以維持增進同業之公共利益及矯正弊害為宗旨

第二章 會員

第三條 凡上海市區域內經營金業之同店依照本會之章程遵守本會紀律履行本會議決案者皆得為本會會員但須經過下列入會手續

• 江西路金融街

• 《上海市金业同业公会章程草案》，1933 年 10 月修订初稿（共 7 页，油印件）

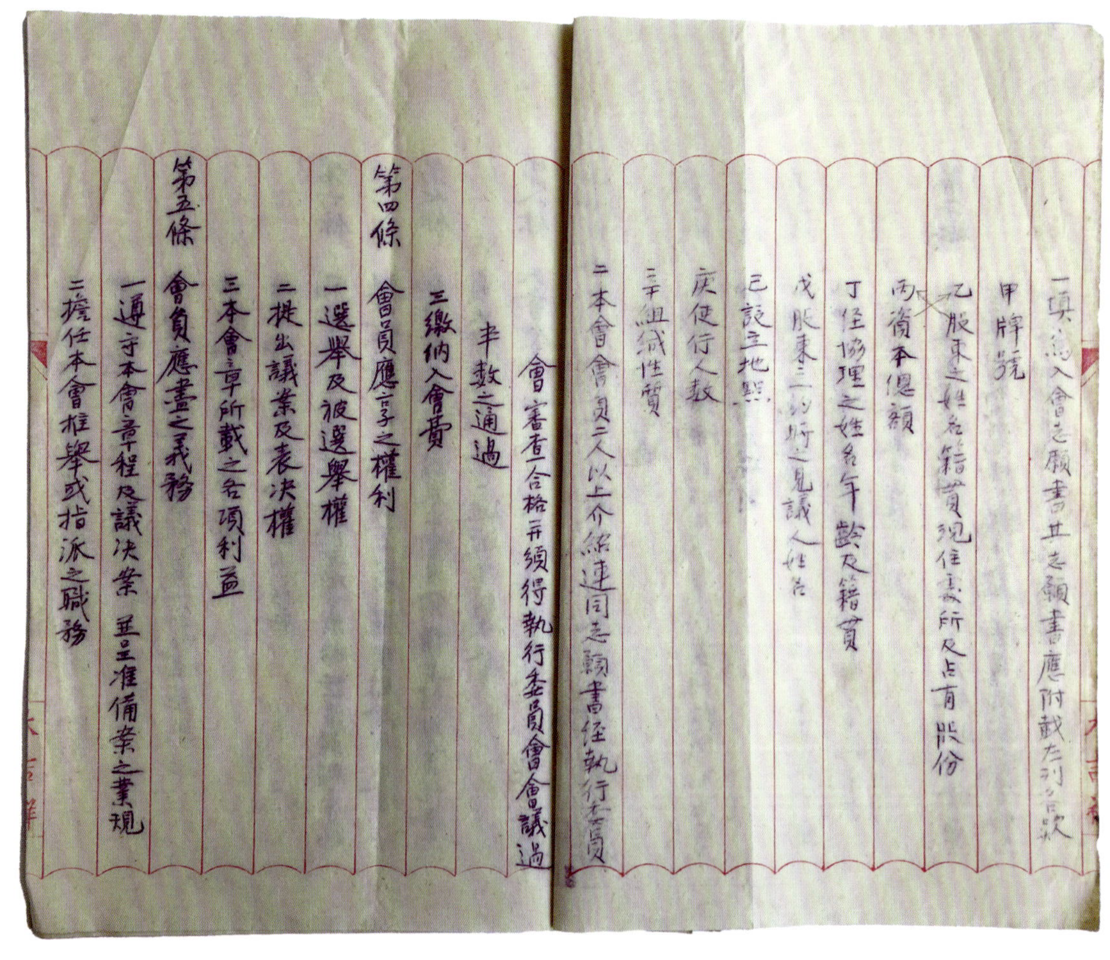

一填寫入會志願書其志願書應附載左列各款

甲牌號

乙股東之姓名籍貫現住處所及占有股份

丙資本總額

丁經協理之姓名年齡及籍貫

戊股東三[illegible]所之見議人姓名

己設立地點

庚使行人數

辛組織性質

二本會會員二人以上介紹連同志願書經執行委員會審查合格并須得執行委員會會議通過

半數之通過

三繳納入會費

第四條 會員應享之權利

一選舉及被選舉權

二提出議案及表決權

三本會章所載之各項利益

第五條 會員應盡之義務

一遵守本會章程及議決案 並呈准備案之業規

二擔任本會推舉或指派之職務

三按期繳納會員費
四應本會之諮詢及調查
五不侵害他人營業
六不兼營不正當營業
七準時出席會議

第六條 凡會員有不遵第五條各項義務之一者輕則予以警告次則停止其應享之利權重則除名出會

第七條 入會會員如欲請求出會者須備具理由書經會員大會過半數之通過方得出會

第八條 入會會員如出會或被除名時其所繳會費概不退還

第三章 組織

第九條 本會以同業金號為本位每一金號得選派會員代表一人至二人以經理人或主體人為限並最近一年間平均店員人數每超過十人時應增派代表一人由各該金號店員中互推之但至多不得逾三人

有左列情形之一者不得為代表
一褫奪公權者
二有反革命行為經法庭判決者
三受破產之宣告尚未復權者
四無行為能力及非在本業服務兩年以上者
五曾經喪失本業營業上之信用者

第十條 本會會員委派代表須給以委託書並通知本會改派時亦同

第十一條 本會受上海特別市黨部之指導並受上海市社會局之監督

第十二條 本會為上海市商會之會員

第四章 職員

第十三條 選舉執行委員以無記名連舉法行之以得票最多數者為當選人並以次多數者五人為候補當選人如遇票數相同時以抽籤法定之

第十四條 本會由會員大會就會員代表中選舉執行委員十五人候補委員五人由執行委員互選常務委員五人就常務委員中選任一人為主席均為名譽職

第十五條 本會執行委員任期四年每屆二年改選半數改選者不得連任第一次之改選由抽籤法定之但委員人數為奇數留任人數得較改選人數多一人以後交替改選

第十六條 執行委員有缺額時由候補委員依次遞補常務委員有缺額時由執行委員互選補充均以補足前任任期為限

第十七條　委員如有左列情事得開會員大會公決令其解職
一因有不得已事故請求辭職者
二曠廢職務遇事推諉者
三於職務上違背法令營私舞弊或有其他重大之
不正當行為者或由主管機關令其退職者
四發生第九條各項情事之一者
第十八條　本會得因事務之繁簡酌設總務財務調查文書
等科或設置分組委員會推舉專職委員並得
雇用辦事員

第五章　會務

第十九條　本會應辦之事務如左
一關於同業營業事項得呈准設立同業交易所
二關於興辦同業教育及其監督公益事項
四關於會員與會員或非會員間爭議經會員請
求之調解事項
三關於同業之調查研究改良整頓及建設事項
五關於同業勞資間爭執之調解事項
六關於行政機關及商會委辦事項
七關於會員營業上弊害之矯正事項
八關於會員被累之維護事項
九關於會員營業必要時之維持事項

第六章　會議

第二十條　本會會議分會員大會執行委員會常務委員
會三種
一會員大會由執行委員會召集之每年開會一
次但執行委員會認為必要時或經會員十分之
一以上之請求得臨時召集之
二執行委員會由常務委員召集之每兩星期開會
一次但遇緊要事項得臨時召集之
三常務委員會每星期開會一次
第二十一條　本會會員大會之決議須以會員代表過半數之
出席代表過半數之同意行之出席代表不滿過
半數者得行假決議將其結果通告各代表於一星
期後二星期內重行召集會員大會以出席代表
過半數之同意對假決議行其決議
第二十二條　左列各款事項之決議以會員代表三分之二以上之
出席出席代表三分之二以上之同意行之出席代表
逾過半數而不滿三分之二者得以出席代表三分之二
以上之同意行假決議將其結果通告各代表
於一星期後兩星期內重行召集會員大會以出

席代表三分之二以上之同意對假決議行其決議

一 變更章程

二 會員或會員代表之除名

三 委員之退職

第七章 經濟

第二十三條 本會以下列各項收入為經費

一 會員入會費洋壹百元

二 會員月費洋四元

三 特捐

四 公會基金

第二十四條 本會如遇特別事故時須籌募特捐時須經會員大會之決議如會員大會不及召集時得經執行委員會議出席委員三分之二以上通過舉行但仍須提交下屆會員大會追認之

第八章 附則

第二十五條 本會辦事細則另訂之

第二十六條 本章程之修改須經會員大會之議決並呈請本市社會局呈轉市政府實業部核准備案

第二十七條 本章程經會員大會通過並呈請上海市社

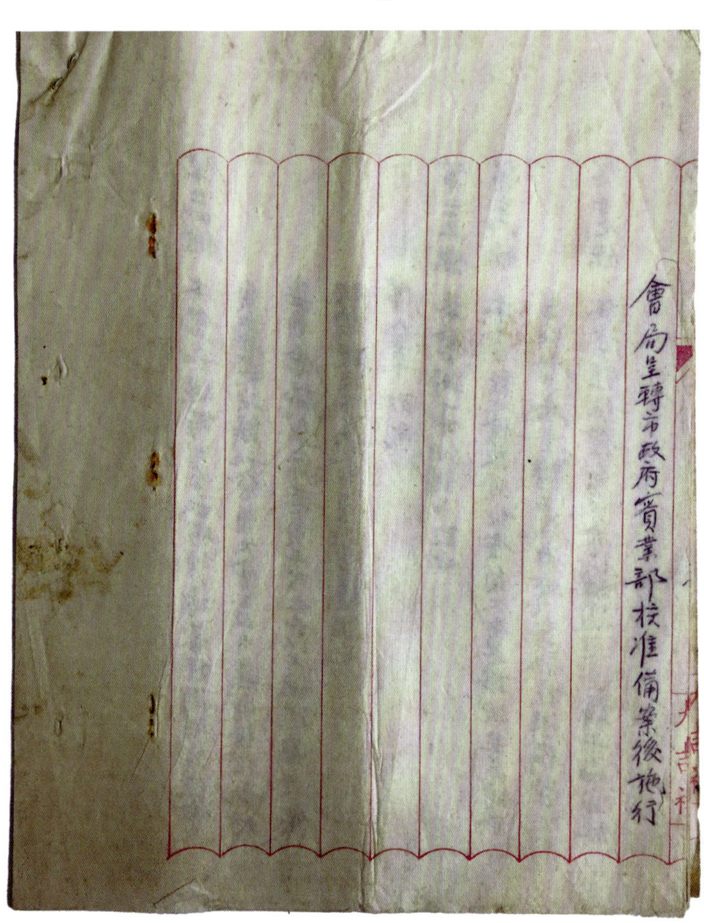

會局呈轉市政府實業部核准備案後施行

5. 上海金业交易所通知（1934 年 2 月 1 日）

标金买卖按汇丰银行挂牌美汇价格为准

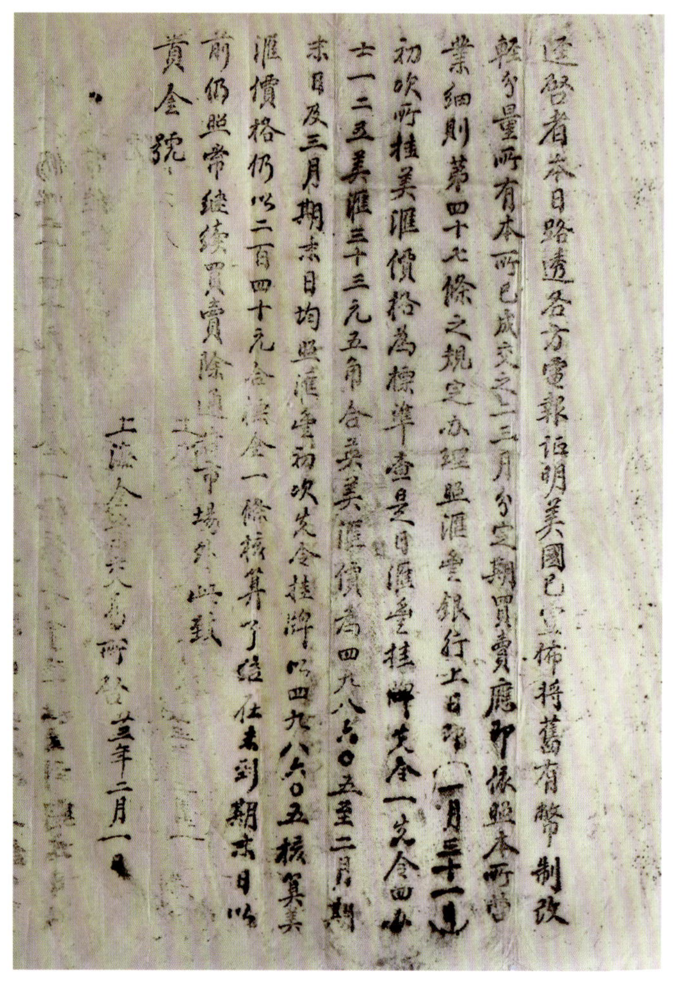

逕啓者本日路透各方電報証明美國已宣佈將舊有幣制改輕分量所有本所已成交之二三月分定期買賣應即依照本所營業細則第四十七條之規定办理照滙豐銀行上日即（一月三十一日）初次所掛美滙價格為標準查是日滙豐掛牌先令一先令四办士一二五美滙三十三元五角合英美滙價為四九八六〇五至二月期末日及三月期末日均照滙豐初次先令掛牌以四九八六〇五核算美滙價格仍以二百四十元合標金一條核算了結在未到期末日以前仍照常繼續買賣除通告市場外此致

貴金號

上海金業交易所啓 廿三年二月一日

· 上海金业交易所通知（1934 年 2 月 1 日）

迳启者：本日路透各方电报证明美国已宣布将旧有币制改轻分量，所有本所已成交之二三月份定期买卖应即依照本所营业细则第四十七条之规定办理，照汇丰银行上日即（1 月 31 日）初次所挂美汇价格为标准，查是日汇丰挂牌先令一先令四办士（便士）一二五美汇三十三元五角，合英美汇价为四九八六〇五，至二月期末日及三月期末日均照汇丰初次先令挂牌以四九八六〇五核算，美汇价格仍以二百四十元合标金一条核算了结，在未到期末日以前仍照常继续买卖，除通告市场外。

此致贵金号

上海金业交易所启

廿三年二月一日

6. 上海金业经纪人公会通知（1934 年 2 月 10 日）

所有买卖一律改用市平

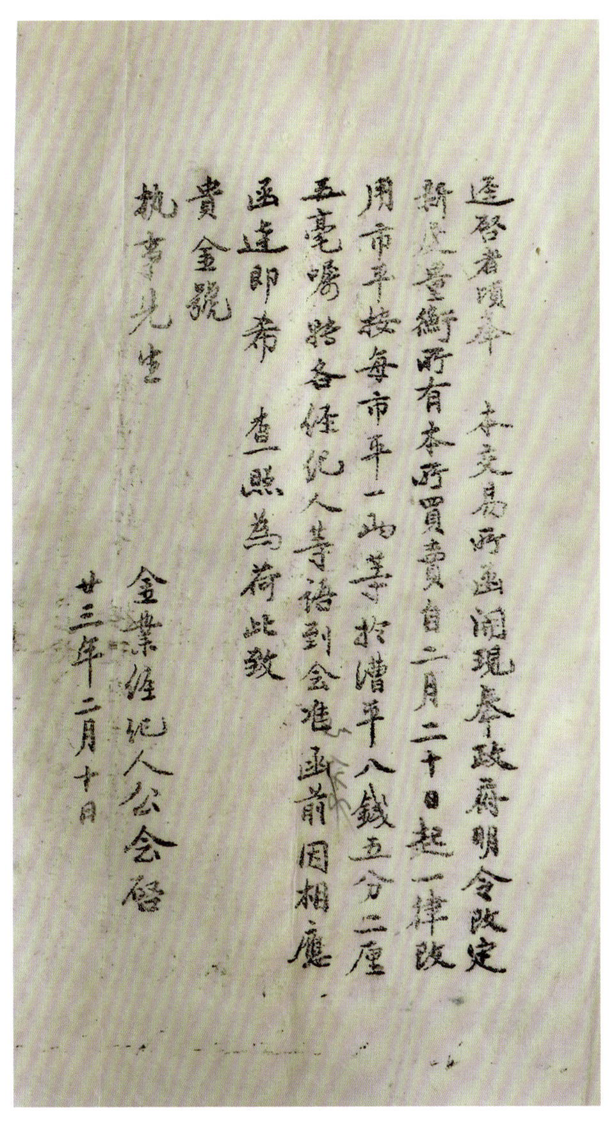

逕啓者頃奉 本交易所函開現奉政府明令改定新度量衡所有本所買賣自二月二十日起一律改用市平按每市平一兩等於漕平八錢五分二厘五毫囑轉各經紀人等語到會准函前因相應函達即希 查照為荷此致

貴金號

執事先生

金業經紀人公會啓

廿三年二月十日

· 上海金业经纪人公会通知（1934 年 2 月 10 日）

逕启者：顷奉本交易所函开，现奉政府明令，改定新度量衡。所有本所买卖自二月二十日起一律改用市平。按每市平一两等于漕平八钱五分二厘五毫。嘱转各经纪人等语到会。准函前因，相应函达即希查照为荷！

此致贵金号执事先生

金业经纪人公会启

廿三年二月十日

7. 上海金业经纪人公会通知（1934 年 2 月 10 日）

标金买卖以汇丰银行所挂美汇价格为准

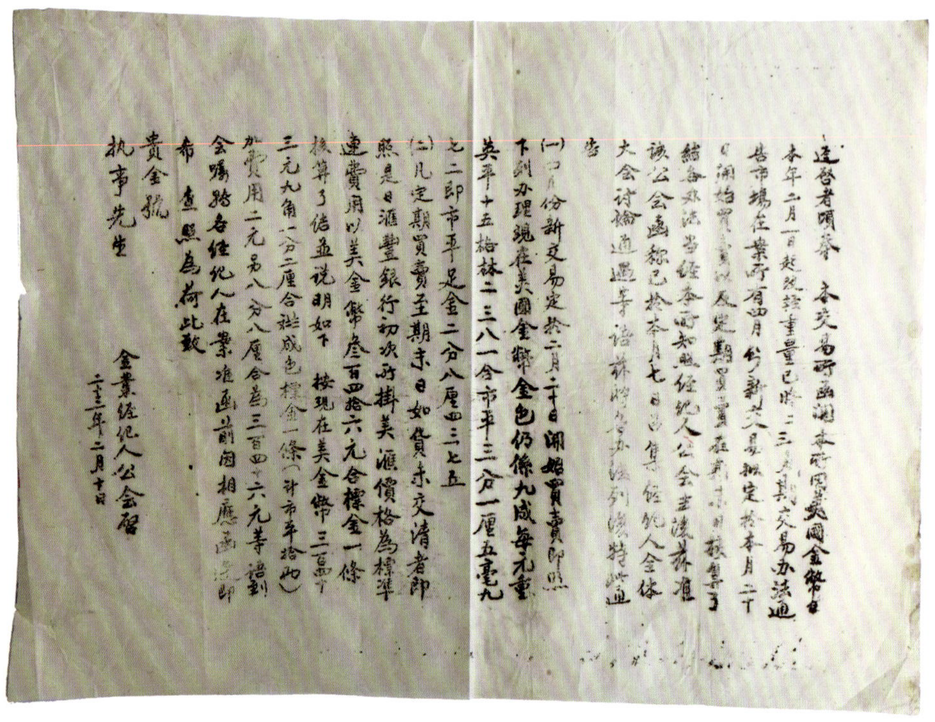

· 上海金业经纪人公会通知（1934 年 2 月 10 日）

迳启者：顷奉本交易所函开，本所用美国金币本年二月一日起改轻重量，已将二三月期交易办法通告市场在案，所有四月份新交易拟定于本月二十日开始买卖以及定期买卖在期末日核算了结，各办法当经本所知照经纪人公会去该，兹准该公会函称已于本月七日召集经纪人全体大会讨论通过等语，兹将各办法列该，特此通告：一、四月份新交易定于二月二十日开始买卖即照下列办理，现在美国金币金色仍系九成，每元重英平十五格林二三八一，合市平三分一厘五毫九七二，即市平足金二分八厘四三七五；二、凡定期买卖至期末日如货未交清者即照是日汇丰银行初次所挂美汇价格为标准，连费用以美金币三百四十六元和标金一条核算了结，并说明如下：按现在美金币三百四十三元九角一分二厘合 978 成色标金一条（计市平十两）加费用二元另八分八厘，合为三百四十六元。等语到会，嘱转各经纪人在案。准函前因，相应函达即希查照为荷！

此致贵金号执事先生

金业经纪人公会启

二十三年二月十日

8. 上海金业经纪人公会通知（1934 年 2 月 11 日）

该所市场成交货即照是日中央银行初次所挂海关金价格为标准

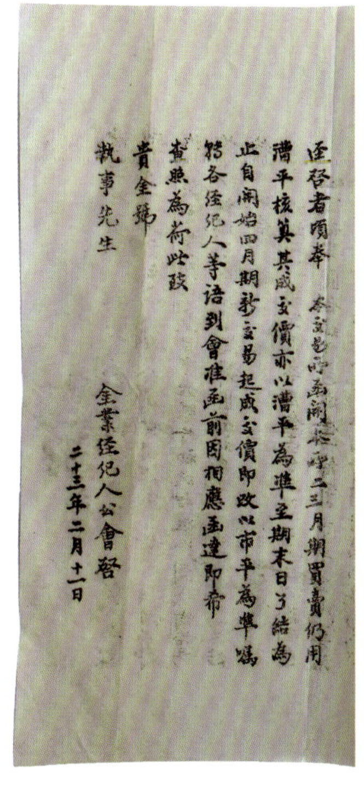

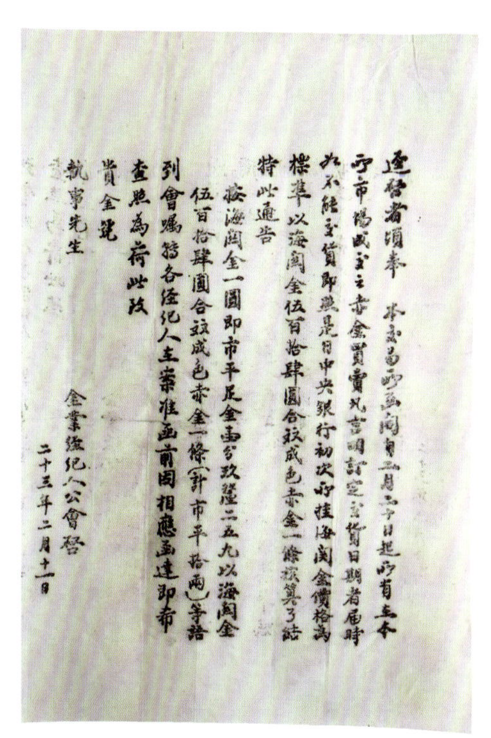

· 上海金业经纪人公会通知（1934 年 2 月 11 日）

迳启者：顷奉本交易所函开，至二月二十日起所有在本所市场成交之赤金买卖，凡言明订定交货日期者届时如不能交货即照是日中央银行初次所挂海关金价格为标准，以海关金五百十四元合 99 成色赤金一条核算了结，特此通告。按海关金一元即市平足金一分九厘二五九以海关金五百十四元合 99 成色赤金一条（计市平十两）等语到会，嘱转各经纪人在案。准函前因，相应函达即希查照为荷！

此致贵金号执事先生

金业经纪人公会启

二十三年二月十一日

迳启者：顷奉本交易所函开，本所二三月期买卖仍用漕平核算，其成交价亦以漕平为准至期末了结为止，自开始四月期新交易起成交价即改以市平为准，嘱转各经纪人等语到会，准函前因，相应函达即希查照为荷！

此致贵金号执事先生

金业经纪人公会启

二十三年二月十一日

· 南京路恒孚银楼

· 上海方紫金一两金

南京路上的私人储蓄所

9. 上海金业交易所经纪人公会致高秋眉会议函
（1935 年 2 月 12 日）

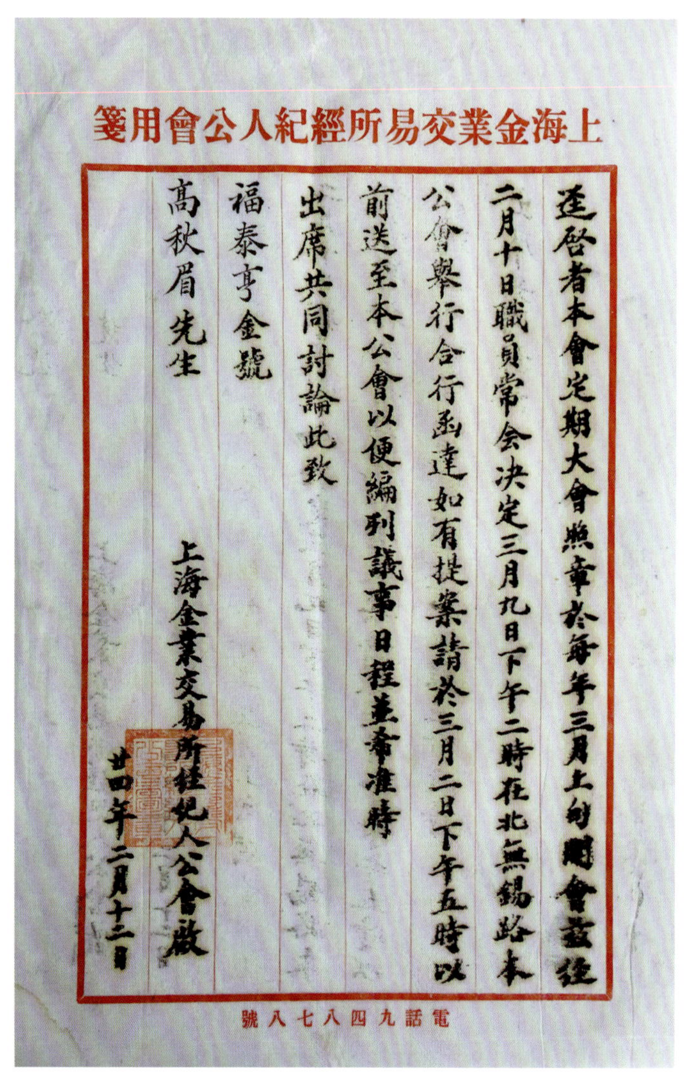

上海金業交易所經紀人公會用箋

逕啓者本會定期大會照章於每年三月上旬開會茲經
二月十日職員常会決定三月九日下午二時在北無錫路本
公會舉行合行函達如有提案請於三月二日下午五時以
前送至本公會以便編列議事日程並希准時
出席共同討論此致
福泰亨金號
高秋眉先生

上海金業交易所經紀人公會啟
廿四年二月十二日

電話九四八七八號

· 上海金业交易所经纪人公会致高秋眉会议函

迳启者：本会定期大会照章于每年三月上旬开会，兹经二月十日职员常会决定三月九日下午二时在北无锡路本公会举行，合行函达。如有提案，请于三月二日下午五时以前送至本公会以便编列议事日程并希准时出席，共同讨论。

此致福泰亨金号高秋眉先生

上海金业交易所经纪人公会启

廿四年二月十二日

10. 上海市金业同业公会致福泰亨金号函（1935 年 2 月 16 日）

“一·二八”事变后，奉令停业并收回清理营业税收款证一事

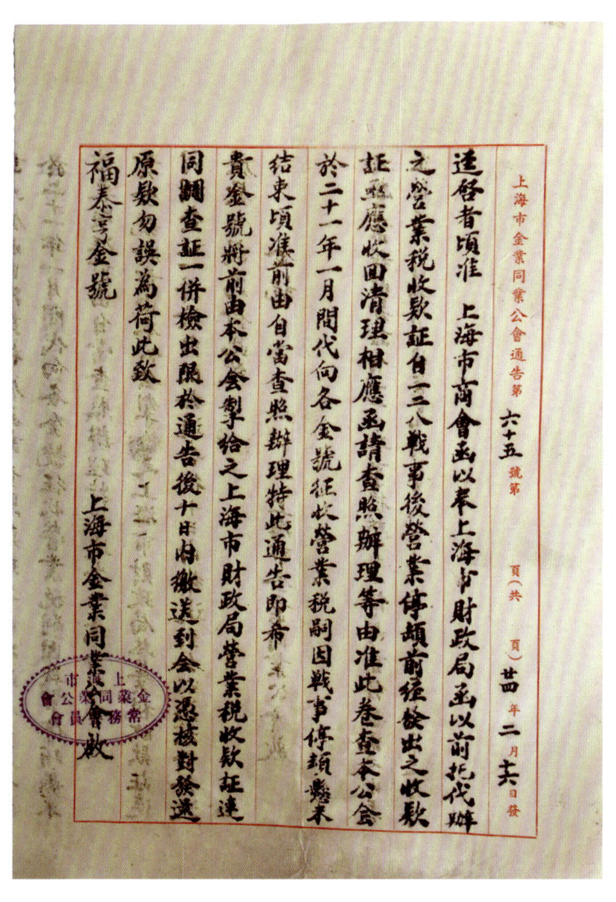
上海市金業同業公會通告第 六十五 號第 頁(共 頁) 廿四年二月十六日發

逕啓者頃准 上海市商會函以奉上海市財政局函以前托代辦之營業稅收款證自一二八戰事後營業停頓前經發出之收款證亟應收回清理相應函請查照辦理等由准此卷查本公會於二十一年一月間代向各金號征收營業稅嗣因戰事停頓懸未結束頃准前由自當查照辦理特此通告即希貴金號將前由本公會掣給之上海市財政局營業稅收款證連同調查證一併檢出限於通告後十日內繳送到會以憑核對發還原款勿誤為荷此致

福泰亨金號

上海市金業同業公會啓

· 上海市金业同业公会致福泰亨金号函

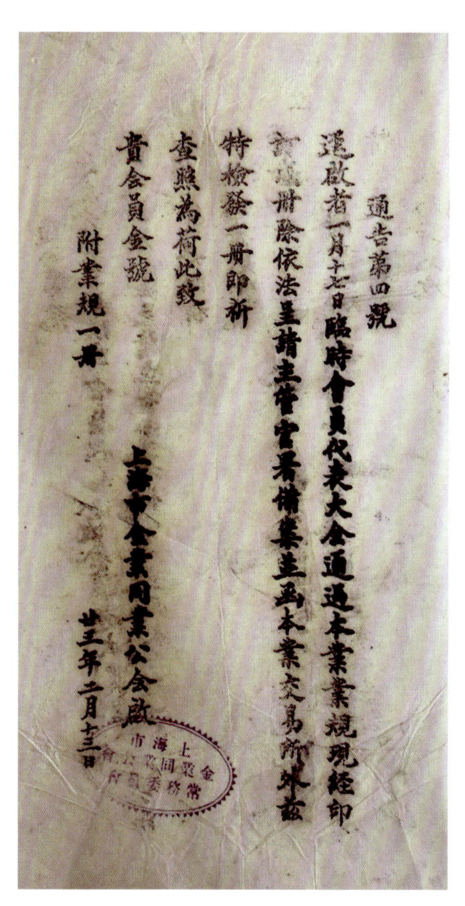
通告第四號

逕啓者一月十七日臨時會員代表大會通過本業業規現經印訂成冊除依法呈請主管官署備案並函本業交易所外茲特檢發一冊即祈查照為荷此致

貴會員金號

附業規一冊

上海市金業同業公會啓

廿三年二月十三日

· 通告第四号

逕启者：顷准上海市商会函以奉上海市财政局函，以前托代办之营业税收款证自“一·二八”战事后营业停顿，前经发出之收款证亟应收回清理，相应函请查照办理等由，准此。卷查本公会于二十一年一月间代向各金号征收营业税，嗣因战事停顿悬未结束顷准前由自当查照办理，特此通告。即希贵金号将前由本公会掣给之上海市财政局营业税收款证连同调查证一并检出，限于通告后十日内缴送到会以凭核对，发还原款。勿误为荷！

此致福泰亨金号

上海市金业同业公会启

廿四年二月十六日

逕启者：一月十七日临时会员代表大会通过本业业规现经印订成册，除依法呈请主管官署备案并函本业交易所外，兹特检发一册。即祈查照为荷！

此致贵会员金号

附业规一册

上海市金业同业公会启

廿三年二月十三日

11. 上海金业交易所致高秋眉函（1935 年 2 月 18 日）

保证股、流通股代用品价作洋标准一事

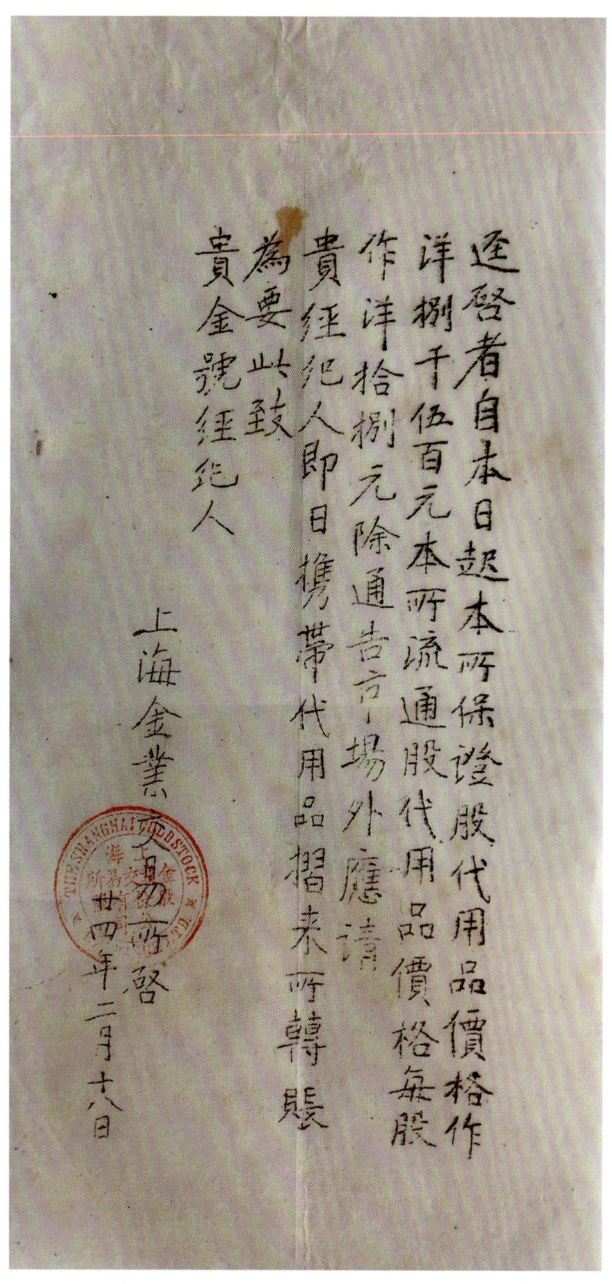

逕啓者自本日起本所保證股代用品價格作洋捌千伍百元本所流通股代用品價格每股作洋拾捌元除通告市場外應請貴經紀人即日携帶代用品摺來所轉賬為要此致

貴金號經紀人

上海金業交易所啓

廿四年二月十八日

逕启者：自本日起本所保证股代用品价格作洋八千五百元，本所流通股代用品价格每股作洋十八元。除通告市场外，应请贵经纪人即日携带代用品折来所转账为要。

此致贵金号经纪人

上海金业交易所启

廿四年二月十八日

12. 上海市金业同业公会常务委员会举行第25、26、27次执委会会议致高秋眉函（1935年2月11日、2月25日、3月11日）

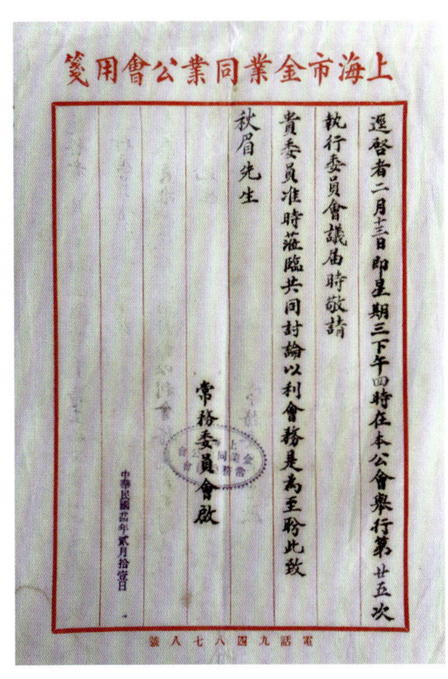

上海市金業同業公會用箋

逕啓者二月十三日即星期三下午四時在本公會舉行第廿五次執行委員會議屆時敬請貴委員準時蒞臨共同討論以利會務是爲至盼此致

秋眉先生

常務委員會啟

中華民國廿四年貳月拾壹日

電話九四八七八號

· 上海市金业同业公会常务委员会举行第25次执委会会议致高秋眉函

逕启者：二月十三日即星期三下午四时在本公会举行第25次执行委员会议。届时敬请贵委员准时莅临共同讨论以利会务。是为至盼！

此致秋眉先生

常务委员会启

中华民国廿四年二月十一日

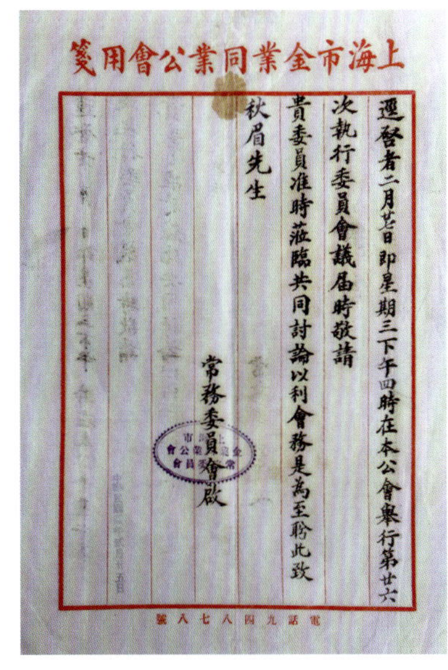

上海市金業同業公會用箋

逕啓者二月廿七日即星期三下午四時在本公會舉行第廿六次執行委員會議屆時敬請貴委員準時蒞臨共同討論以利會務是爲至盼此致

秋眉先生

常務委員會啟

電話九四八七八號

· 上海市金业同业公会常务委员会举行第26次执委会会议致高秋眉函

逕启者：二月二十七日即星期三下午四时在本公会举行第26次执行委员会议。届时敬请贵委员准时莅临共同讨论以利会务。是为至盼！

此致秋眉先生

常务委员会启

中华民国廿四年二月廿五日

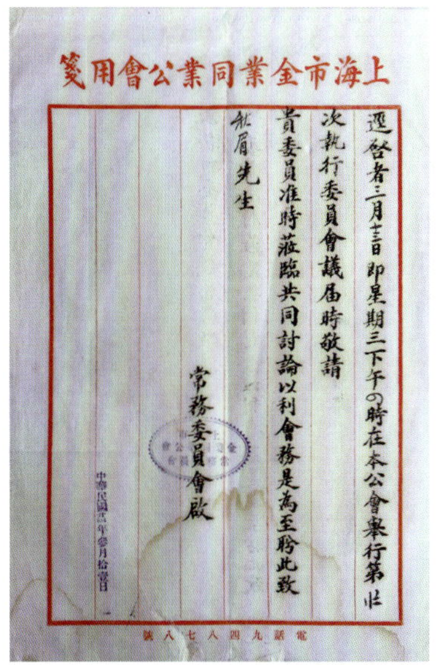

上海市金業同業公會用箋

逕啓者三月十三日即星期三下午四時在本公會舉行第廿七次執行委員會議屆時敬請貴委員準時蒞臨共同討論以利會務是爲至盼此致

秋眉先生

常務委員會啟

中華民國廿四年叁月拾壹日

電話九四八七八號

· 上海市金业同业公会常务委员会举行第27次执委会会议致高秋眉函

逕启者：三月十三日即星期三下午四时在本公会举行第27次执行委员会议。届时敬请贵委员准时莅临共同讨论以利会务。是为至盼！

此致秋眉先生

常务委员会启

中华民国廿四年三月十一日

13. 上海金业经纪人公会现届新当选各职员一览表（1935 年 3 月 10 日）

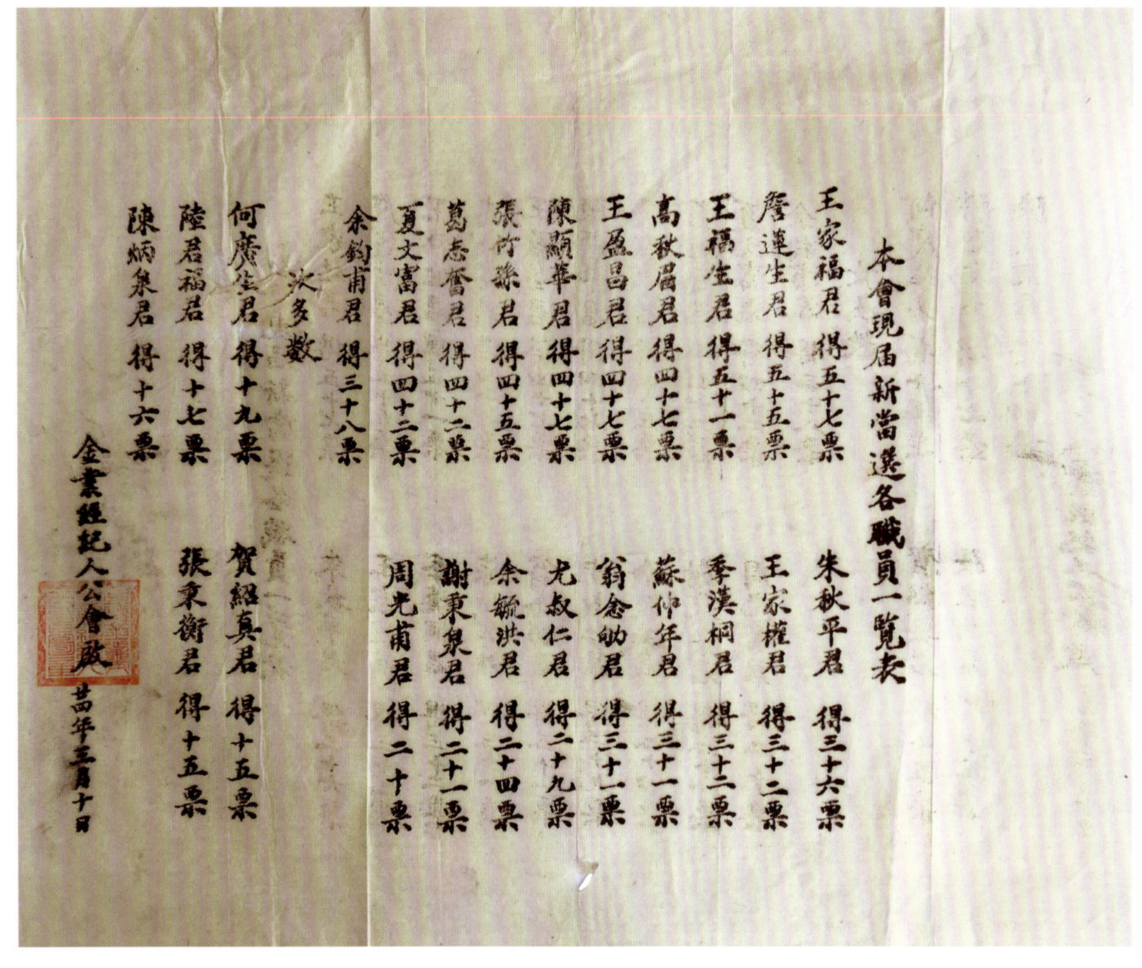
本會現屆新當選各職員一覽表

王家福君 得五十七票
詹蓮生君 得五十五票
王福生君 得五十一票
高秋眉君 得四十七票
王盈昌君 得四十七票
陳顯華君 得四十七票
張竹孫君 得四十五票
葛志奮君 得四十二票
夏文富君 得四十二票
余鈞甫君 得三十八票
朱秋平君 得三十六票
王家權君 得三十二票
季漢桐君 得三十二票
蘇仲年君 得三十一票
翁念劬君 得三十一票
尤叔仁君 得二十九票
余毓洪君 得二十四票
謝秉泉君 得二十一票
周光甫君 得二十票

次多數

何廣生君 得十九票
陸君福君 得十七票
陳炳泉君 得十六票
賀紹真君 得十五票
張秉衡君 得十五票

金業經紀人公會啟
廿四年三月十日

上海金业经纪人公会现届新当选各职员一览表

王家福君得 57 票
詹连生君得 55 票
王福生君得 51 票
高秋眉君得 47 票
王盈昌君得 47 票
陈显华君得 47 票
张竹孙君得 45 票
葛志奋君得 42 票
夏文富君得 42 票
余均甫君得 38 票
朱秋平君得 36 票
王家权君得 32 票
季汉桐君得 32 票
苏仲年君得 31 票
翁念劬君得 31 票
尤叔仁君得 29 票
余毓洪君得 24 票
谢秉泉君得 21 票
周光甫君得 20 票

次多数：

何广生君得 19 票
陆君福君得 17 票
陈炳泉君得 16 票
贺绍真君得 15 票
张秉衡君得 15 票

金业经纪人公会启

廿四年三月十日

14. 上海金业经纪人公会致高秋眉函（1935 年 3 月 14 日）

当选正副会长各职员分任就职名单

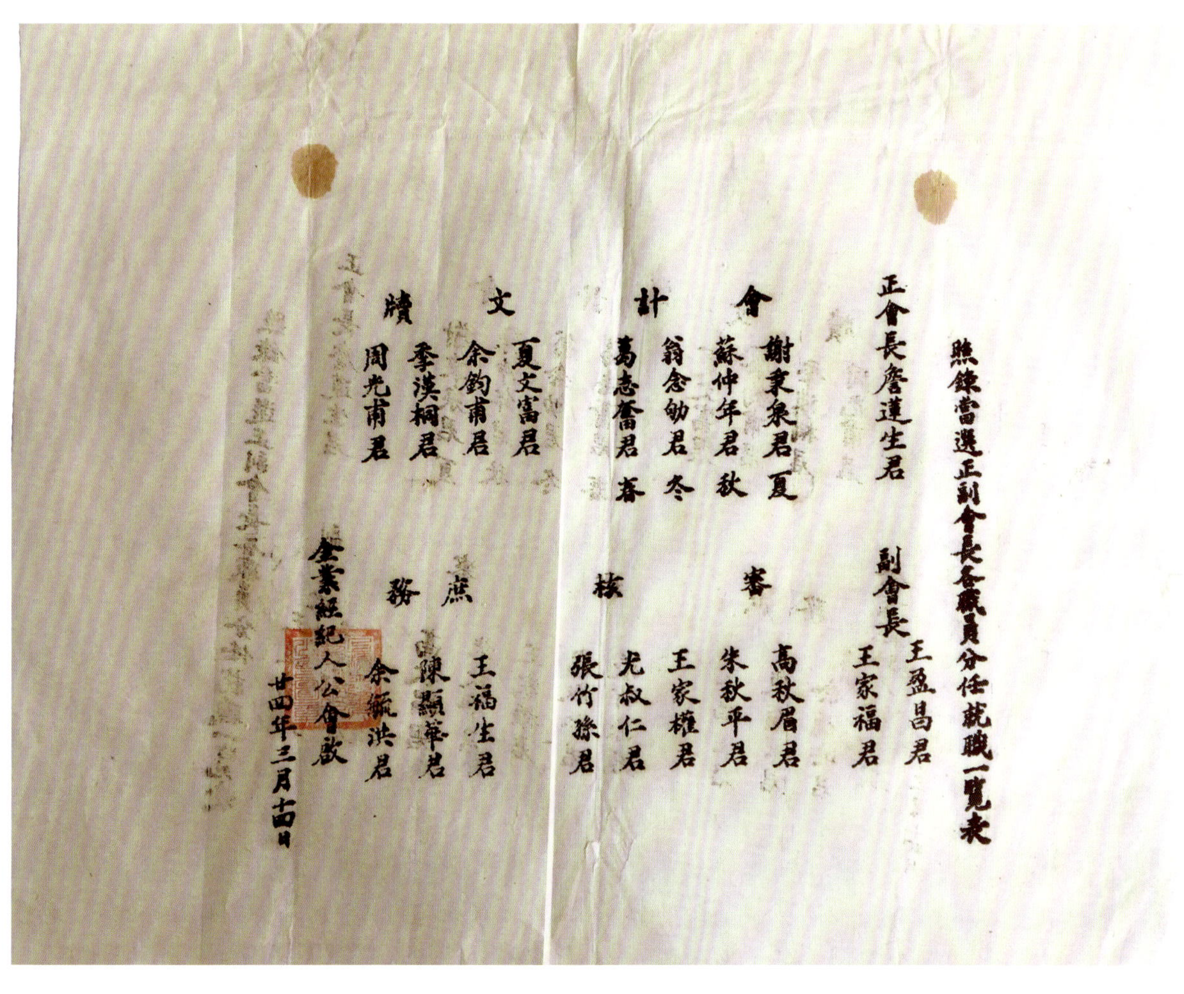

照錄當選正副會長各職員分任就職一覽表

正會長 詹蓮生君

副會長 王盈昌君 王家福君

會計 謝秉泉君 夏
蘇仲年君 秋
翁念劬君 冬
葛志奮君 春

審核 高秋眉君
朱秋平君
王家權君
尤叔仁君
張竹孫君

文牘 夏文富君
余鈞甫君
季漢桐君
周光甫君

庶務 王福生君
陳顯華君
余毓洪君

金業經紀人公會啟
廿四年三月十四日

· 照录当选正副会长各职员分任就职一览表

正会长：詹莲生君

副会长：王盈昌君、王家福君

会计：谢秉泉君 夏
苏仲年君 秋
翁念劬君 冬
葛志奋君 春

文牍：夏文富君
余钧甫君
季汉桐君
周光甫君

审核：高秋眉君
朱秋平君
王家权君
尤叔仁君
张竹孙君

庶务：王福生君
陈显华君
余毓洪君

金业经纪人公会启

廿四年三月十四日

15. 上海金业交易所经纪人公会致高秋眉函（1935 年 3 月 14 日）

关于参加新职员就职并选正副会长一事

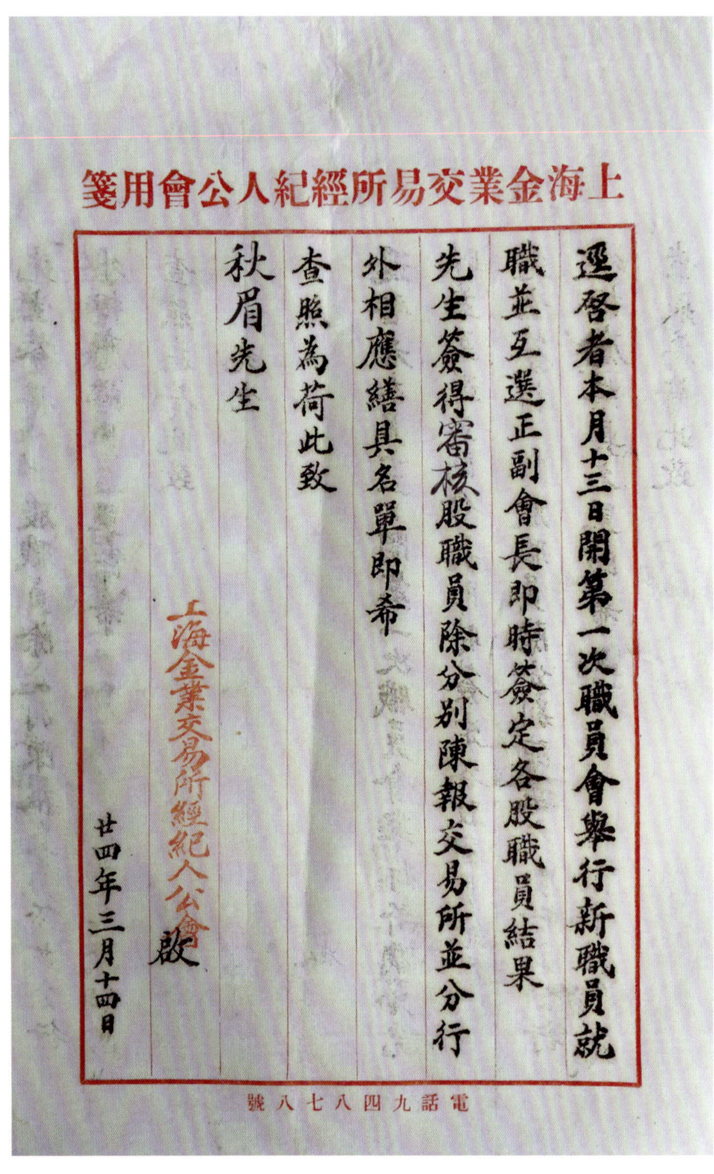

上海金業交易所經紀人公會用箋

逕啓者本月十三日開第一次職員會舉行新職員就
職並互選正副會長即時簽定各股職員結果
先生簽得審核股職員除分別陳報交易所並分行
外相應繕具名單即希
查照為荷此致
秋眉先生

上海金業交易所經紀人公會啟

廿四年三月十四日

電話九四八七八號

· 上海金业交易所经纪人公会致高秋眉函（1935 年 3 月 14 日）

迳启者：本月十三日开第一次职员会，举行新职员就职并互选正副会长，即时签定各股职员结果。先生签得审核股职员，除分别陈报交易所并分行外，相应缮具名单即希查照为荷！

此致秋眉先生

上海经业交易所经纪人公会启

廿四年三月十四日

· 南京路上的老凤祥

· 节日下的近代上海凤祥银楼

· 近代上海南京路上的庆和银楼

· 南京路上的宝成银楼

16. 上海市金业同业公会执委会致高秋眉函（1935 年 3 月 18 日）

呈请市党政机关要员莅临出席第一次会员代表常年大会一事

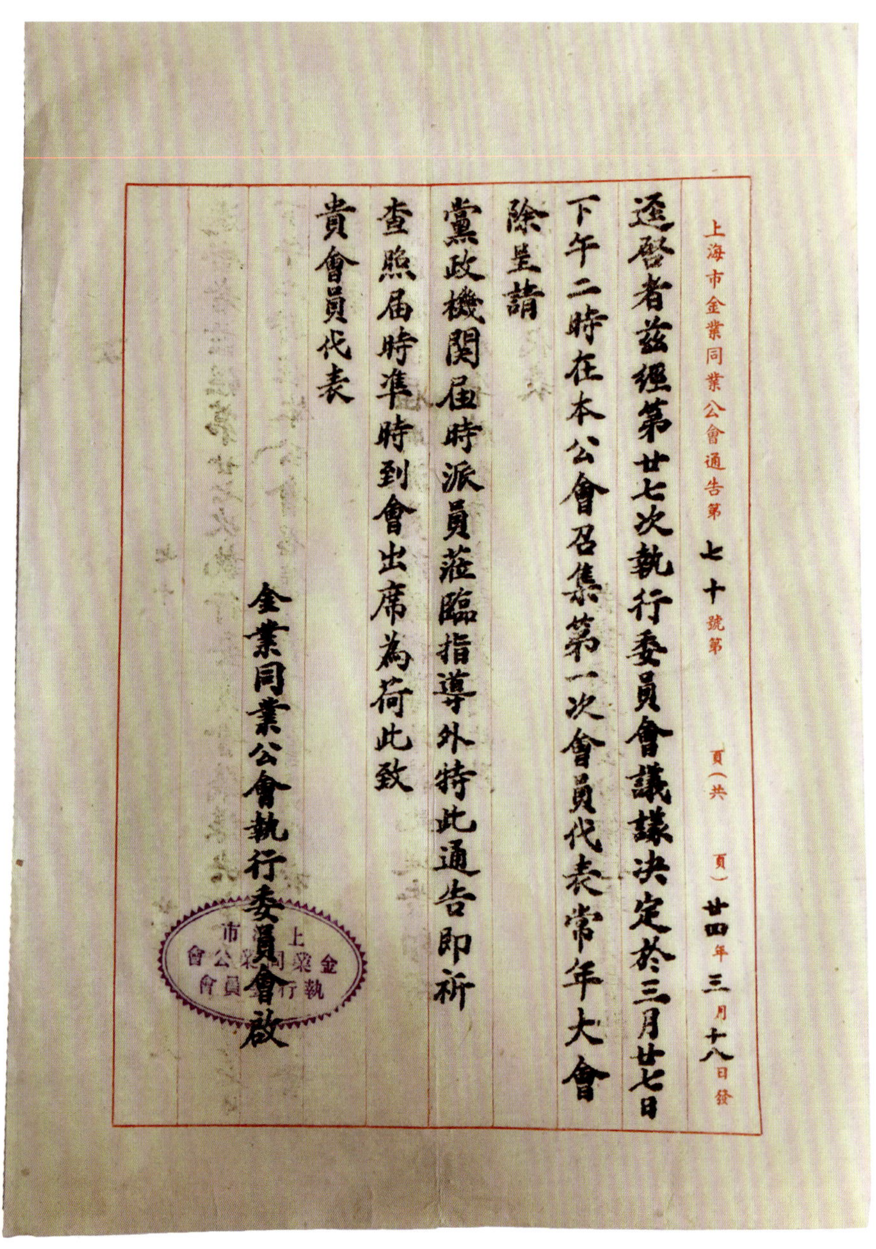
上海市金業同業公會通告第 七十 號第 頁（共 頁） 廿四年三月十八日發

逕啓者茲經第廿七次執行委員會議議決定於三月廿七日
下午二時在本公會召集第一次會員代表常年大會
除呈請
黨政機關屆時派員蒞臨指導外特此通告即祈
查照屆時準時到會出席為荷此致
貴會員代表
金業同業公會執行委員會啓

· 上海市金业同业公会执委会致高秋眉函（1935 年 3 月 18 日）

迳启者：兹经第 27 次执行委员会议议决定于三月廿七日下午二时在本公会召集第一次会员代表常年大会，除呈请党政机关届时派员莅临指导外，特此通告。即祈查照，届时准时到会出席为荷！

此致贵会员代表

金业同业公会执行委员会启

廿四年三月十八日

17. 上海金业交易所经纪人公会致高秋眉函（1935 年 3 月 21 日）

关于秋眉先生以 47 票当选并受邀出席会议一事

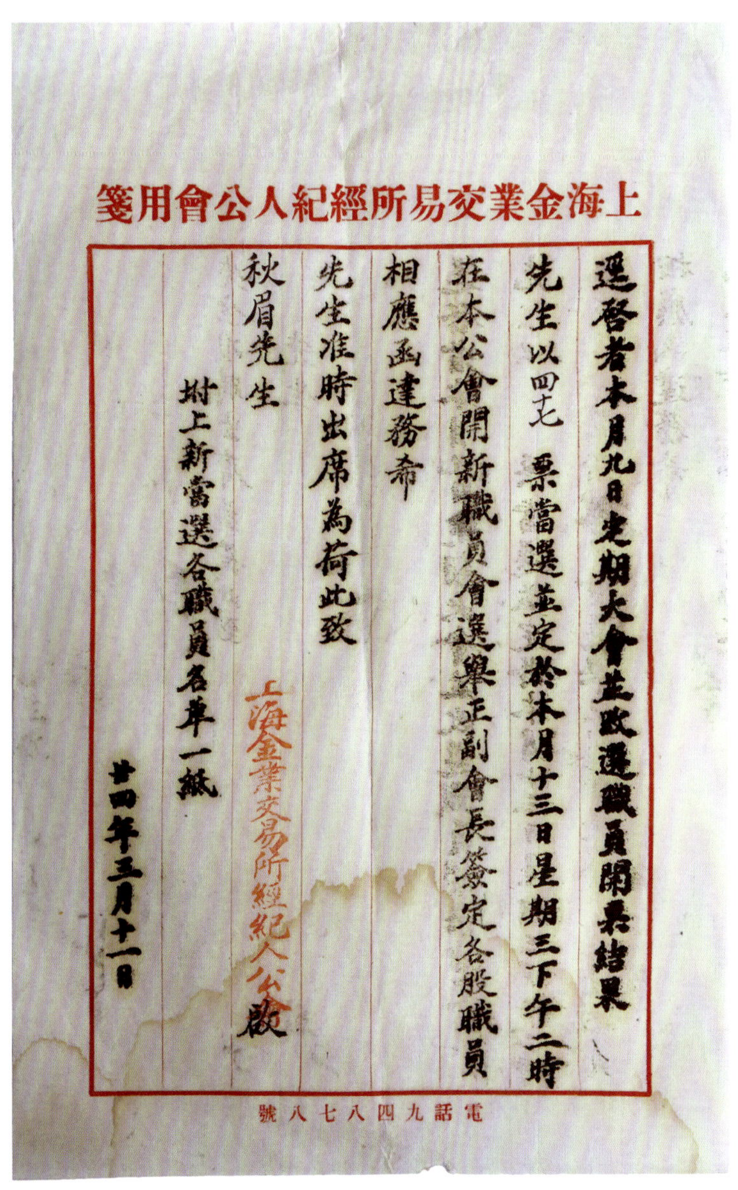

上海金業交易所經紀人公會用箋

逕啓者本月九日定期大會並改選職員開票結果
先生以四七 票當選並定於本月十三日星期三下午二時
在本公會開新職員會選舉正副會長簽定各股職員
相應函達務希
先生準時出席為荷此致
秋眉先生
附上新當選各職員名單一紙
上海金業交易所經紀人公會啟
廿四年三月十一日

電話九四八七八號

· 上海金业交易所经纪人公会致高秋眉函

逕启者：本月九日定期大会并改选职员开票结果，先生以 47 票当选并定于本月十三日星期三下午二时在本公会开新职员会，选举正副会长，签定各股职员。相应函达，务希先生准时出席为荷！

此致秋眉先生

附上新当选各职员名单一纸

上海金业交易所经济人公会启

廿四年三月十一日

18. 上海金业交易所经纪人公会致秋眉函（1935 年 3 月 22 日）

关于借用一枝香西餐馆场地召开会员会一事

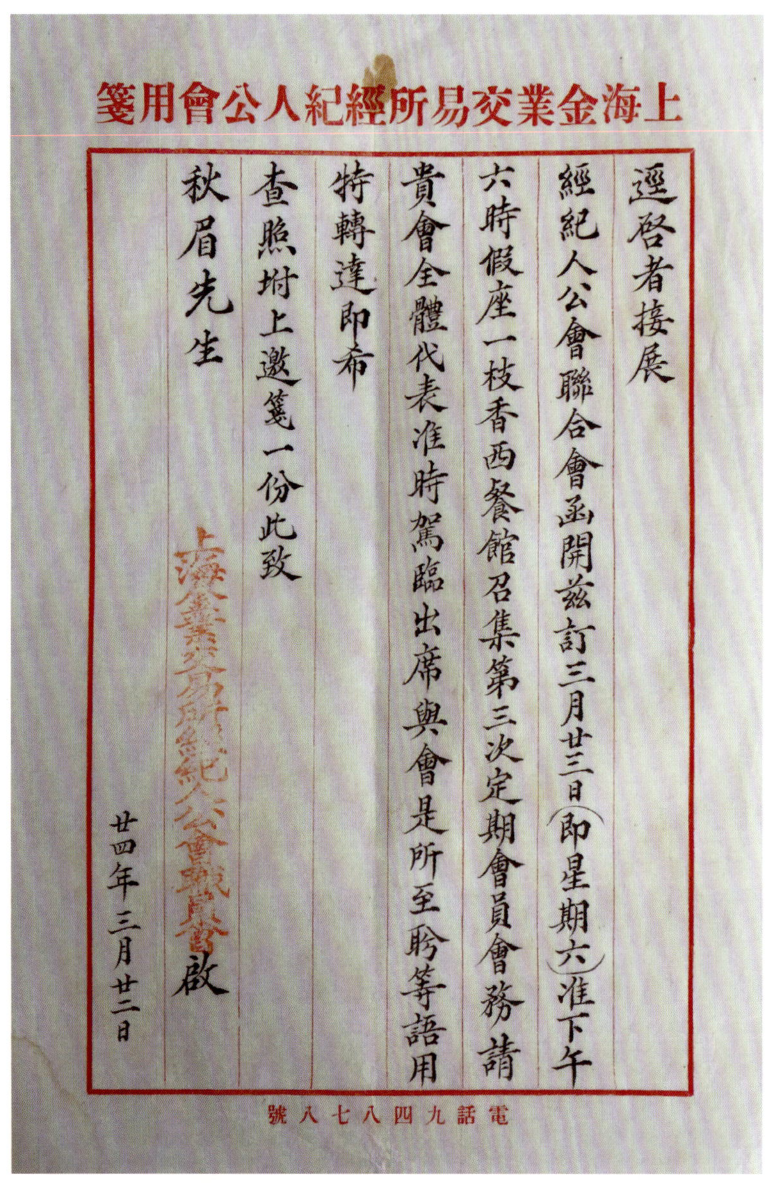

上海金業交易所經紀人公會用箋

逕啓者接展

經紀人公會聯合會函開茲訂三月廿三日（即星期六）准下午

六時假座一枝香西餐館召集第三次定期會員會務請

貴會全體代表准時駕臨出席與會是所至盼等語用

特轉達即希

查照坿上邀箋一份此致

秋眉先生

上海金業交易所經紀人公會職員會啟

廿四年三月廿二日

電話九四八七八號

· 上海金业交易所经纪人公会致秋眉函

迳启者：接展经纪人公会联合会函开，兹定三月廿三日（即星期六）准下午六时假座一枝香（疑为“一品香”之误）西餐馆召集第三次定期会员会务，请贵会全体代表准时驾临出席与会，是所至盼等语用特转达，即希查照。附上邀笺一份。

此致秋眉先生

上海金业交易所经纪人公会职员会（章）启

廿四年三月廿二日

一品香欧菜馆照片

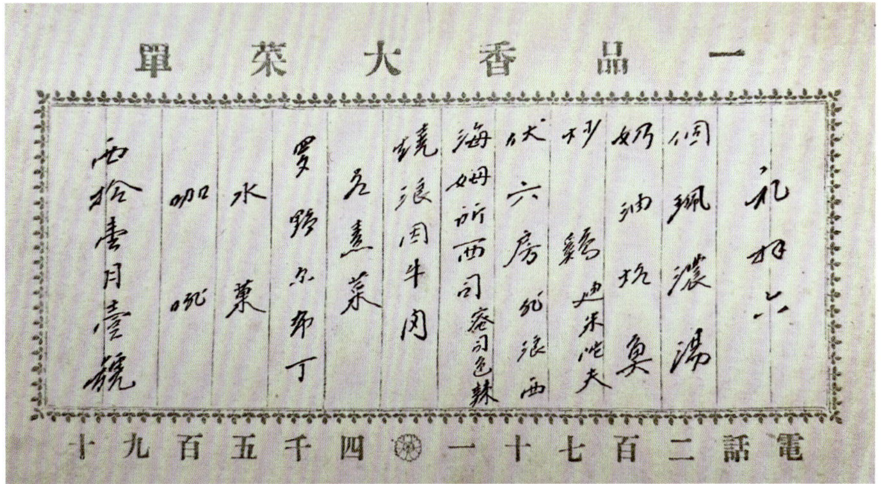

一品香欧菜馆，是中国人开的西餐馆中最有名的一家大餐馆，图为“一品香”大餐单

上海《点石斋画报》吴友如作品《别饶风味》

19. 上海市金业同业公会致高秋眉函（1935 年 3 月 25 日）

通知召开第一次会员代表常年大会一事

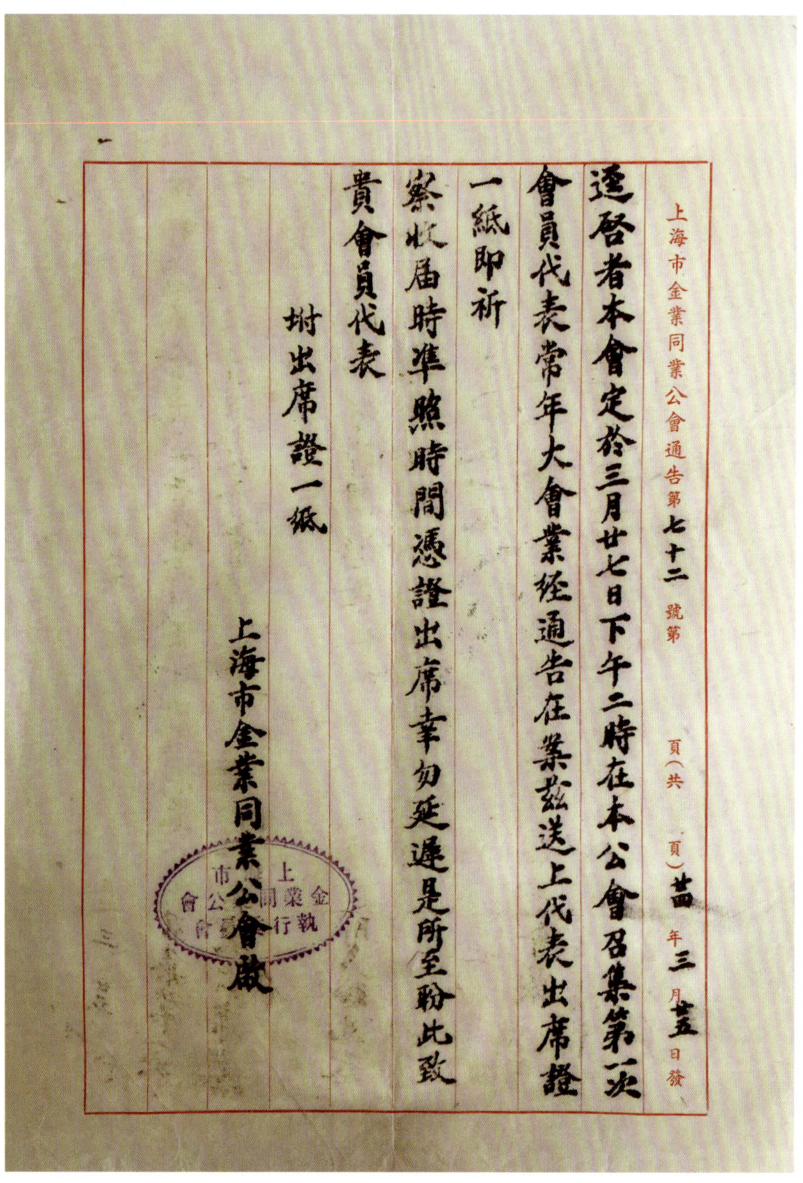

上海市金業同業公會通告第七十二號 第 頁（共 頁） 廿四年三月廿五日發

逕啓者本會定於三月廿七日下午二時在本公會召集第一次
會員代表常年大會業經通告在案茲送上代表出席證
一紙即祈
察收屆時準照時間憑證出席幸勿延遲是所至盼此致
貴會員代表
坿出席證一紙
上海市金業同業公會啟

· 上海市金业同业公会致高秋眉函

迳启者：本会定于三月廿七日下午二时在本公会召集第一次会员代表常年大会，业经通告在案，兹送上代表出席证一纸即祈察（查）收。届时准照时间凭证出席，幸勿延迟，是所至盼！

此致贵会员代表

附出席证一纸

上海市金业同业公会启

廿四年三月廿五日

· 南京路新凤祥德记银楼

· 上海中央造币厂（现上海造币有限公司）

三 委托代理标金买卖

1. 殷东某卿三月初八日致高秋眉函

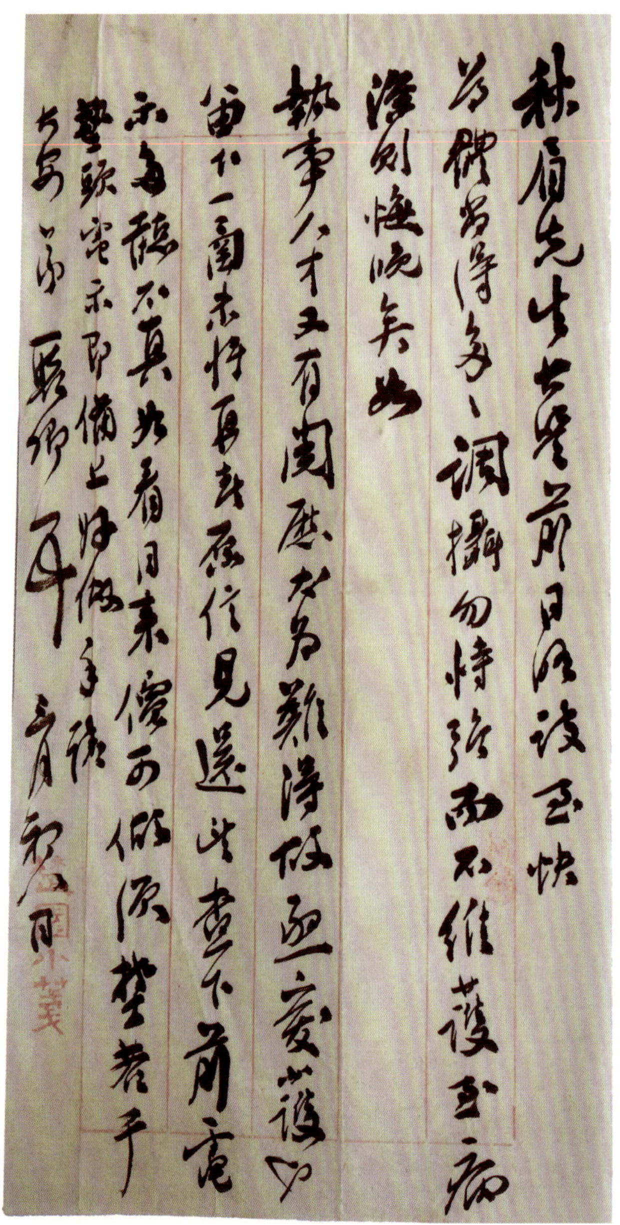

· 殷东某卿三月初八日致高秋眉函（楚园小笺）

秋眉先生大鉴：前日略后至快。尊体尚得多多调摄，勿持强而不维护，至病漫则悔晚矣！如执事人才又有阅历尤为难得故亟爱护也。留下一鬲未将再者愿信见还望查下前电示，每听不真，如看月末优可做。须垫若干垫头，电示即备上好做。手请大安。

弟□卿顿首

三月初八日

2. 福泰亨股东陈庆平交易便条六纸

· 福泰亨金号股东陈庆平交易便条（六纸）

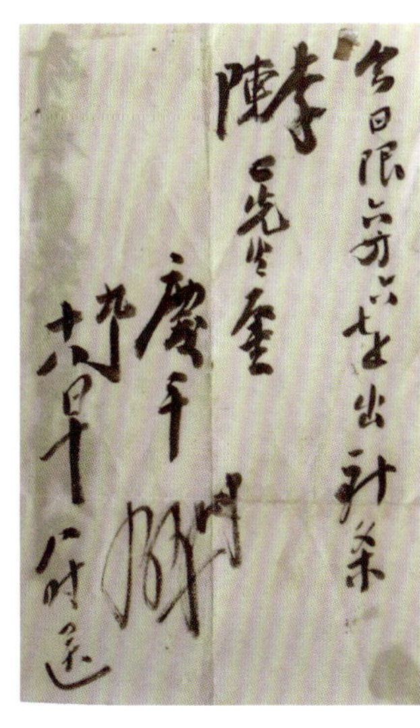

今日限六两六七钱出一百十条，李陈二先生鉴。

庆平

九月十八日早八时送

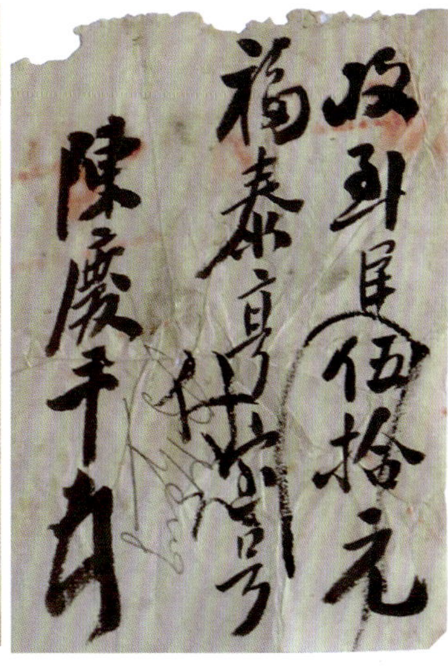

收到洋五十元。福泰亨宝号。

陈庆平

五月

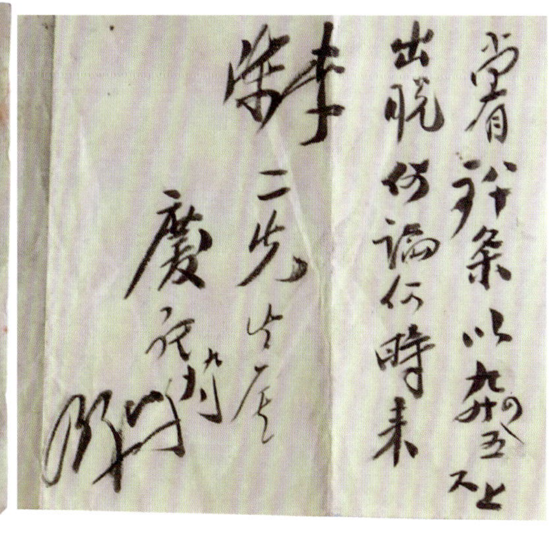

尚有一百八十条以九两四五六上出脱。何论何时来，李陈二先生鉴。

庆托

九月六日

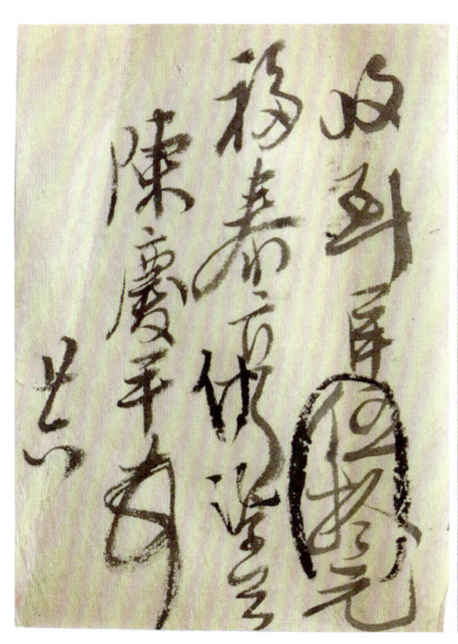

收到洋五十元。福泰亨。“付讫”

陈庆平

五月二十六日

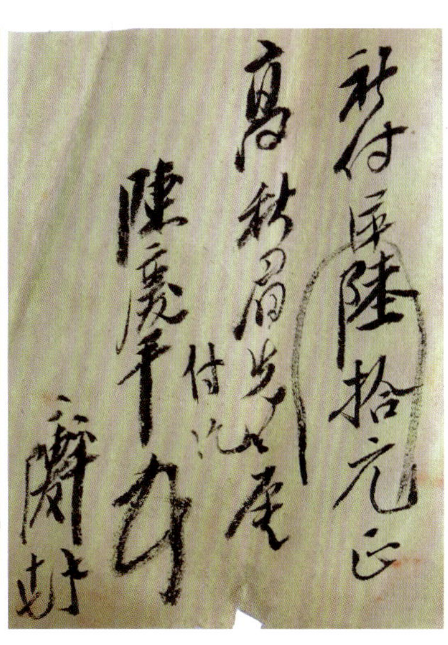

祈付洋六十元正。高秋眉先生处。“付讫”

陈庆平

二十五年七月十七日

收到洋念元。“付讫”

陈庆平

九月十三日

3. 股东陈庆平致筱轩兄函

· 南京路永安公司旁宝成银楼，发售“辛”字号金条场景

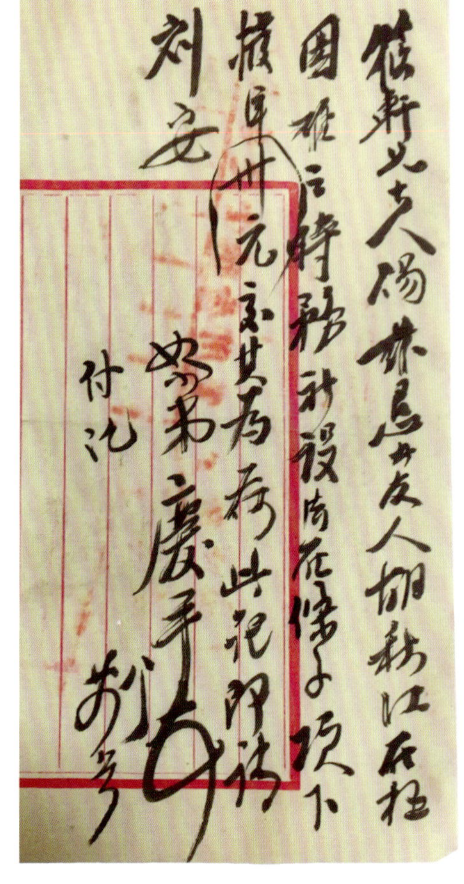

· 股东陈庆平致筱轩兄函

筱轩兄大人赐：兹恳者友人胡秋江在极困难户时，务祈设法在条子项下拨洋三十元，交其为荷！此记即请刻安。

小弟庆平顿首

八月廿四日

· 十两标金（中国人民银行藏）

4. 陈庆平致高秋眉函之一

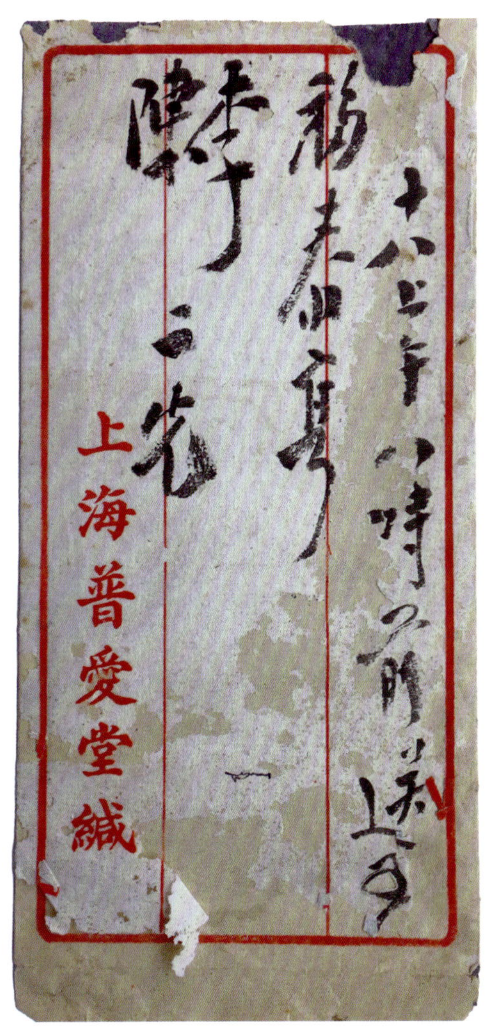
十八（日）上午八时前送至福泰亨李陈二先　上海普爱堂缄

· 十八（日）上午八时前送至福泰亨李陈二先　上海普爱堂缄（封套）

普爱堂是天主教圣母圣心会曾经在中国天津、上海等城市所设立的办事处，俗称：“账房”。1865 年进入我国传教，神父以比利时籍居多，经营房地产业。上海普爱堂到 1949 年拥有土地 130 亩，房屋 400 余栋，建筑面积 10 万平方米。其中著名物业包括今陕西南路、复兴中路口的金亚尔培公寓大楼群（今陕南村），今复兴中路 1363 弄森内饭店公寓大楼，以及海格路大胜胡同（杨振宁旧居）。普爱堂本身最初设在淮海中路 622 弄 7 号，1928 年迁入海格路 241 弄（大胜胡同）7 号。其小教堂对外不开放，1949 年以后允许附近教徒进入，1966 年停止活动。

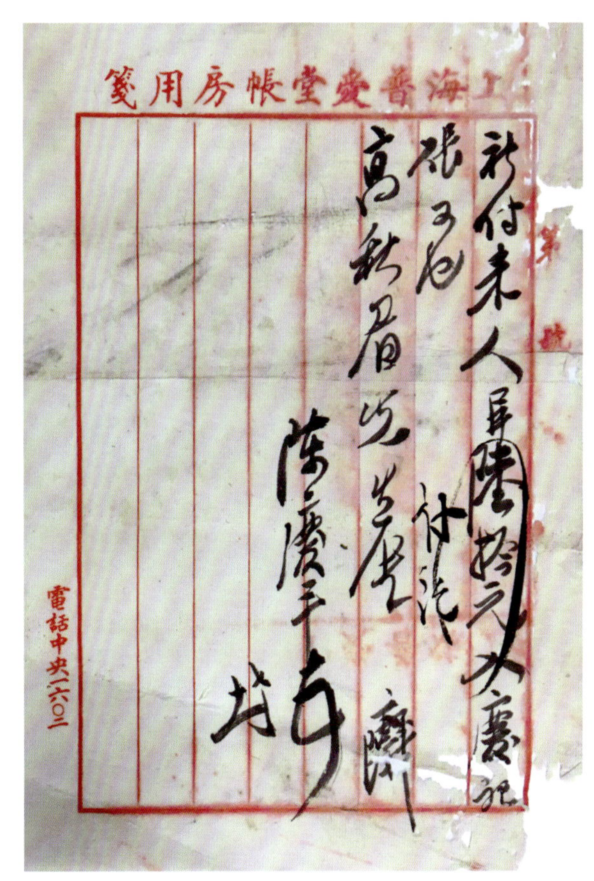
上海普愛堂帳房用箋

電話中央一六〇二

· 陈庆平致高秋眉函之一（上海普爱堂账房用笺）

祈付来人洋六十元。入庆记账可也。高秋眉先生鉴。

陈庆平顿首

七月十一日

5. 陈庆平致高秋眉函之二

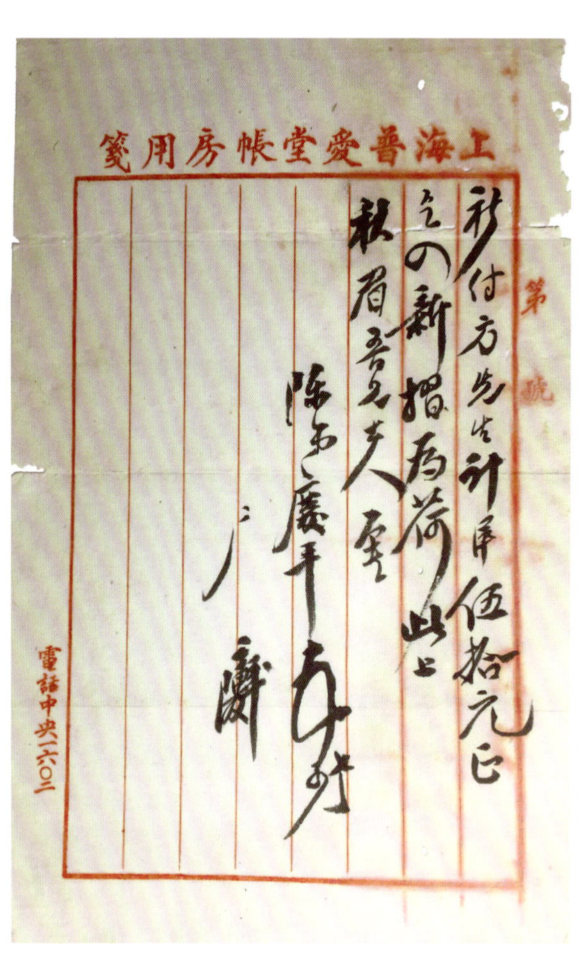
上海普爱堂帐房用笺
第　號
電話中央一六〇二

· 陈庆平致高秋眉函之二（上海普爱堂账房用笺）

祈付方先生计洋五十元正，乞入新折为荷！此上秋眉吾兄大人鉴。

陈弟庆平顿首

七月四日

6. 陈庆平致高秋眉函之三

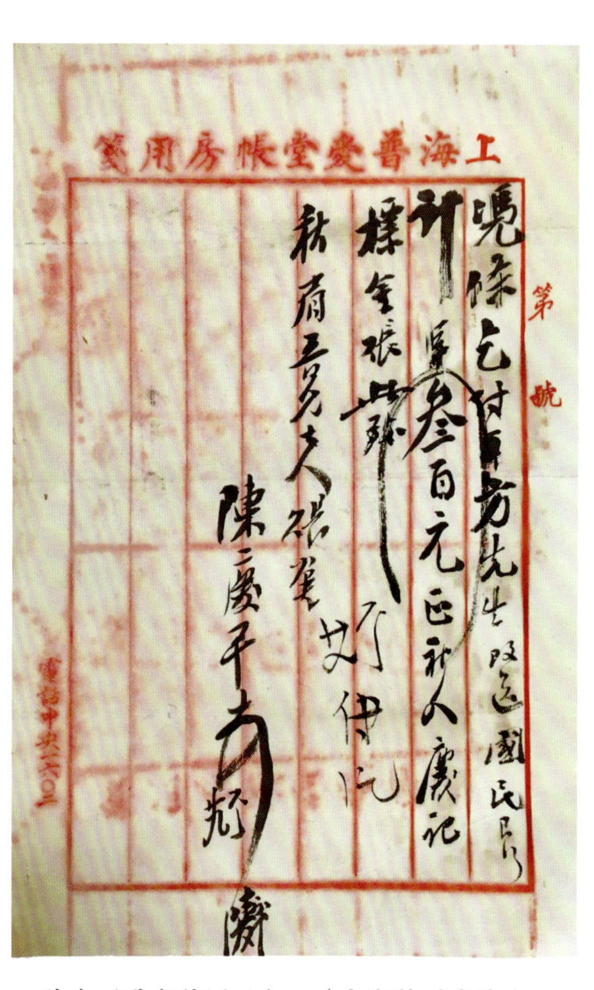
上海普爱堂帐房用笺
第　號
電話中央一六〇二

· 陈庆平致高秋眉函之三（上海普爱堂账房用笺）

凭条乞付方先生改送国民路计洋三百元正，祈入庆记标金账。秋眉吾兄大人账鉴。

陈庆平顿首

六月二十九日

7. 陈庆平致高秋眉函之四

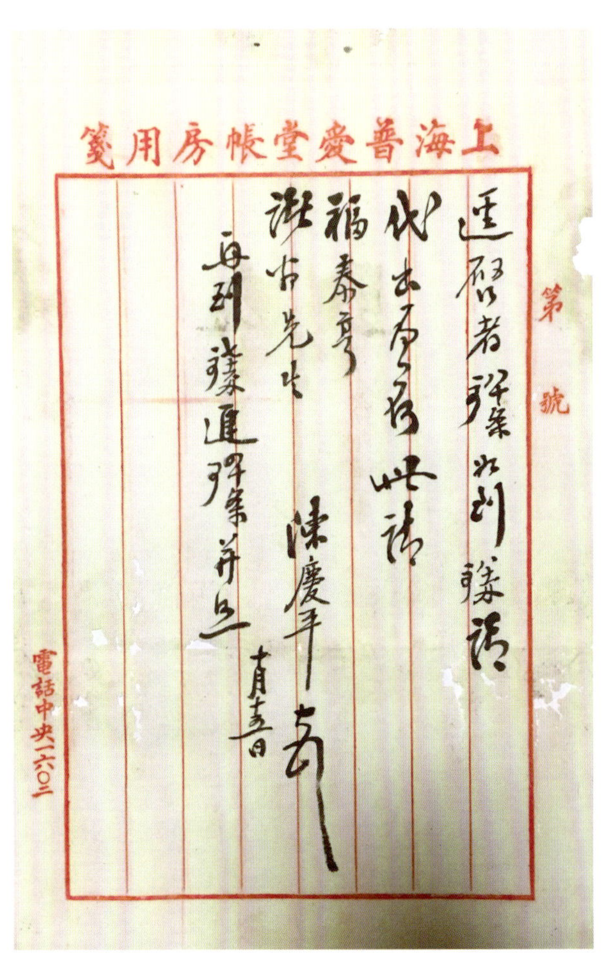
上海普愛堂帳房用箋
第 號
電話中央一六〇二

· 陈庆平致高秋眉函之四（上海普爱堂账房用笺）

迳启者：二百八十条如到二百八十一两（规元）请代出为荷！此请福泰亨□□先生，再到二百七十六两（规元），进一百四十条并照。

陈庆平顿首

十月十五日

8. 陈庆平致高秋眉函之五

股东陈庆平函告福泰亨经理，以后如无保证金不要随便同意他人合做标金买卖

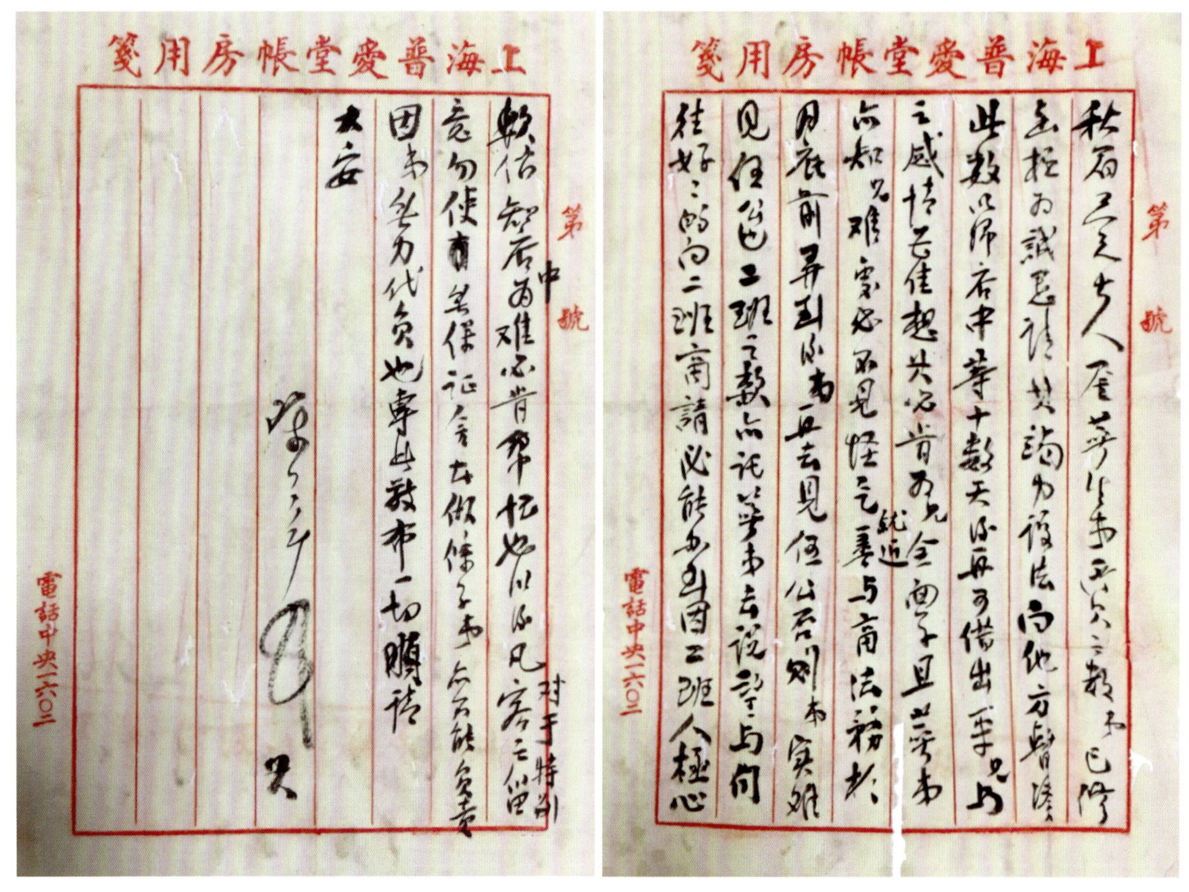

· 陈庆平致高秋眉函之五（上海普爱堂账房用笺）

秋眉仁兄大人鉴：弟所欠之数，弟已修函极为诚恳请其竭力设法向他方暂凑此数以归店中，等十数天后再可借出一半，兄与之感情甚佳，想其必肯为兄全面子，且□弟亦知兄难处，必不见怪，乞就近委与商法务于月底前弄到后，弟再去见伍公，否则弟实难见伍公也。二班之款亦托□弟去说，望与同往好好的（地）向二班商请，必能办到，因二班人极心软，估知店中为难，必肯帮忙也。以后凡对于客户特别留意，务使无保证合在做条子，弟亦不能负责因弟无力代负也！专此敬布。一切顺请大安。

陈庆平顿首

六日

9. 陈庆平致高秋眉函之六

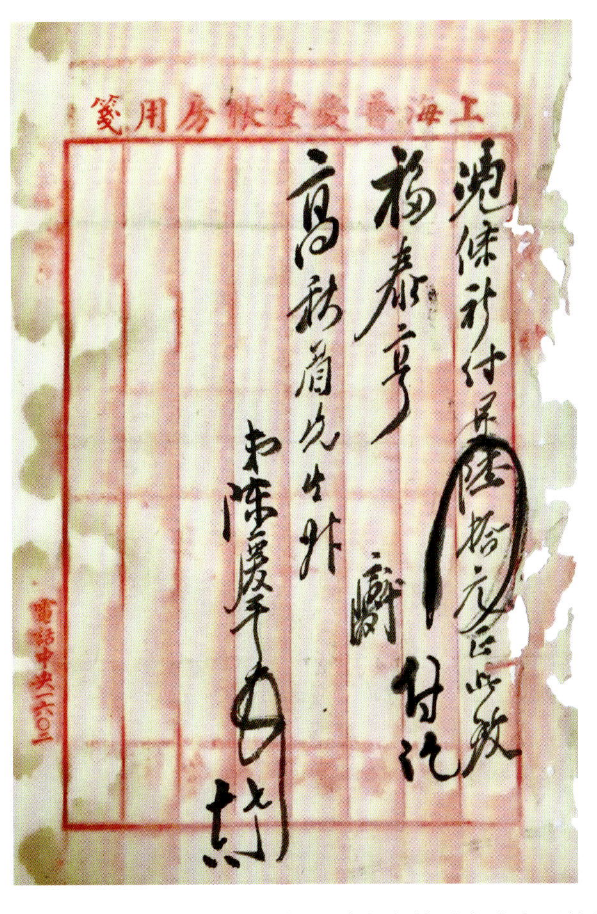

· 陈庆平致高秋眉函之六（上海普爱堂账房用笺）

凭条祈付洋六十元正。

此致福泰亨高秋眉先生

弟陈庆平顿首

七月十六日

10. 陈庆平致高秋眉函之七

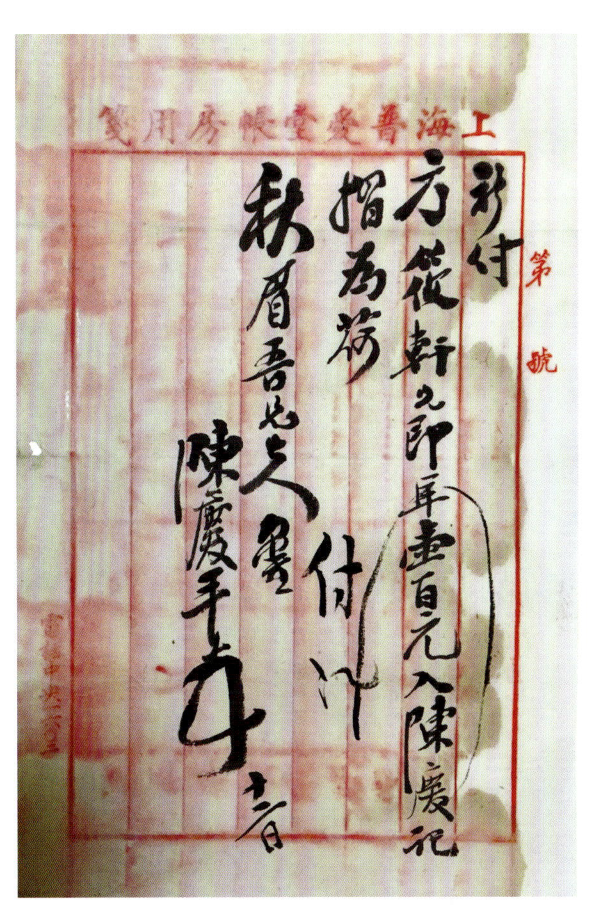

· 陈庆平致高秋眉函之七（上海普爱堂账房用笺）

祈付方筱轩兄即洋一百元，入陈庆记折为荷！秋眉吾兄大人鉴

陈庆平顿首

十二日

宝成银楼新楼

费文元银楼

汇丰银行新厦

汇丰银行门口的铜狮

11. 股东致高秋眉、训刚函

标金买卖一事

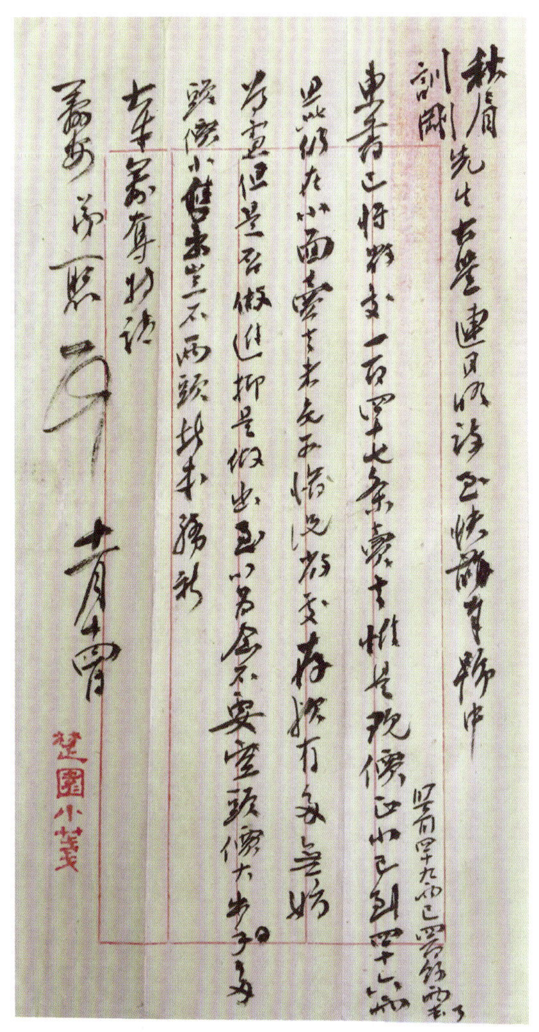

· 股东致高秋眉、训刚函（楚园小笺）

秋眉、训刚先生大鉴：连日略后至快，前专号中柬书已将数交一百四十七条卖出未免可惜，照前四十九两已四百余两去了，况敝交存款有多无妨，为虑但是否做进，抑是做出至以为念，不要空头价大出手，多头价小售出岂不两头北本。务祈专办夺，特请办安。

弟□顿首

十一月十四日

（注：其中一百四十七条指的是标金数，涉及金银比价：一根标金合“四十六两”规银。标金十两一条，对比银价常有浮动，故有时合四十九两、四十六两等不一。）

12. 股东陈庆平托方筱轩转交福泰亨高秋眉函

有关做空金条一事

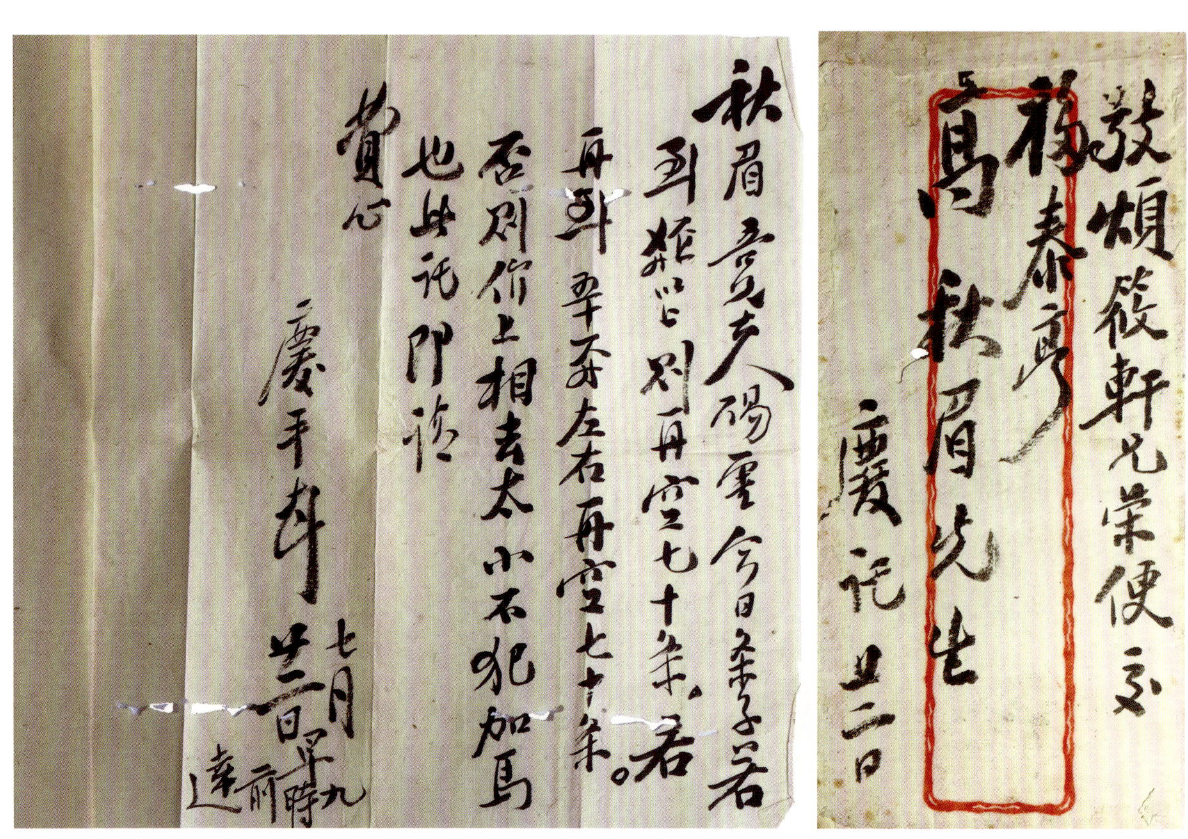

· 股东陈庆平托方筱轩转交福泰亨高秋眉函（附封套）

秋眉吾兄大人赐鉴：今条子若到四十六两以上，则再空七十条，若再到五十六两左右再空七十条，否则价上相去太小不犯加马（码）也。此托即请费心！

庆平顿首

廿五年七月廿二日

早九时前达

13. 某致股东高秋眉、训刚函

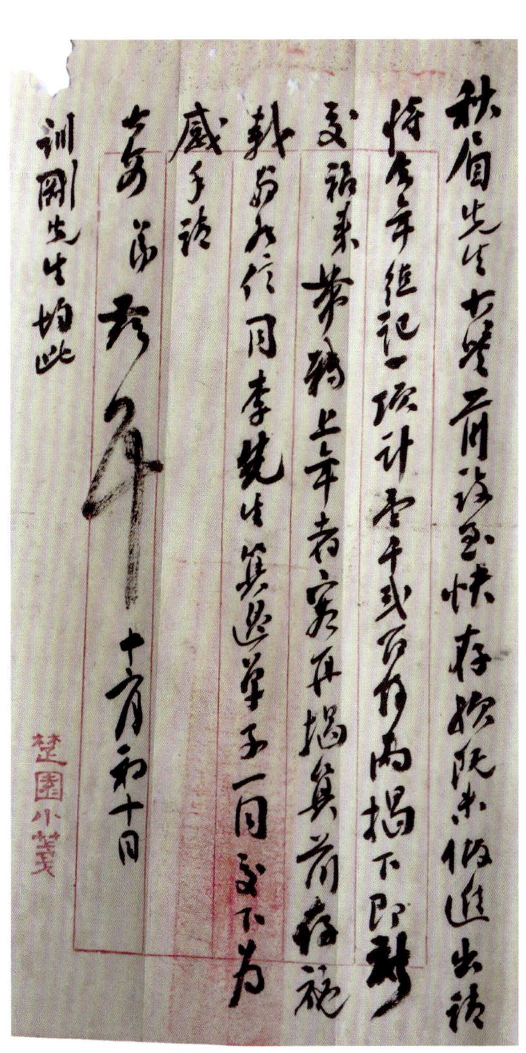

· 某致股东高秋眉、训刚函（楚园小笺）

秋眉先生大鉴：前后至快。存款既未做进出，请将今年总记一项计一千二百两揭下，即祈交福来带转上年者容再揭算，前存施再翁如信同李先生算□单子一同交下为感，手请大安。训刚先生均此。

弟□顿首

十二月初十日

14. 某致股东高秋眉函

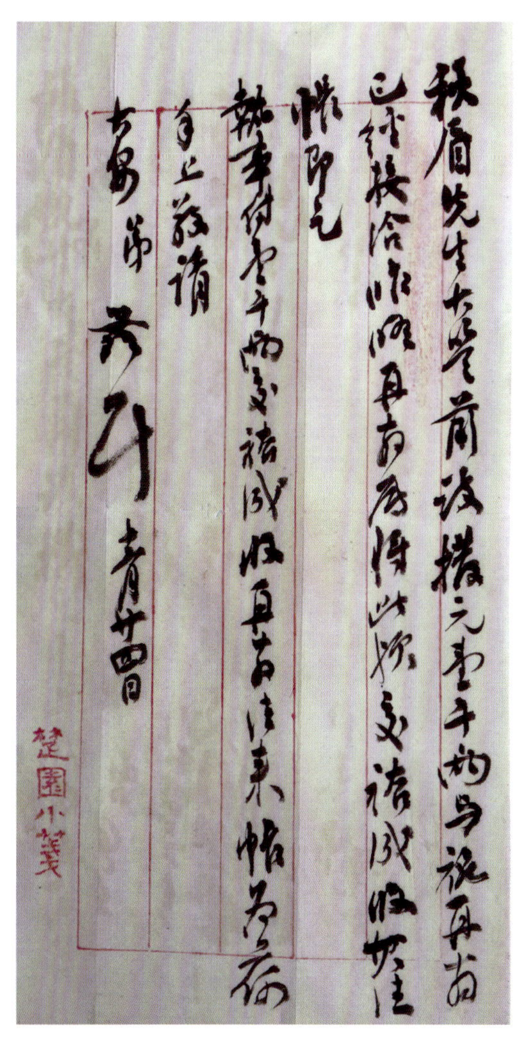

· 某致股东高秋眉函（楚园小笺）

秋眉先生大鉴：前后措元一千两与施再翁已经接洽，昨略再教，□将此款交裕成收一注账，即乞执事付一千两交裕成收，再教注来账为荷！手上敬请大安。

弟□顿首

十二月廿四日

15. 股东陈庆平致高秋眉、训刚函

为买卖金条一事

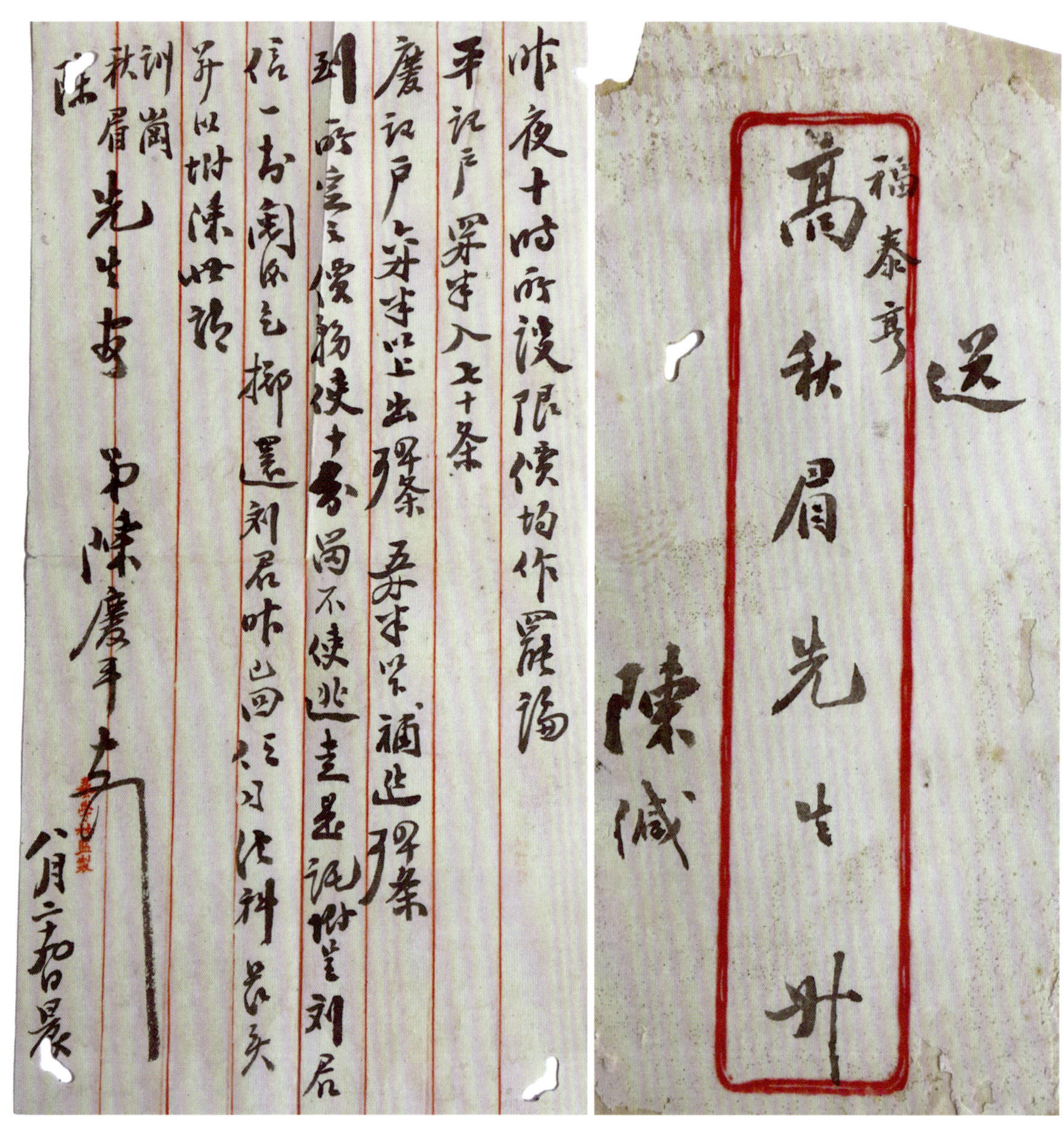

· 股东陈庆平致高秋眉、训刚函（附封套）

昨夜十时所设限价均作罢论，平记户四两半入七十条，庆记户六两半以上出一百四十条，五两半以下补进一百四十条，到所定之价务使十分留心，不使逃走是托。附呈刘君信一书□□乞□还，刘君昨已回信习法科长□并以附陈。此请训岗、秋眉、陈先生安。

弟陈庆平顿首

八月二十九日晨

16. 客户章以仁致高秋眉函

就金条买卖委托再进二百八十条一事

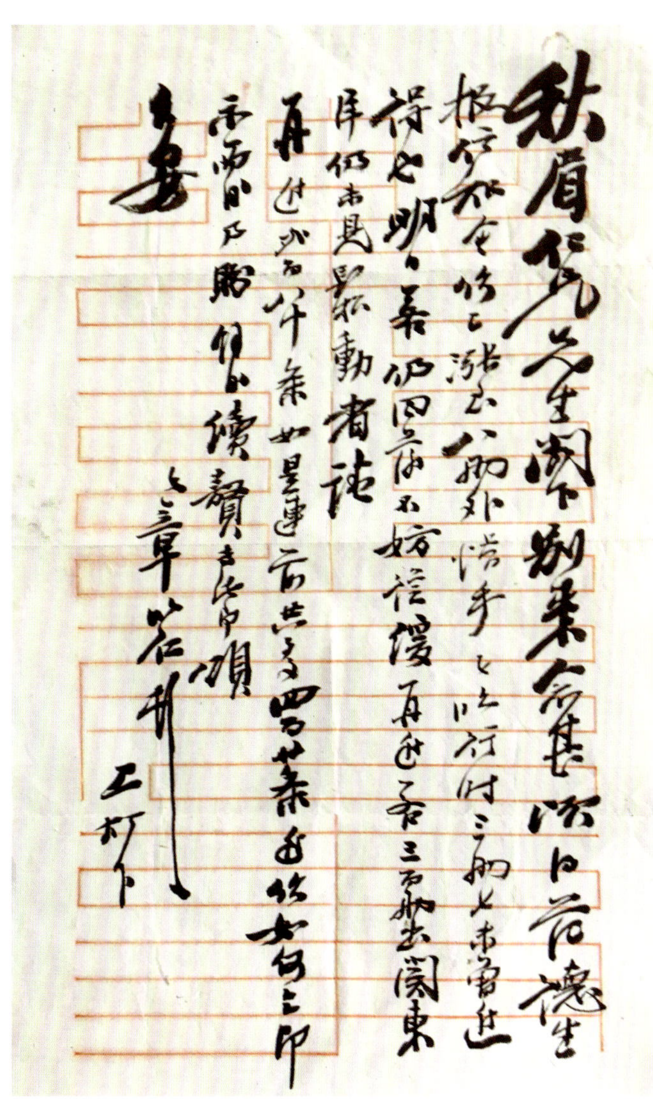

客户章以仁致高秋眉函

上洋（上海）景福银楼十两焓赤

秋眉仁兄先生阁下：别来念甚，昨日范德生报信知金条上涨至八两外惜手止，吐行时三两七未曾进得也。明日若仍同前不妨从缓再进各三百两，出关东洋仍未见松动者，请再进近二百八十条，如是连前共多四百二十条□□如何，即示□乃盼。自不续赘，专此即颂大安。

章以仁顿首

一月十四日

上海金陵东路，靠外滩段

17. 股东陈庆平致福泰亨便条

金条买卖一事

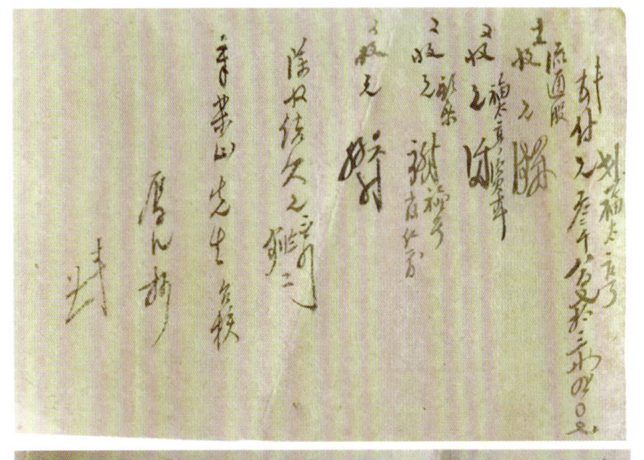

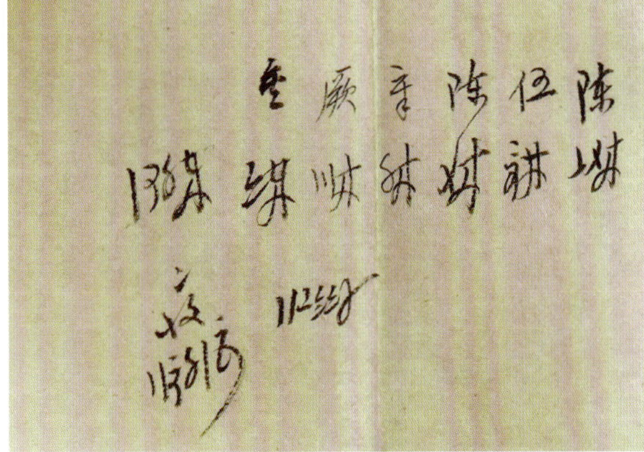

· 便条三纸

18. 某翔致高秋眉函

金条买卖一事

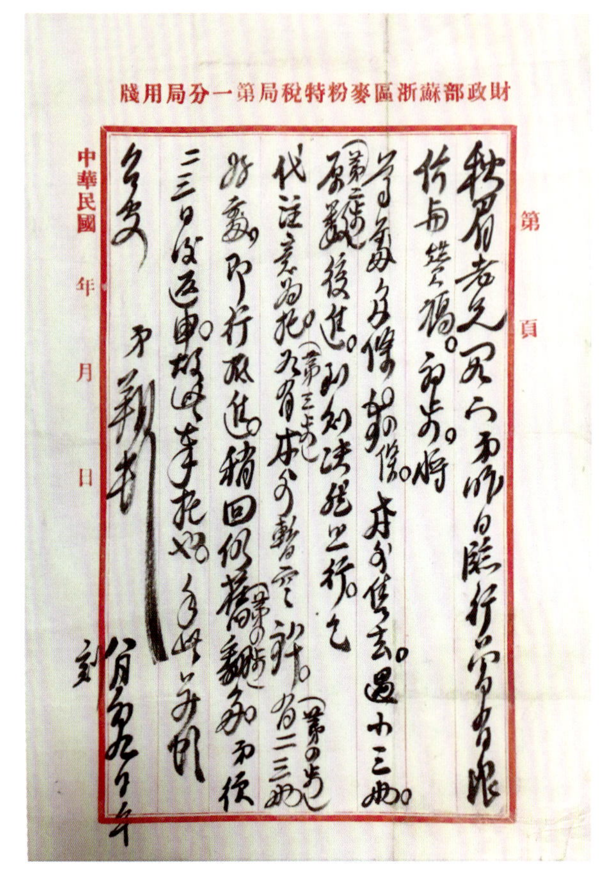

· 某翔致高秋眉函（财政部苏浙区麦粉特税局第一分局用笺）

秋眉老兄如面：弟昨日临行曾有限价与赞福。初步，将尊处多条 54 条，七两可售去，遇小三两（第一步）原数后进，到九二决然照行，乞代注意为托。如有十两（第二步）可暂空 280。有二三两（第三步）五五处即行抵进，稍回仍旧翻多（第四步）。弟须二三日后返申，故此专托也。手此并颂台安。

弟翔顿首

八月初九日午刻

（注：客户委托福泰亨金号标金买卖分四步高抛低吸操作。）

19. 江苏淞沪警察厅致陈庆平函

有关电话委托金条被人投诉纠纷一事

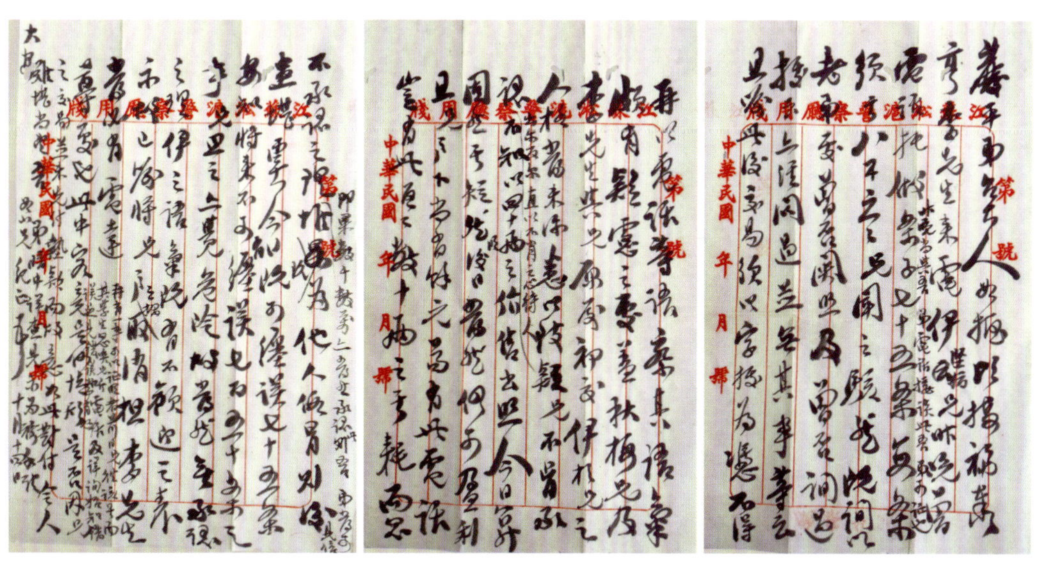

江苏淞沪警察厅致陈庆平函（江苏淞沪警察厅用笺）

江苏淞沪警察厅致陈庆平函（封套）

庆平弟台大人如握：顷接福泰亨李先生来电，伊坚控兄昨晚曾电话托做条子七十五条，每条须亏八五云云（昨晚尚与吾弟电话谈此事，吾弟可证也），兄闻之骇然既询问老弟处曾否关照及曾否询遇拨云，上经问过并无其事等云，切嘱此后交易须以字据为凭不得再以电话等语，察其语气颇有疑虑之处，盖秋梅（眉）兄及李先生与兄原属初交，伊与兄之人格当未□患，以致疑兄不肯承认，出尔反尔直以不肖之心待人，不知以四十两之价售出，照今日算固然亏短，然明后日当然仍可盈利，且兄户下尚有余元。苟有此电话岂有此区区数十两之亏耗而思不承认之理（即果数千数万上当然承认此则吾弟当可见信），惟既为他人假冒，则后查堪云，今口既可缠误七十五条事，兄照之上觉危险，故当然无承认之理，伊之语气既有不欢迎之表，当必有电达（再有一事可以证明者前日兄往该号而其学生忽唤兄听电话及详询如知错误，足见错误常有也！）尊处也此中客竟是何情形，是否因上次交易并未先付垫款而故意为此对付，令人难堪！尚望吾弟暗中详查见示为祈！手礼大安。

恕小兄纪正

二十五年十月十四日

（注：福泰亨金号有人向警察厅告本号股东不承认电话委托买卖事，且警察厅某警员私信被告，认为交易须以字据为凭，不得再以电话委托免起纠纷云。此信同福泰亨金号资料同出。）

20. 某翁致高秋眉函

· 某翁致高秋眉函（封套）

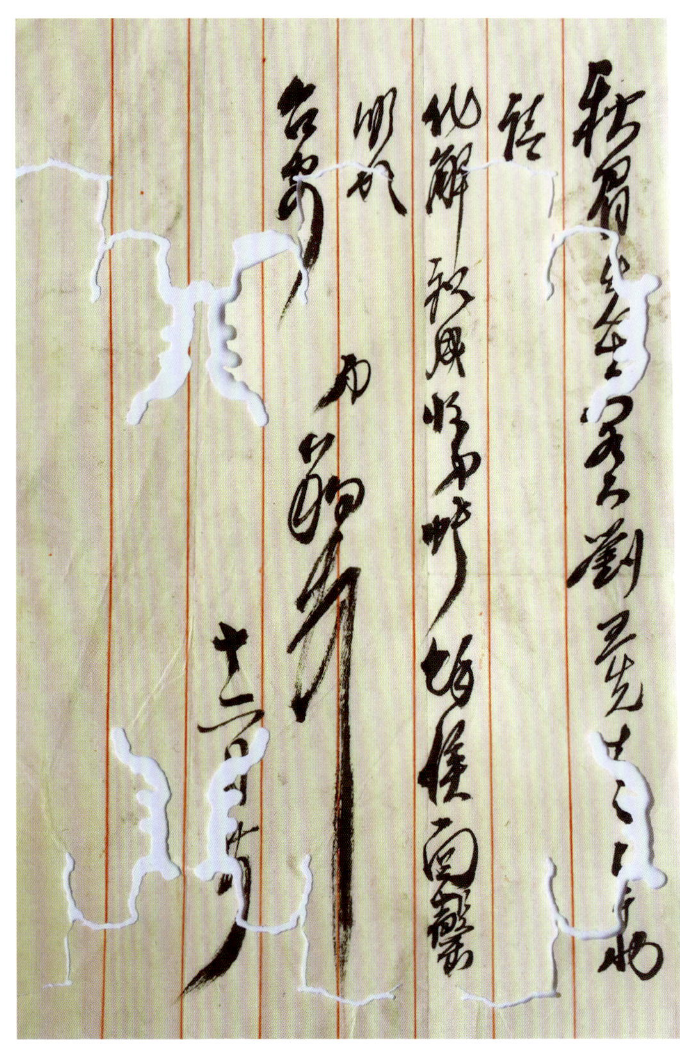

· 某翁致高秋眉函

秋眉先生：客人刘王先生□□两，请化解。祈咸收弟账，均俟向罄。明顿台安。

弟翁顿首

十二月

21. 福泰亨金号每日金条、外汇行情记录簿（1934 年 12 月 29 日—1935 年 6 月 25 日）

· 福泰亨金号每日金条、外汇行情记录簿

福泰亨金号每日金条、外汇行情记录簿所记录的时间自 1934 年 12 月 29 日起至 1935 年 6 月 25 日止，大致半年时间，正好处在全面抗战爆发前夕。

从记录簿中可见，各种金银行情及外汇牌价，每日行情起伏较大，其中黄金品种有标金、焓赤、纯金、标准金等名称；白银主要交易品种为大条银，又称“红毛条”“花旗条”等，主要为英美进口，价格均为每日电汇的国际行情，主要有英国伦敦、美国纽约、印度孟买和日本东京等市场交易信息，上海在 20 世纪 30 年代已成为世界黄金交易的第三大中心，仅次于纽约和伦敦，在印度孟买和日本东京之上。因此从记录簿上可见在上海参与金银交易国内外人数众多：有大户如汇丰、花旗等银行，还有称“投机家”坐庄的主力，也有一般小钱庄、小银行称“银公司”，还有称为“大众”的，估计为市民散户。外汇买卖主要有先令、法郎，花旗，还有中国的关金券等，外汇与黄金挂钩，之前每日行情主要看汇丰银行（又称“外滩银行”）的每日牌价。

自 1934 年 2 月 10 日上海金业经纪人公会奉政府令改定新的度量衡，“所有买卖至 2 月 20 日起一律改用市平一两等于漕平八钱五分二厘五毫”。同年 2 月 11 日政府函令市场交货以上海中央银行每日挂牌行情为准，“交货以照是日中央银行初次挂牌海关金（即关金券）价格为准，以海关金 514 元合 99 成色赤金一条（计市平十两）核算了结”。

另外，在研究中发现，在该簿 5 月 30 日页面上，金号主人特意写下了“沉痛”二字，虽仅二字，意义重大，其实为纪念 1925 年上海发生的“五卅惨案”，从 1925 年 5 月 30 日到 1935 年 5 月 30 日，正好十年祭，反映了当年一位商人的心境和政治觉悟。记录簿真实记录了该时代的金融风云，正是其珍贵之处。

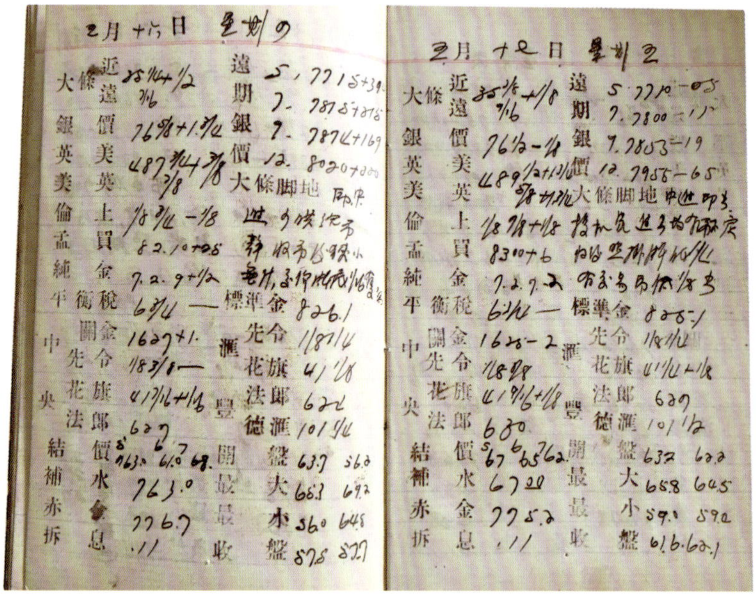

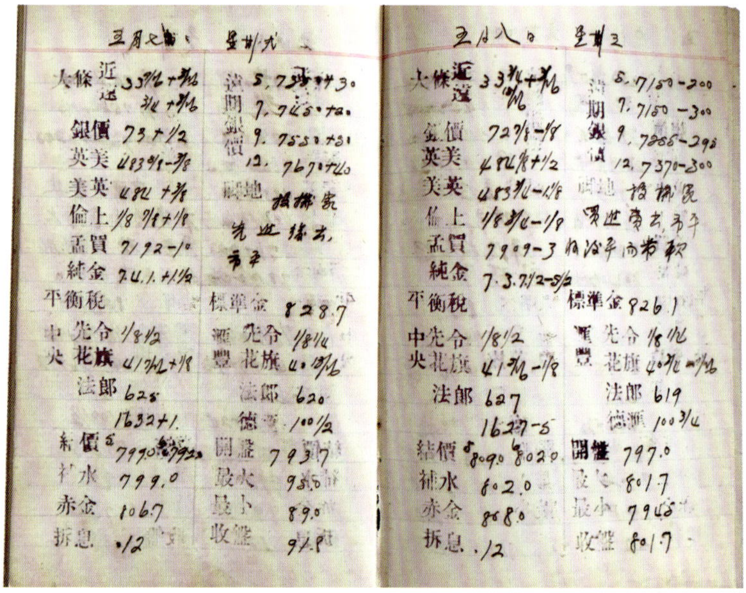

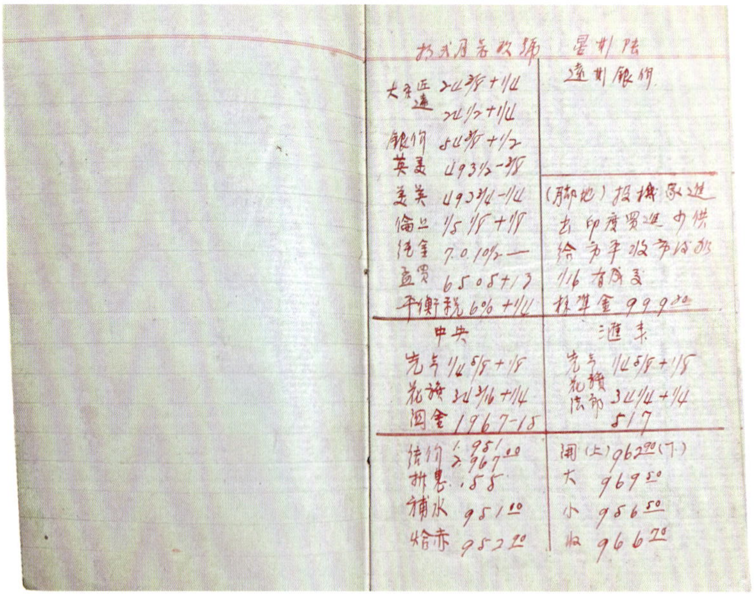

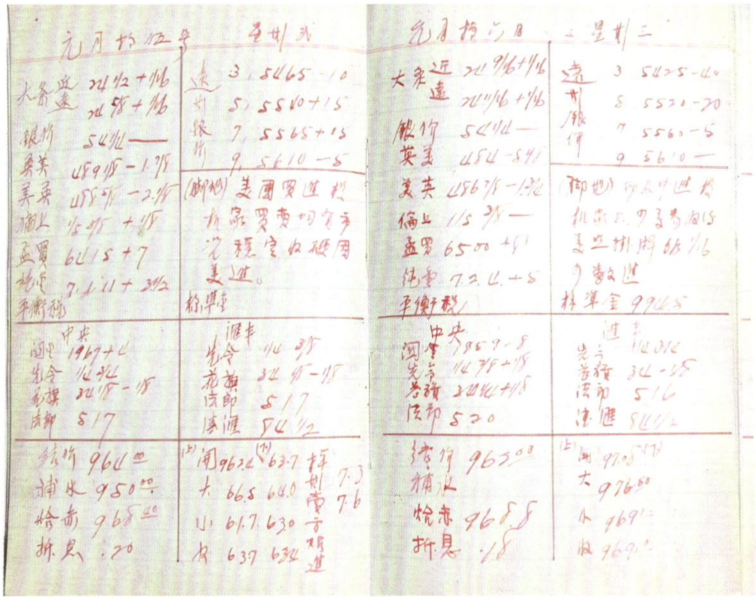

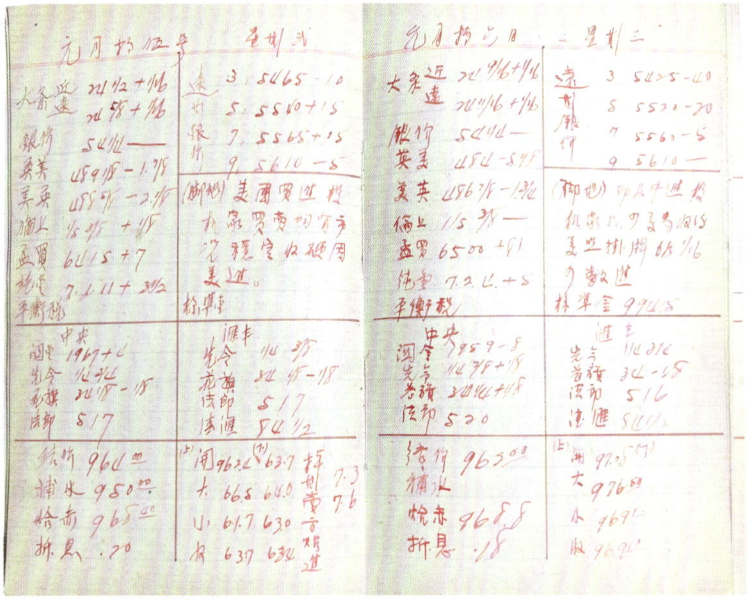

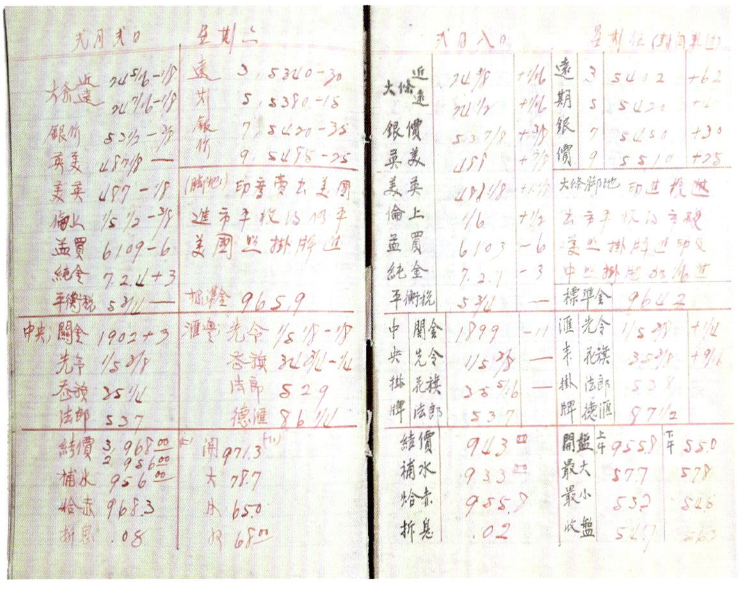

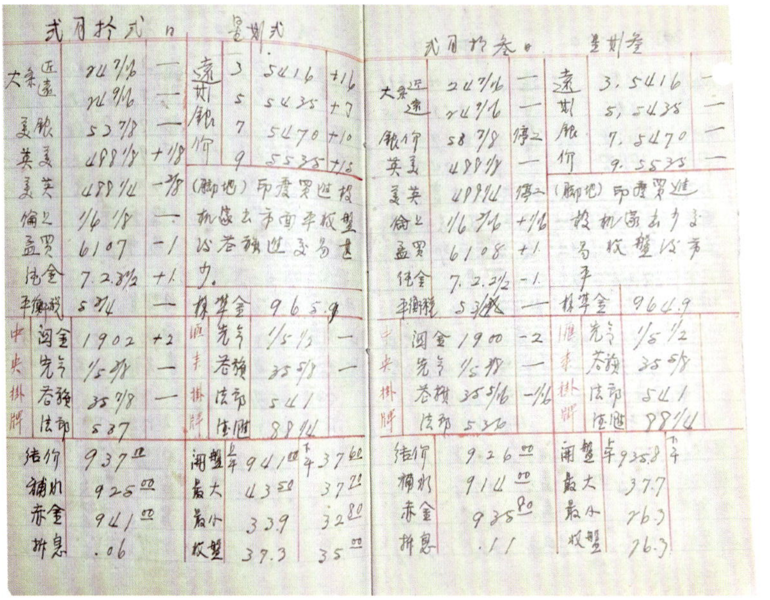

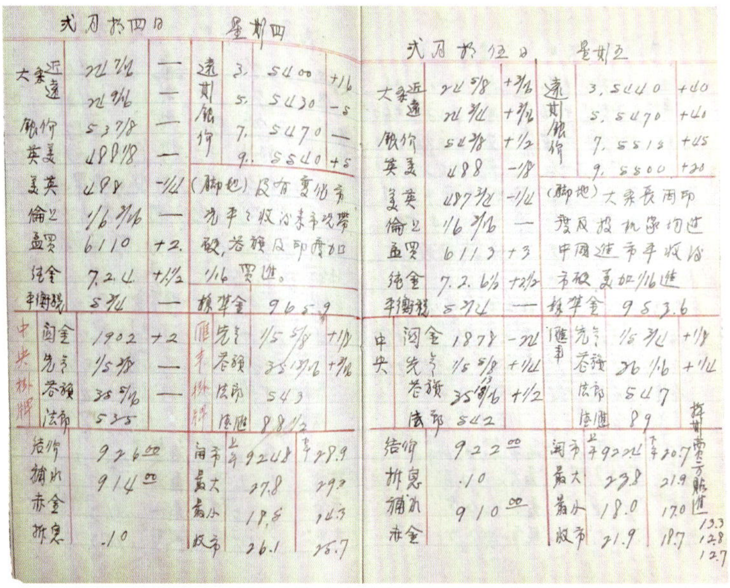

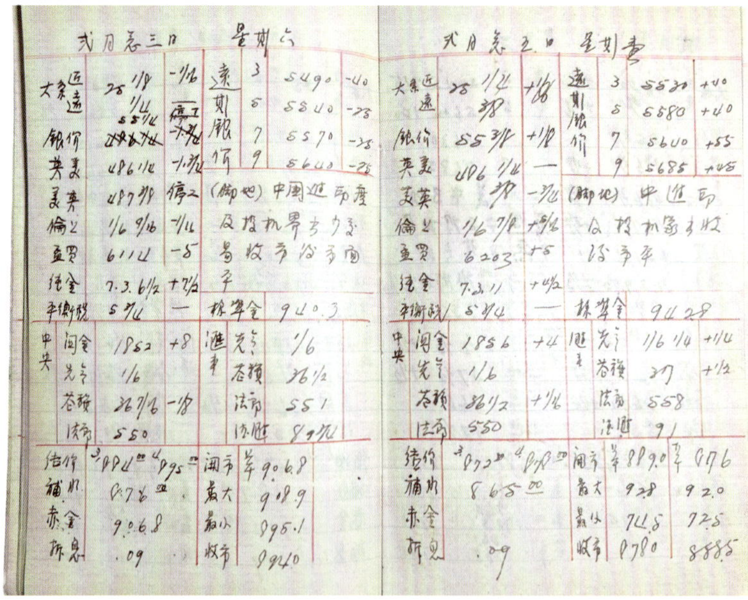

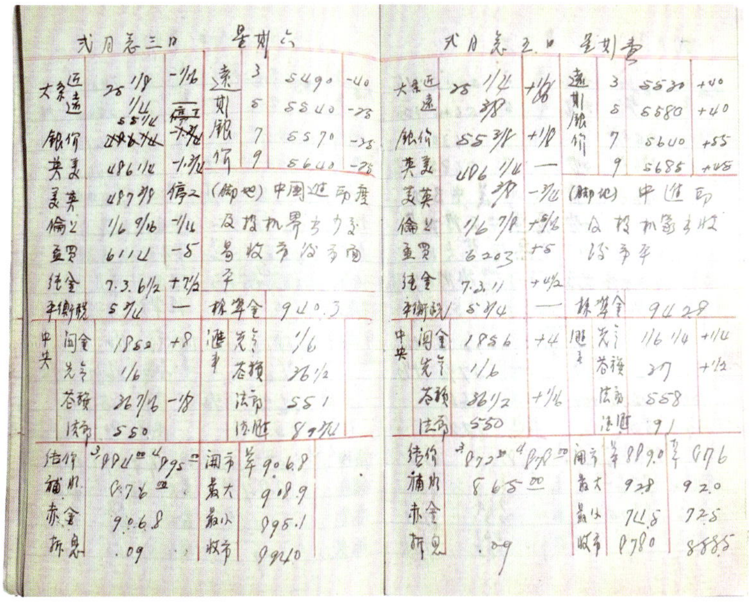

弍月卄三日 星期六
弍月卄五日 星期一

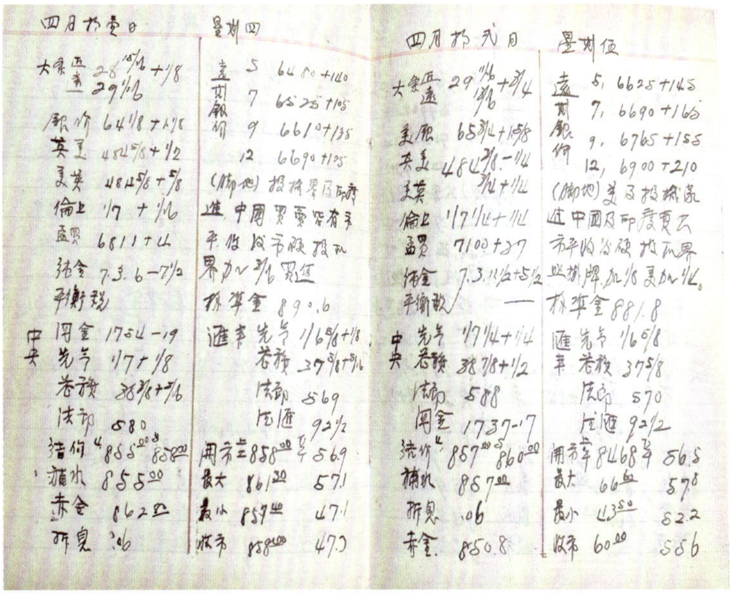

四月廿壹日 星期四
四月廿弍日 星期伍

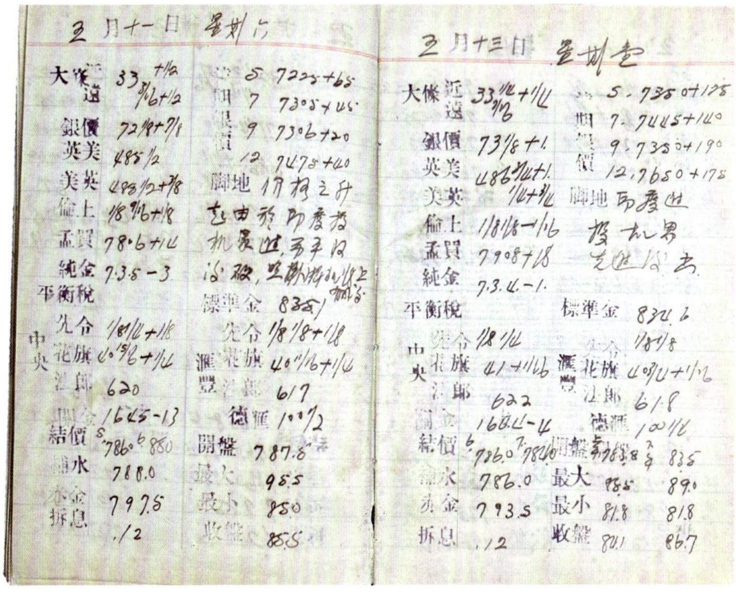

三月十一日 星期六
三月十三日 星期一

六月十九日 星期三

大條 近 32 7/8+1/16 遠 1/16
遠期 7，7822+05 9，7300
銀價 72 1/2— 銀價 12，7410+15 1，7440+25
英美 493 5/8+5/8
美英 [illegible]
大條脚地 [illegible]
倫上 [illegible] —
孟買 7712+5
純金 [illegible] —
平衡稅 6 3/4
標準金 887.5
中央 關金 1649 先令 17 3/8 花旗 40 7/8+1/16 法郎 617
滙豐 先令 17 3/4 花旗 40 9/16 法郎 614 德滙 99 3/4
結價 780.0 778.0
補水 778.0
赤金
拆息 .20
開盤 776.7
最大 79.4
最小 75.5
收盤 77.9

六月廿日 星期四

大條 近 32 3/8—1/2 遠 7/16
遠期 7，7725—57 9，7265—35
銀價 72—1/2 銀價 12，7355—55 1，7368—58
英美 493 3/8+1/16
美英 498 1/2—1/16
大條脚地 [illegible]
倫上 18 7/16—1/16
孟買 7603—19
純金 7.0.11 1/2—2 1/2
平衡稅 6 3/4 —
標準金 880.3
中央 關金 1647—2 先令 17 7/8 花旗 40 7/8 法郎 617
滙豐 先令 17 3/16 花旗 40 9/16 法郎 614 德滙 99 3/4
結價 784.0 782.0
補水 784.00
赤金 791.3
拆息 .22
開盤 779.3 82.8
最大 82.6 84.6
最小 77.5 81.8
收盤 81.6 82.2

叁月九日 星期六

大条 近 27 —1/16 遠 27 1/8 —1/16
遠期 3，5900 — 5，5945 —
銀价 58 3/16+3/16 7，5960—40 9，6025—25
英美 478 3/8 +1/4
美英 478 3/16 +1/16
(脚地) [illegible]
倫上 17 13/16—1/8
孟买 6507+3
純金 7.8.3 1/2—6 1/2
平衡税 5 3/4 —
標準金 920.3
中央 関金 1812—7 先令 1/7 卷頭 37 7/8+1/16 法郎 526
滙丰 先令 1/6 3/4—1/2 卷頭 37 7/8—1/16 法郎 560 德滙 90 3/4
结价 873.00
補水 865.00
赤金 880.0
拆息 .08
開市卒 875.0
最大 891.0
最小 872.0
收市 873.3
下午無市

叁月拾壹 星期一

大条 近 26 13/16—1/16 遠 27 1/16—1/16
遠期 3，5860—40 5，5920—25
銀价 58 1/2—1/16 7，5960— 9，6000—25
美英 477 7/8—1/2
英美 475 5/8—3/8
(脚地) [illegible]
倫上 17 5/8—3/16
孟买 6415—8
純金 7.7.5 1/2—10
平衡税 5 3/4 —
標準金 915.1
中央 関金 1802—10 先令 1/7 卷頭 37 11/16—3/16 法郎 566
滙丰 先令 1/6 3/4 卷頭 37 3/16—3/16 法郎 556 德滙 90 3/4
结价 876.00
補水 886.50
赤金 868.00
拆息 .08
開市卒 881.5 877.0
最大 884.0 881.5
最小 869.0 874.2
收市 876.0 875.9

星期三

遠期 3，6122+72 5，6120+20
銀价 7，6170+25 9，6230+25
(脚地) [illegible]
標準金 891.7

叁月九日 星期六

叁月拾壹 星期一

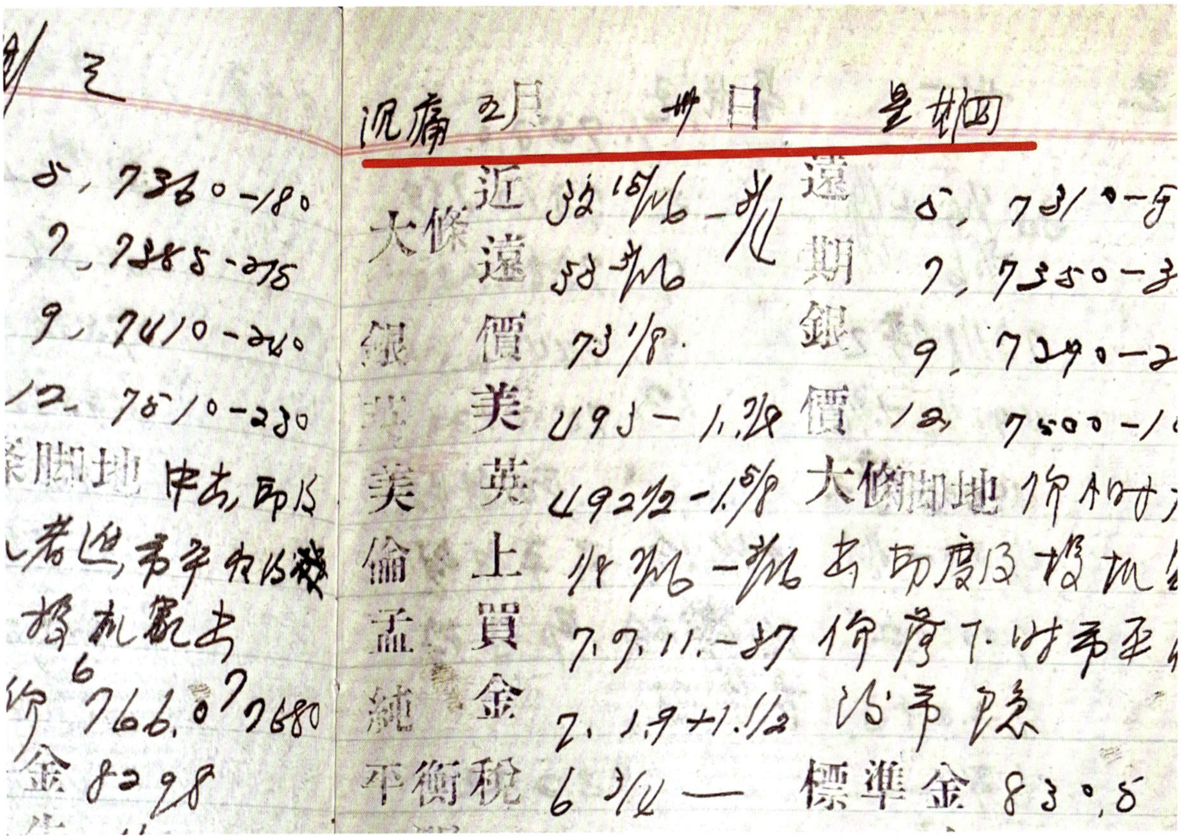

· 以“沉痛”二字纪念五卅惨案发生十周年

1925 年 2 月，中国共产党领导上海四万多日商纱厂工人举行联合罢工，揭开了五卅运动序幕。5 月 15 日，上海内外棉七厂日籍职员枪杀工人顾正红（共产党员），伤十多人，激起全市人民的愤怒。28 日中共中央召开紧急会议，决定放手发动群众，扩大斗争。5 月 30 日，上海工人、学生和市民一万余人上南京路游行示威，英租界巡捕在老闸捕房门前开枪射击，当场打死十一人，重伤十余人，酿成五卅惨案。第二天在中共中央领导下举行全市罢工、罢市、罢课抗议帝国主义暴行。6 月 1 日上海总工会成立。二十余万工人陆续罢工，五卅惨案震动全国，北京、上海、广州、香港、武汉、天津、唐山、重庆等地约六百座城镇一千七百万群众投入斗争，海外华侨也以各种形式声援，汇成全国规模的反帝高潮。五卅运动沉重打击了帝国主义，唤起了中国人民的觉醒，为北伐战争的到来作了准备。

22. 元茂永金号服务部报告

有关标金改换伦敦纯金和上海海关金标准价之算法

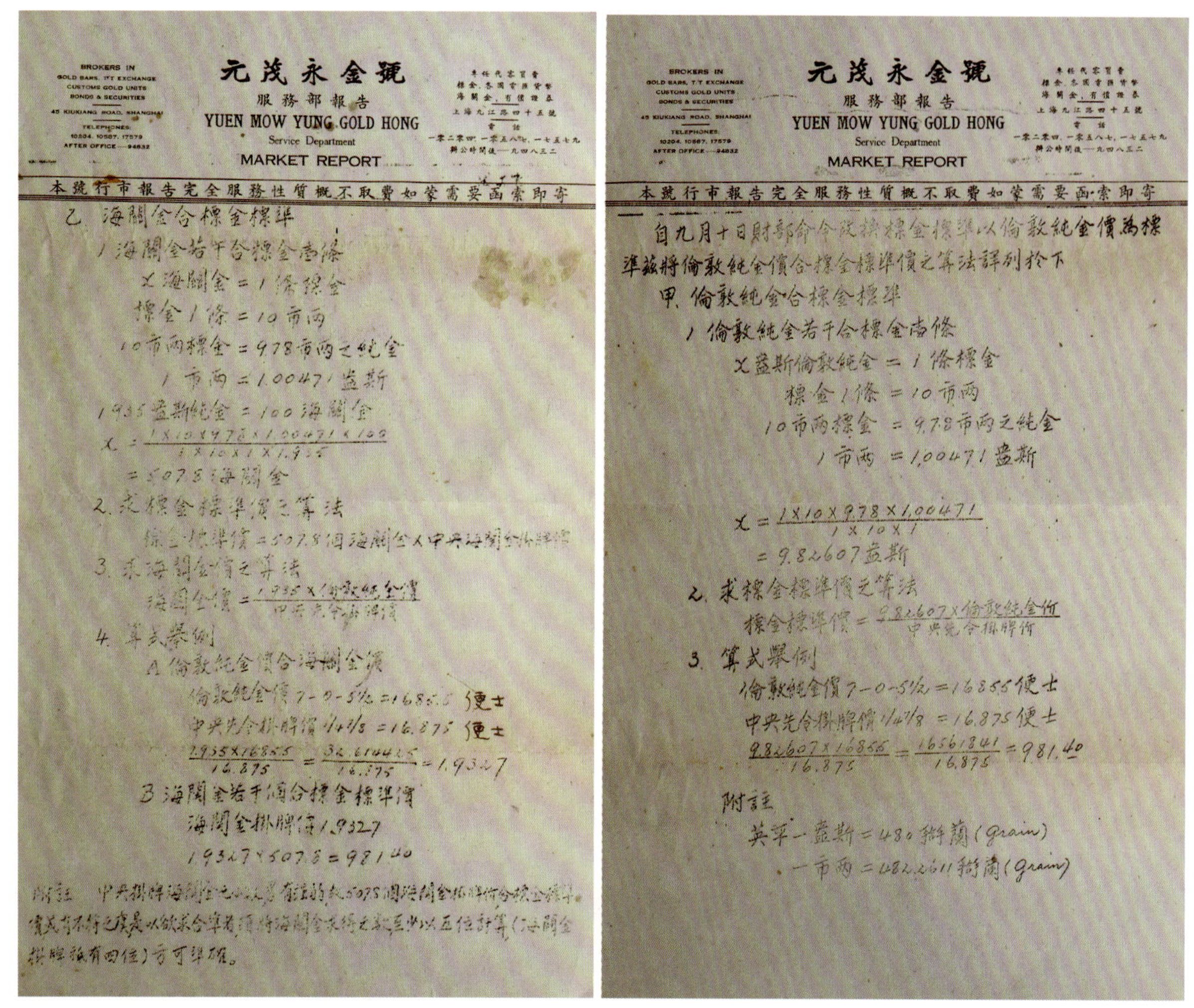

BROKERS IN GOLD BARS, T/T EXCHANGE, CUSTOMS GOLD UNITS, BONDS & SECURITIES
45 KIUKIANG ROAD, SHANGHAI
TELEPHONES: 10204, 10587, 17579
AFTER OFFICE—94832

元茂永金號
服務部報告
YUEN MOW YUNG GOLD HONG
Service Department
MARKET REPORT

本號代客買賣標金、各國電匯貨幣、海關金、有價證券
上海九江路四十五號
電話 一零二零四、一零五八七、一七五七九
辦公時間後一九四八三二

本號行市報告完全服務性質概不取費如蒙需要函索即寄

自九月十日財部命令改換標金標準以倫敦純金價為標準茲將倫敦純金價合標金標準價之算法詳列於下

甲、倫敦純金合標金標準

1 倫敦純金若干合標金壹條

x盎斯倫敦純金 = 1條標金

標金1條 = 10市兩

10市兩標金 = 9.78市兩之純金

1市兩 = 1.00471盎斯

$x = \frac{1 \times 10 \times 9.78 \times 1.00471}{1 \times 10 \times 1}$

= 9.82607盎斯

2. 求標金標準價之算法

標金標準價 = $\frac{9.82607 \times 倫敦純金價}{中央先令掛牌價}$

3. 算式舉例

倫敦純金價7-0-5½ = 168.55便士

中央先令掛牌價1/4 7/8 = 16.875便士

$\frac{9.82607 \times 168.55}{16.875} = \frac{1656.1841}{16.875} = 981.40$

附註

英平一盎斯 = 480 喱蘭（grain）

一市兩 = 482.2611 喱蘭（grain）

本號行市報告完全服務性質概不取費如蒙需要函索即寄

乙、海關金合標金標準

1 海關金若干合標金壹條

x海關金 = 1條標金

標金1條 = 10市兩

10市兩標金 = 9.78市兩之純金

1市兩 = 1.00471盎斯

1.935盎斯純金 = 100海關金

$x = \frac{1 \times 10 \times 9.78 \times 1.00471 \times 100}{1 \times 10 \times 1 \times 1.935}$

= 507.8海關金

2. 求標金標準價之算法

標金標準價 = 507.8個海關金×中央海關金掛牌價

3. 求海關金價之算法

海關金價 = $\frac{1.935 \times 倫敦純金價}{中央先令掛牌價}$

4. 算式舉例

A 倫敦純金價合海關金價

倫敦純金價7-0-5½ = 168.55便士

中央先令掛牌價1/4 7/8 = 16.875便士

$\frac{1.935 \times 168.55}{16.875} = \frac{32.614425}{16.875} = 1.9327$

B 海關金若干個合標金標準價

海關金掛牌價1.9327

1.9327×507.8 = 981.40

附註　中央掛牌海關金 [illegible] 507.8個海關金掛牌價合標金標準價或有不符之處是以欲求合準者須將海關金求得之數至少以五位計算（海關金掛牌祗有四位）方可準確。

· 元茂永金号服务部报告（共 2 页）

该金号地址：上海九江路 45 号，专营代客买卖标金、各国电汇货币、海关金、有价证券。

本号行市报告完全服务性质，概不取费，如蒙需要函索即寄。

23. 志丰永标金期货买进定单（1932 年 8 月 15 日）

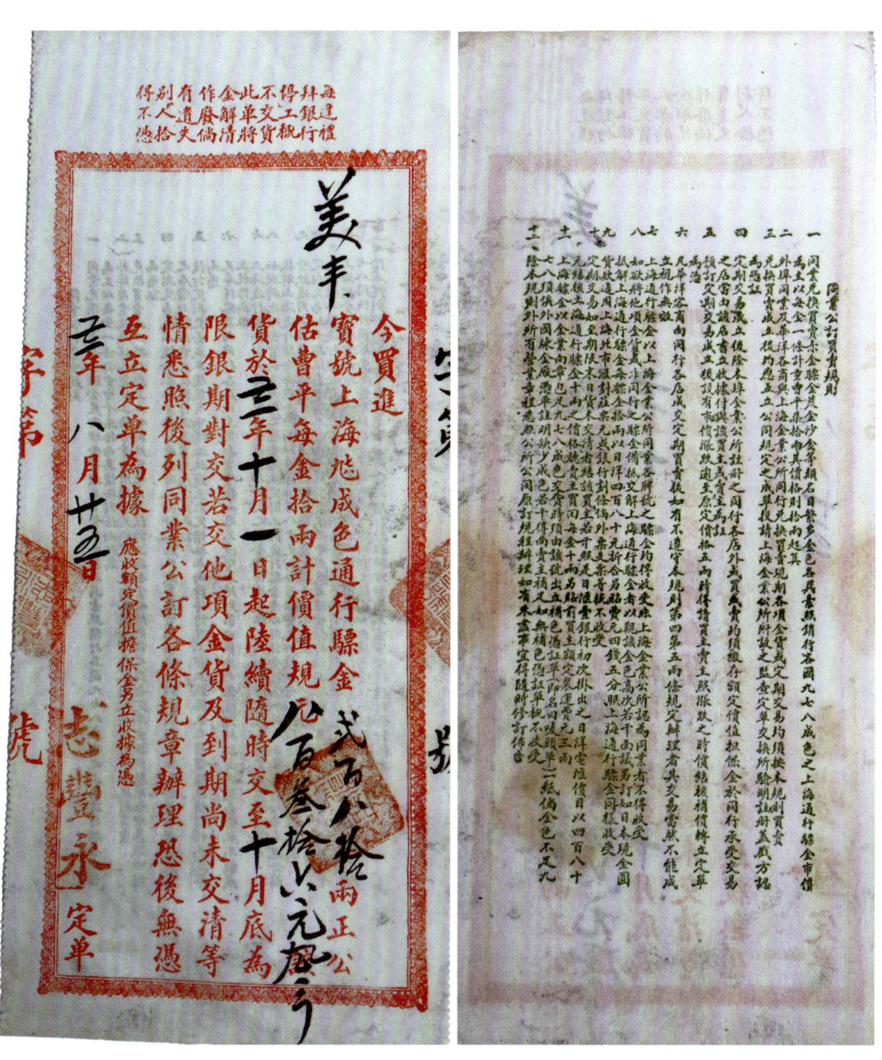

· 志丰永标金期货买进定单

今买进美丰宝号上海 978 成色通行骠（标）金二百八十两正，公估曹（漕）平每金十两计价值规元八百三十六元九角二分，货于二十一年十月一日起陆续随时交至十月底为限，银期对交。若交他项金货及到期尚未交清等情，悉照后列同业公订各条规章办理。恐后无凭，互立定单为据。（应收额定价值担保金另立收据为凭。）

廿一年八月廿五日

24. 志丰永标金期货卖出定单（1932 年 12 月 14 日）

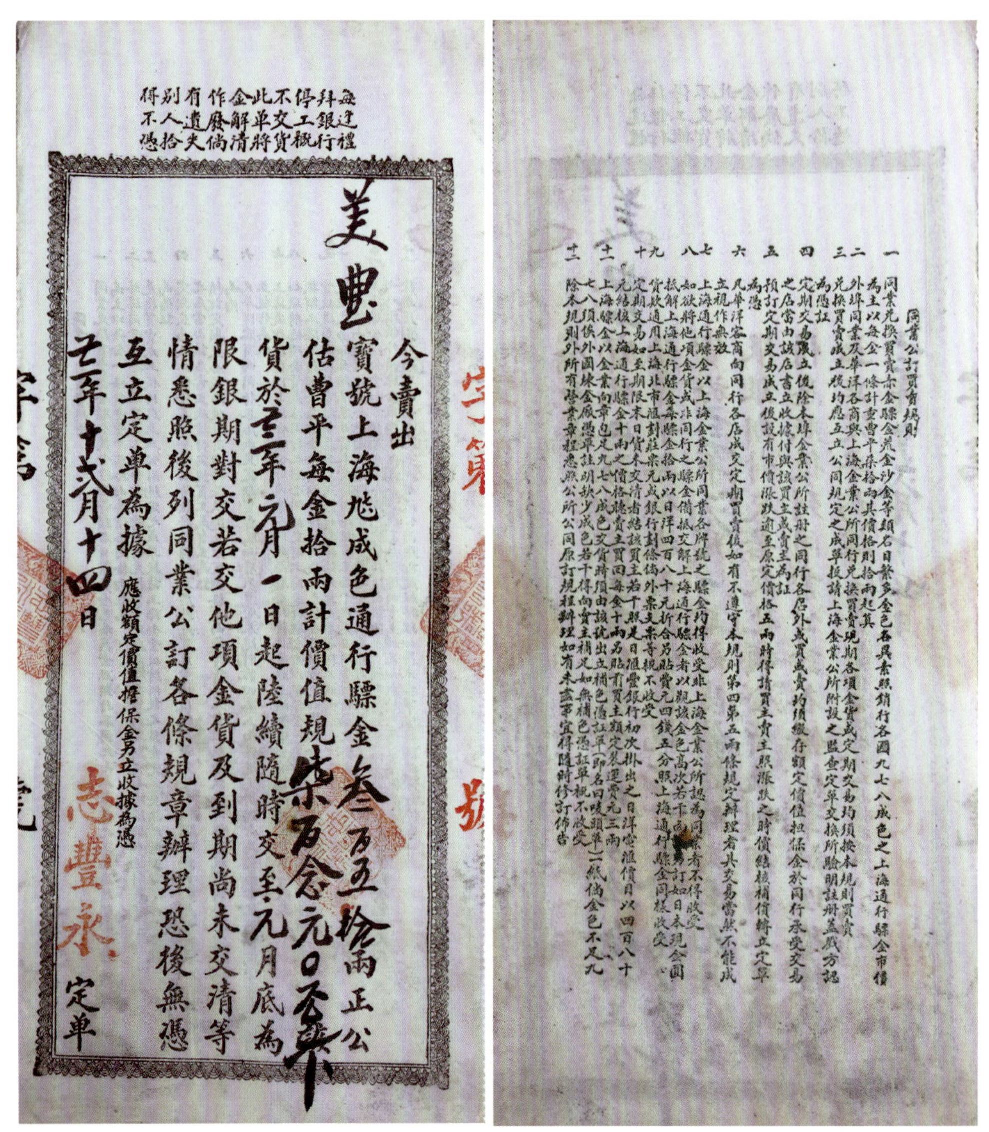

今賣出
美豐寶號上海𣈆成色通行驃金叁百五拾兩正公
估曹平每金拾兩計價值規柒百念元〇六角四分
貨於二十二年元月一日起陸續隨時交至元月底為
限銀期對交若交他項金貨及到期尚未交清等
情悉照後列同業公訂各條規章辦理恐後無憑
互立定單為據
應收額定價值擔保金另立收據為憑
志豐永 定单
廿一年十二月十四日

· 志丰永标金期货卖出定单

今卖出美丰宝号上海 978 成色通行骠（标）金三百五十两正，公估曹（漕）平每金十两计价值规元七百二十元六角四分，货于二十二年元月一日起陆续随时交至元月底为限，银期对交。若交他项金货及到期尚未交清等情，悉照后列同业公订各条规章办理。恐后无凭，互立定单为据。（应收额定价值担保金另立收据为凭。）

廿一年十二月十日

25. 天丰金号代客户徐士记买进美汇期票成单（1934 年 8 月 3 日）

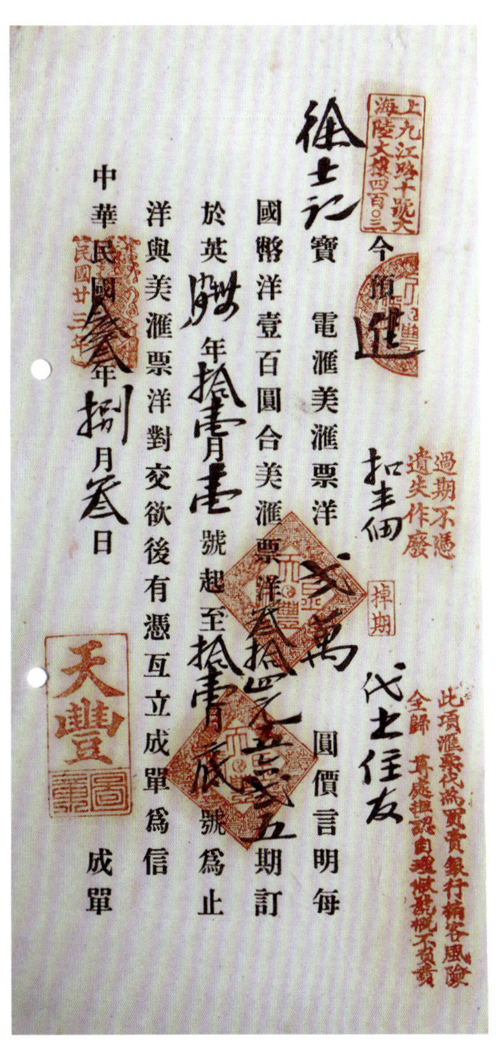
徐士記寶 今預進 扣丰佃 代出住友
電滙美滙票洋 貳萬 圓價言明每
國幣洋壹百圓合美滙票洋叁拾肆元五 一式五 期訂
於英曆 年拾壹月壹號起至拾壹月底號爲止
洋與美滙票洋對交欲後有憑互立成單爲信
中華民國念叁年捌月叁日 成單
過期不憑 遺失作廢

· 天丰金号代客户徐士记买进美汇期票成单

今预进扣丰佃代出住友（商行）徐士记宝电汇美汇票洋二万元，价言明每国币洋一百元合美汇票洋三十四元五，一式五期，订于英（公历）1934 年 11 月 1 号（日）起至 11 月月底为止，洋与美汇票洋对交。欲后有凭，互立成单为信。

民国二十三年八月三日

26. 天丰金号代客户徐士记卖出美汇期票成单（1934 年 10 月 5 日）

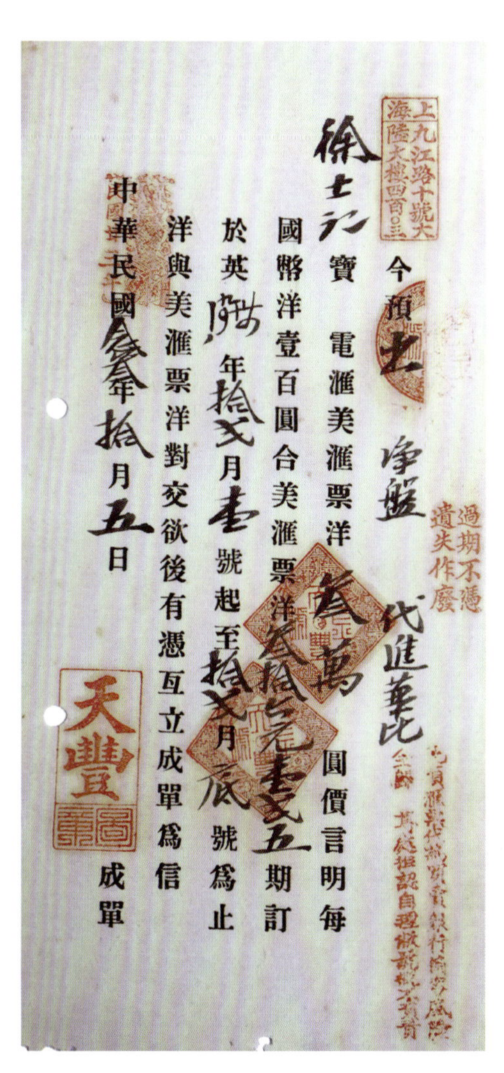
徐士記寶 今預出 净盤 代進華比
電滙美滙票洋 叁萬 圓價言明每
國幣洋壹百圓合美滙票洋叁拾柒元 一式五 期訂
於英曆 年拾貳月壹號起至拾貳月底號爲止
洋與美滙票洋對交欲後有憑互立成單爲信
中華民國念叁年拾月五日 成單
過期不憑 遺失作廢

· 天丰金号代客户徐士记卖出美汇期票成单

今预出净盘代进华比（银行）徐士记宝电汇美汇票洋三万元，价言明每国币洋一百元合美汇票洋三十七元，一式五期，订于英（公历）1934 年 12 月 1 号（日）起至 12 月月底为止，洋与美汇票洋对交。欲后有凭，互立成单为信。

民国二十三年十月五日

四 账本清单及分红帖

1. 甲子年（1924 年）立福泰亨贞记账本

12×22 厘米（顾继东藏）

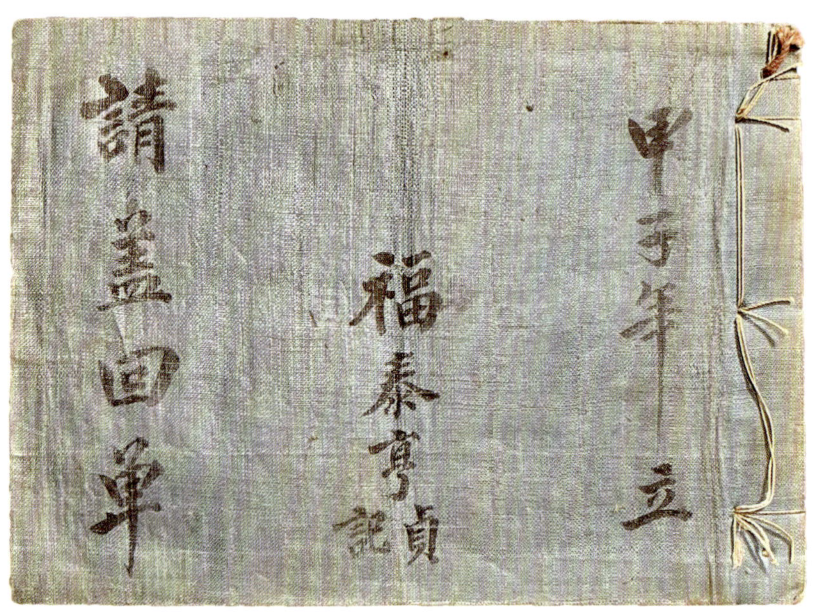

· 甲子年（1924）立福泰亨贞记账本（封面）。账本所涉金号银楼有：宏兴永顺记、祥泰金炉、同丰裕记金炉、同丰永恒记、方记和金炉、裕发永金号、泰康润裕记、义丰永茂记、成丰永久记、上海金业公会、裘天宝银楼等计 40 余家。当时送到金炉熔铸的黄金有天津的赤金、东赤、日金洋、东焓赤、高赤、奉赤、金洋、砂金等。在账本中可见，大多送达的是焓赤，而其数额也多在 50 两或 50 两的倍数上下，当为焓赤大条，即 50 两的足赤金，成色为千分之九九七。

· 节选金炉金号部分印章

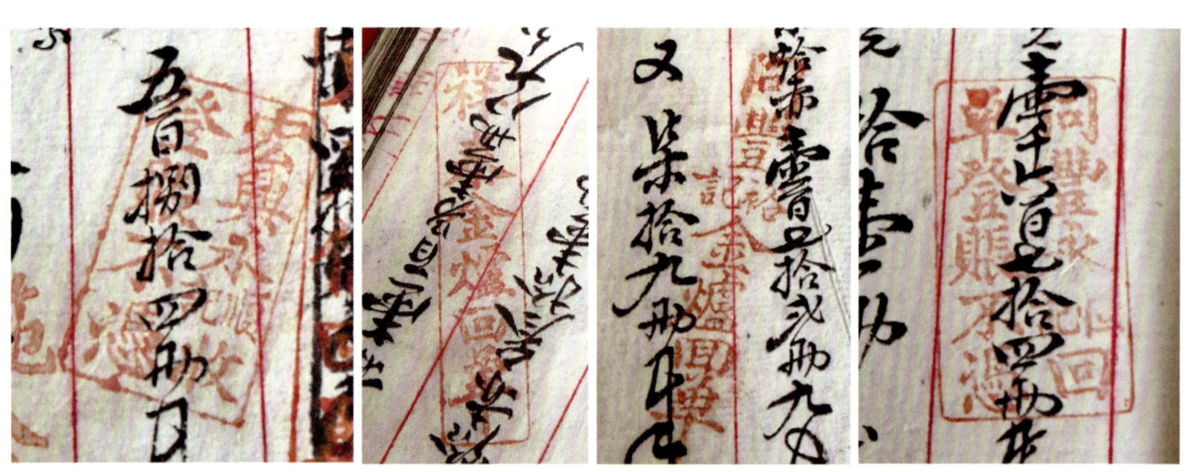

宏兴永顺记收　　祥泰金炉回单　　同丰裕记金炉回单　　同丰永恒记金号回单

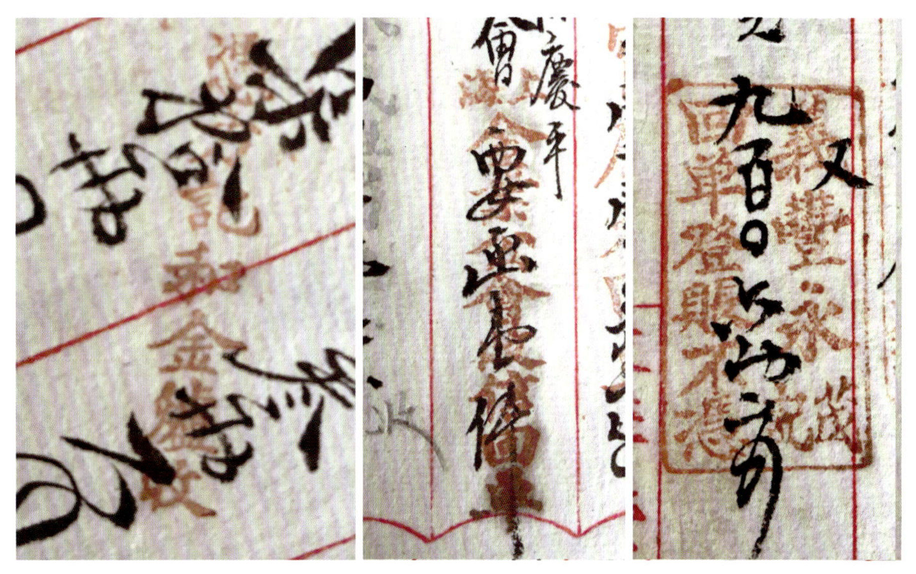

凭方记和金炉回单　　上海金业公会收信回单　　义丰永茂记回单

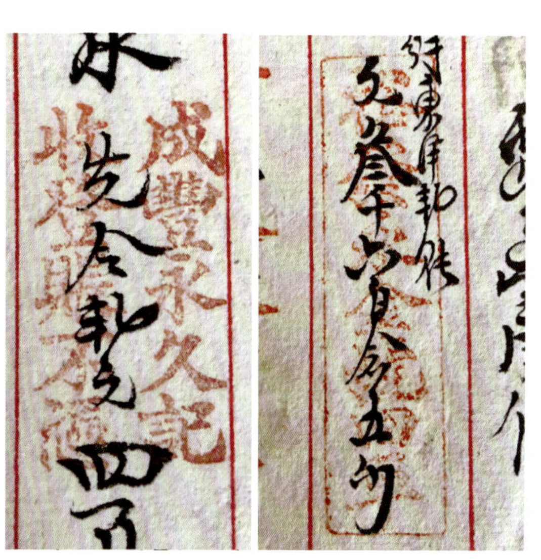

成丰永久记回单　　裕发永金号回单

“天字福焰赤”熔铸 50 两金条的铁范

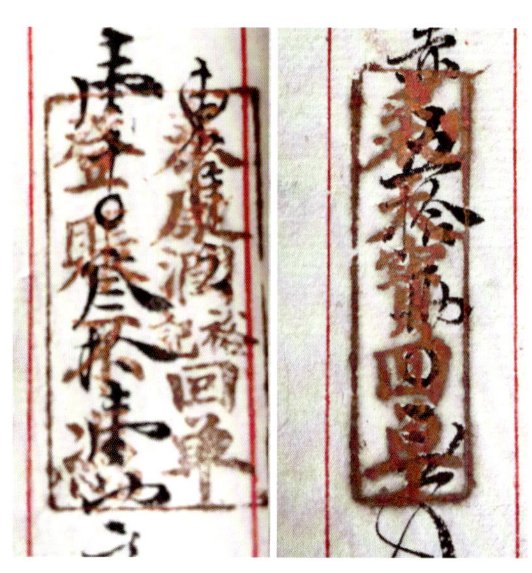

泰康润裕记金号回单　　裘天宝银楼回单

福泰亨金号账本，时间从甲子年（1924年）正月初九到除夕大年三十，内容丰富，业务涉及金号、金业公会、金业交易所、银楼、金炉、银炉、钱庄、中外银行、保险公司、洋行、布店、慈善机构、公馆大佬等共66家之多。金号分别有：宏兴永、天昌祥、东来信、大德昌、顺成、东来升、永成义、同丰永、大丰永、顺成、慎成、庆华、虞永和、生源、庆和永、宁康永、裕发永、李葆记、泰康润、魏广兴荪记、信亨、义丰永、成丰永久记、三兴、裕康、恒兴。银楼分别有：杨庆和久记、宝成裕、宝成裕记、老凤祥、老九霞、南天宝、景福、北庆云、裘天宝、杨庆和福记、新凤祥、新天宝、庆和祥。金炉分别有：同丰裕记金炉、方记和金炉、祥泰金炉。银炉分别有：生源、萃泰；钱庄分别有：安裕、信成（申庄）、源通、致和、永春庄；银行及中外商号分别有：上海银行、华比银行、花旗银行；哈同洋行、安达洋行；杨子保险公司、德律风公司（电话公司）、华洋德律风公司、老介福绸缎局。慈善机构：普爱堂（杜美路六号，今东湖宾馆）；涉及人物：刘聚卿（刘公馆）、陈庆平（陈公馆）、施再春（施公馆）、曾焕堂、伍渭英、王大吉等。

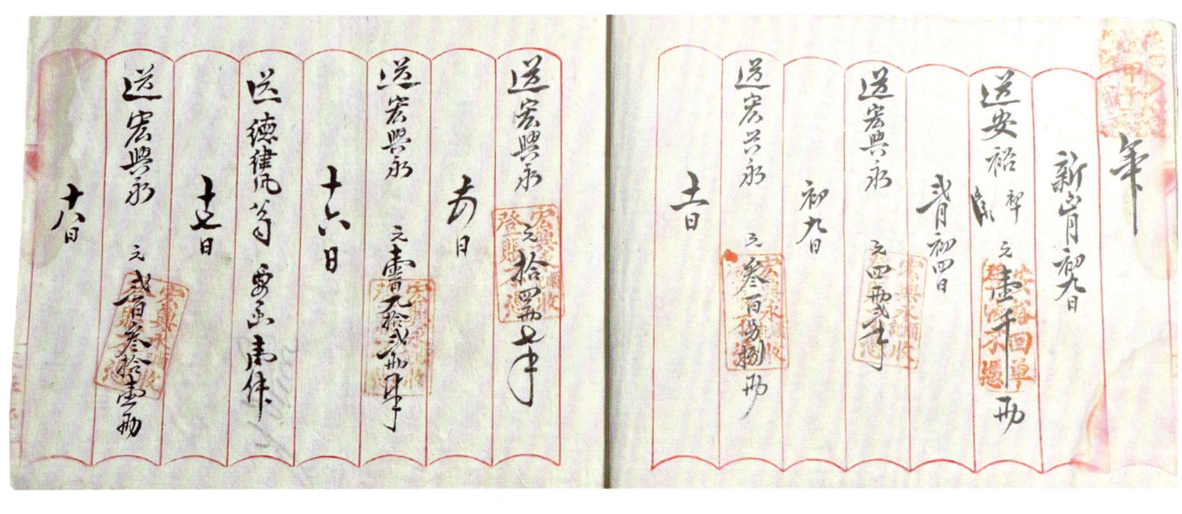

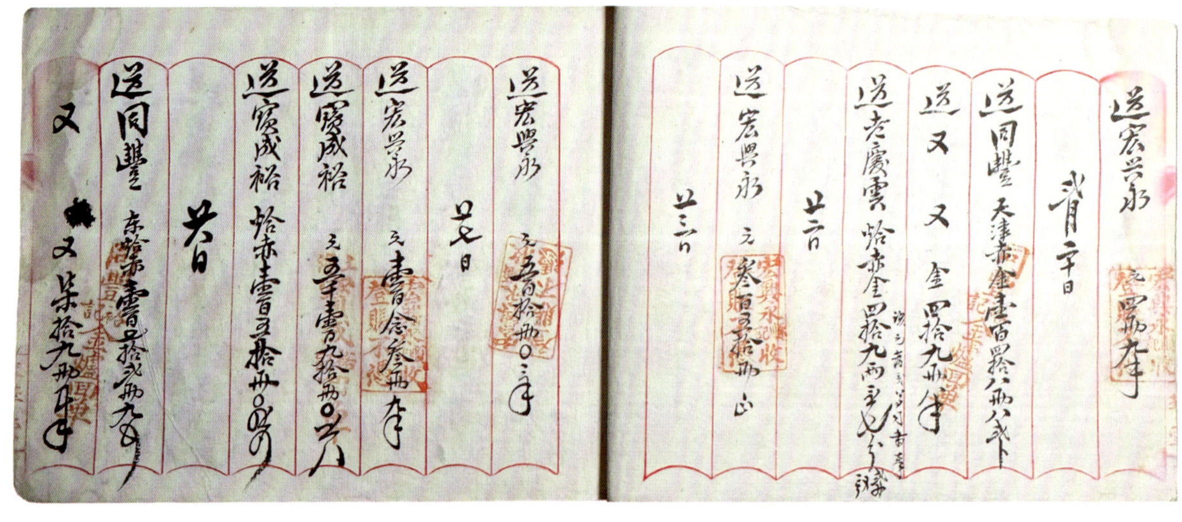

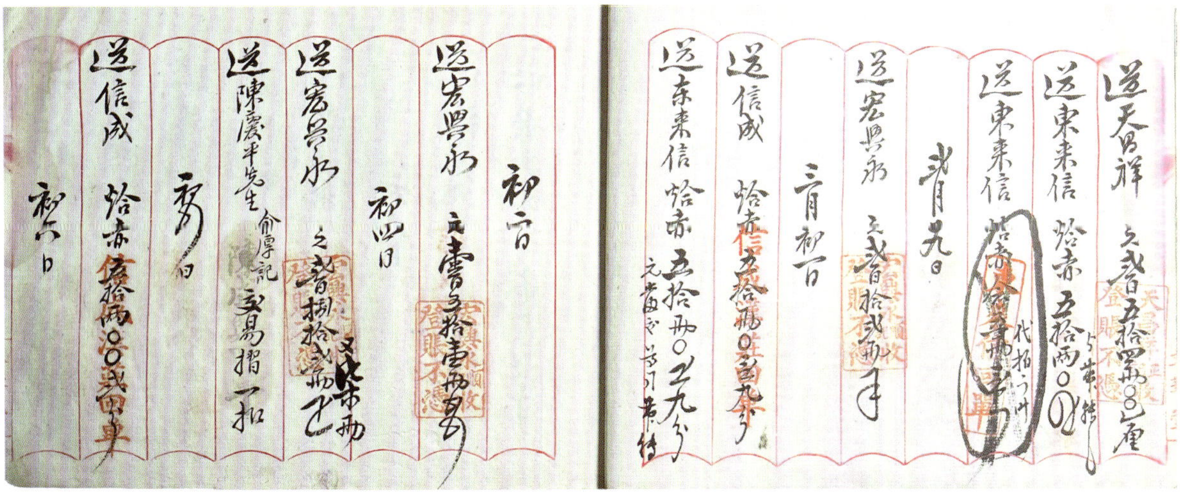
送天𫝆祥
送東来信　拾赤
送東来信
送宏興永
送信成　拾赤
送東来信　拾赤
初一日
送宏興永
初四日
送宏興永
送陳慶平先生　俞厚記
送信成　拾赤
初六日

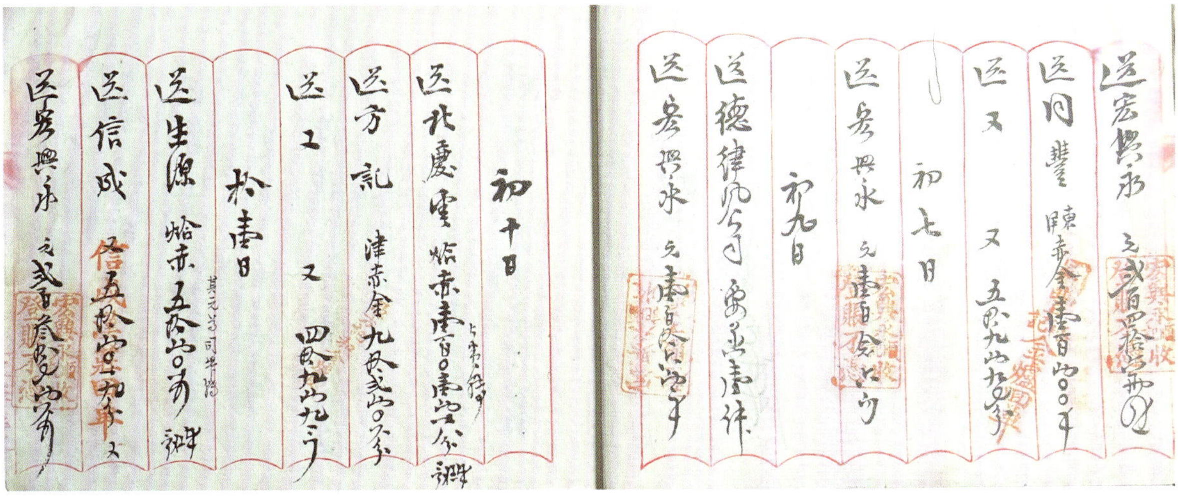
送宏興永
送同豐
送又
初七日
送宏興永
初九日
送德律
送宏興永
初十日
送北慶雲　拾赤
送方記
送又
拾壹日
送生源　拾赤
送信成
送宏興永

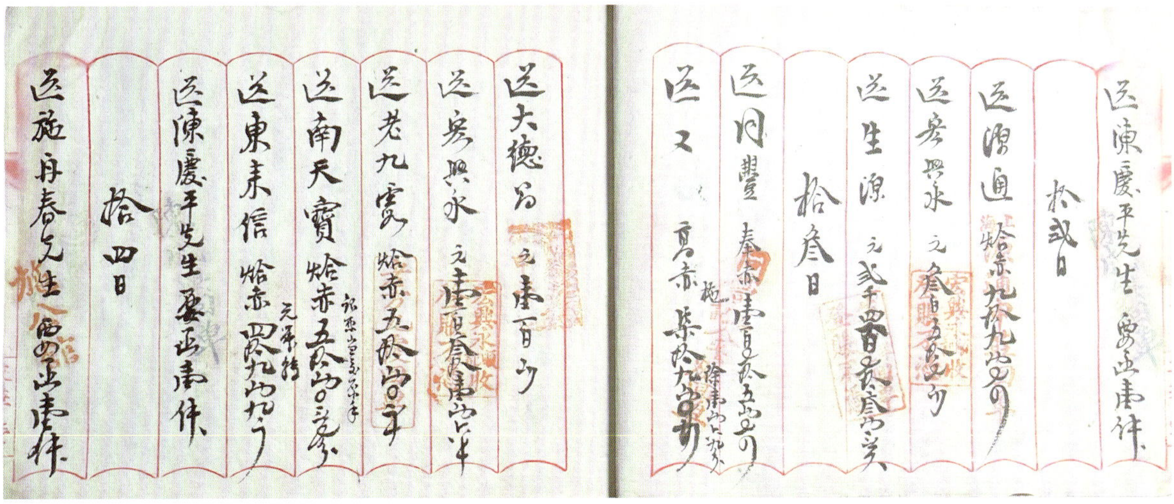
送陳慶平先生
拾式日
送滙通　拾赤
送宏興永
送生源
拾叁日
送同豐
送又
送大德
送宏興永
送老九霞　拾赤
送南天寶　拾赤
送東来信　拾赤
送陳慶平先生
拾四日
送施再春先生

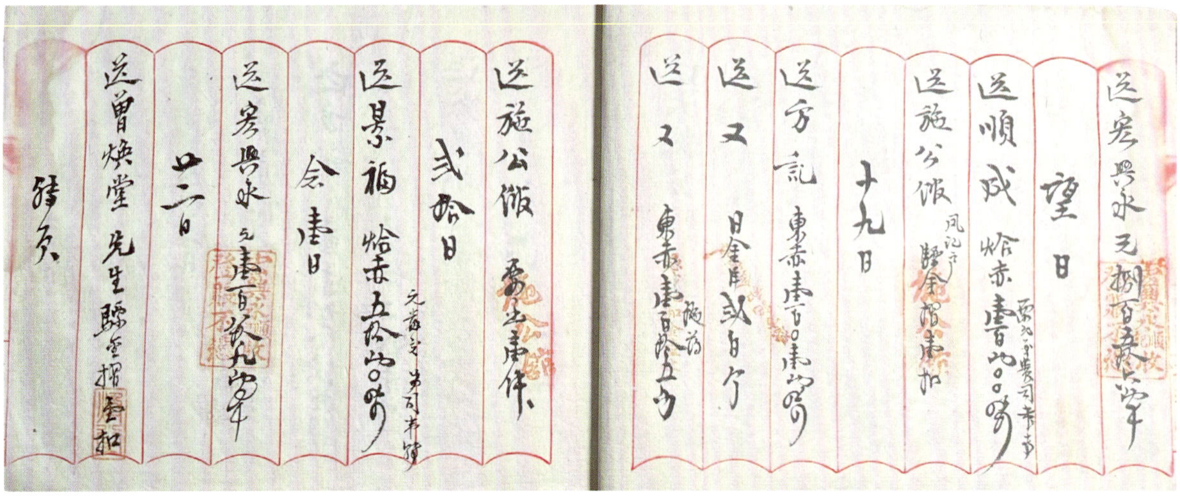

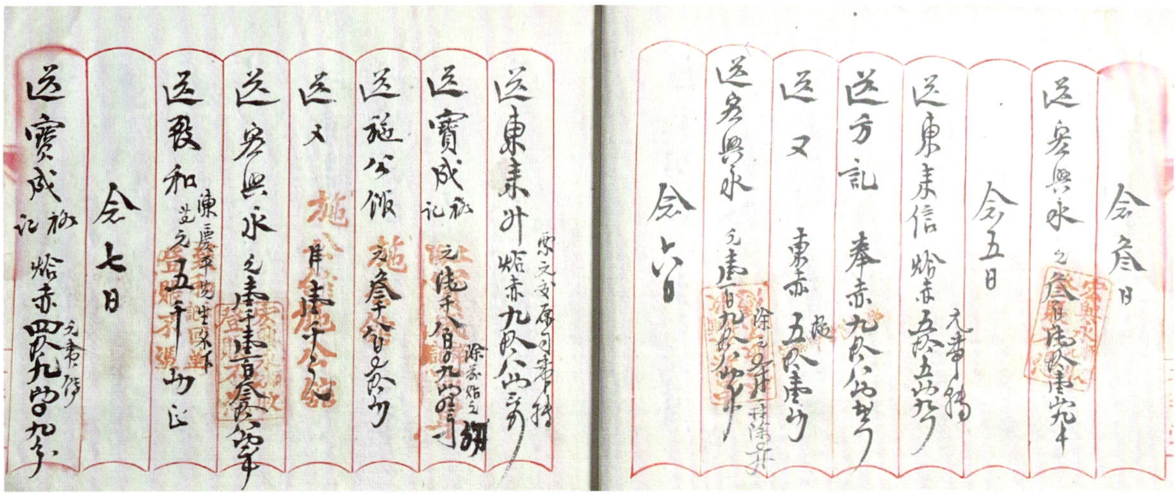

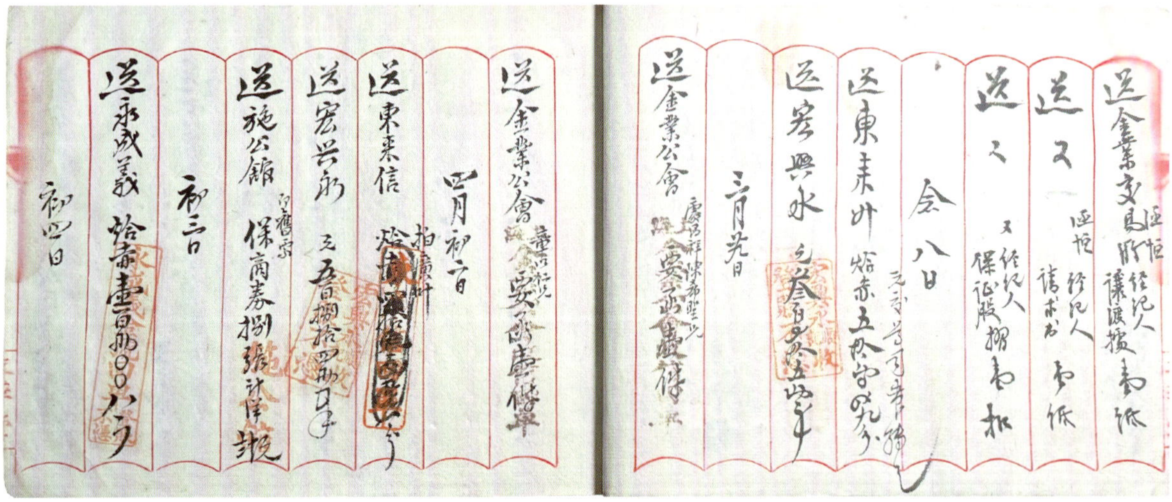

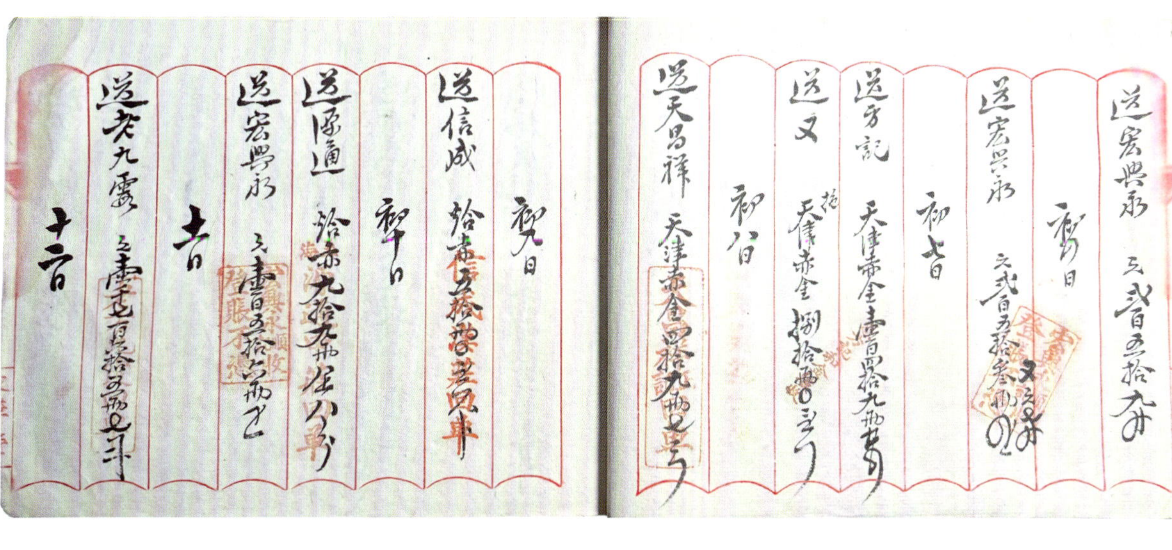

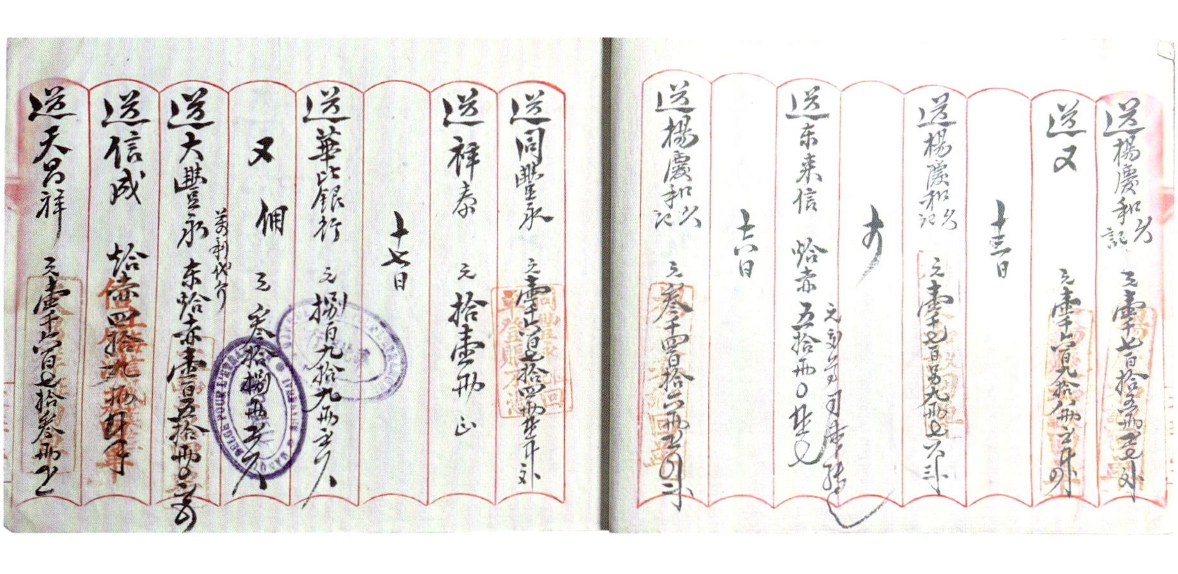

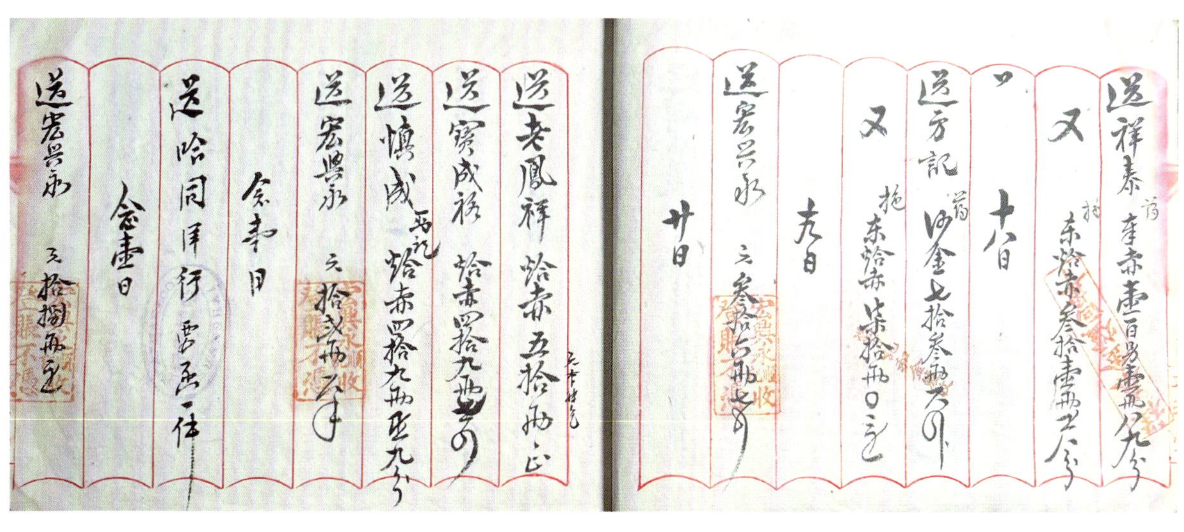

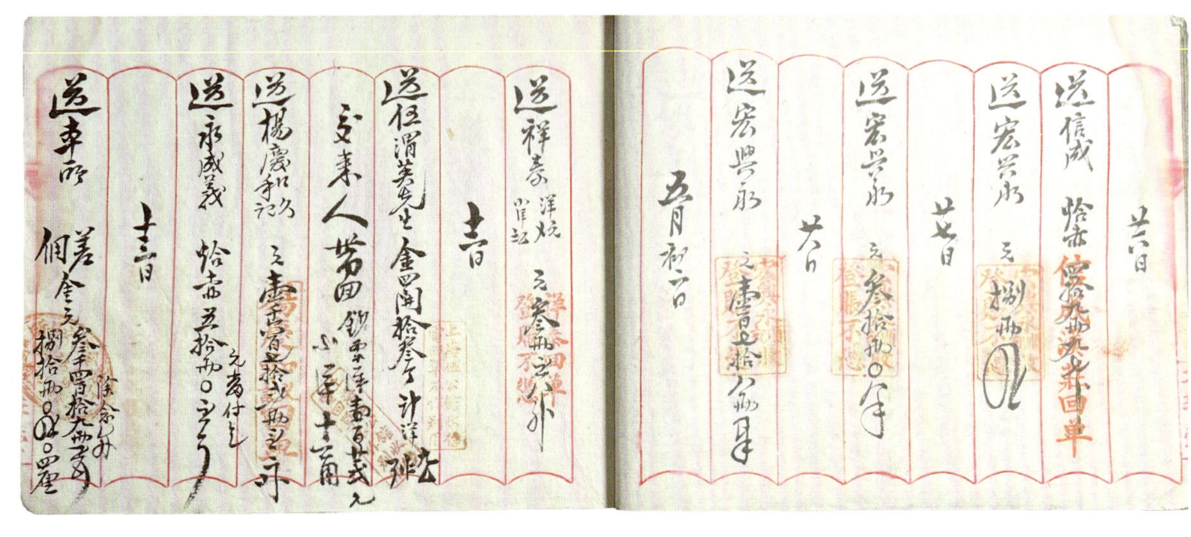

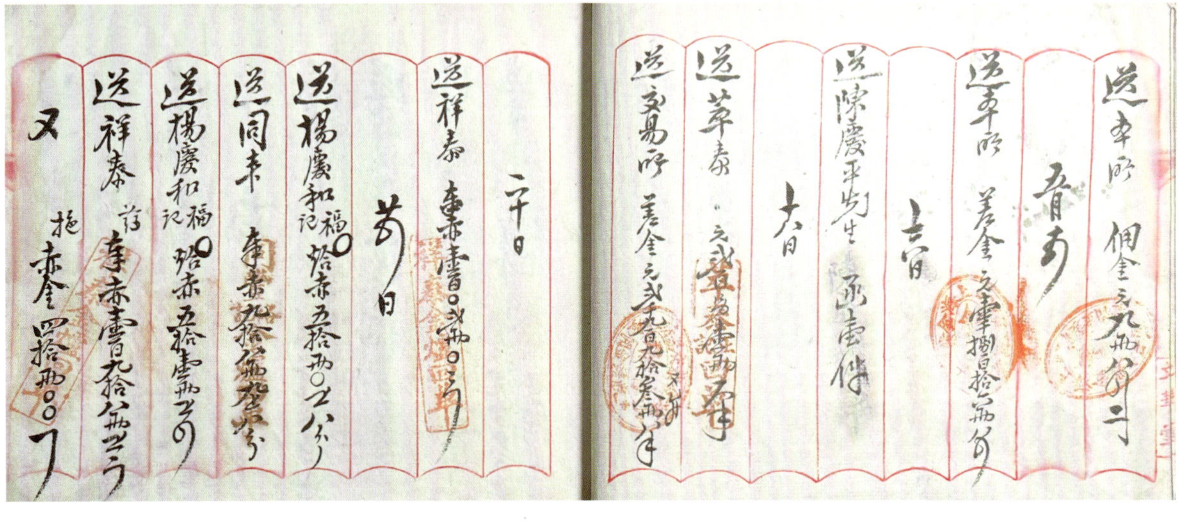

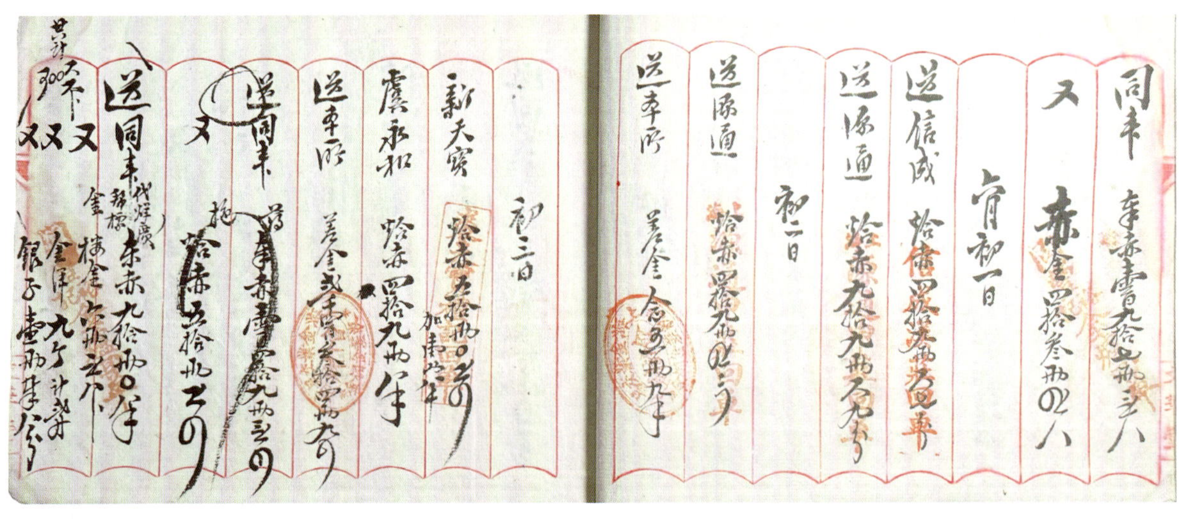

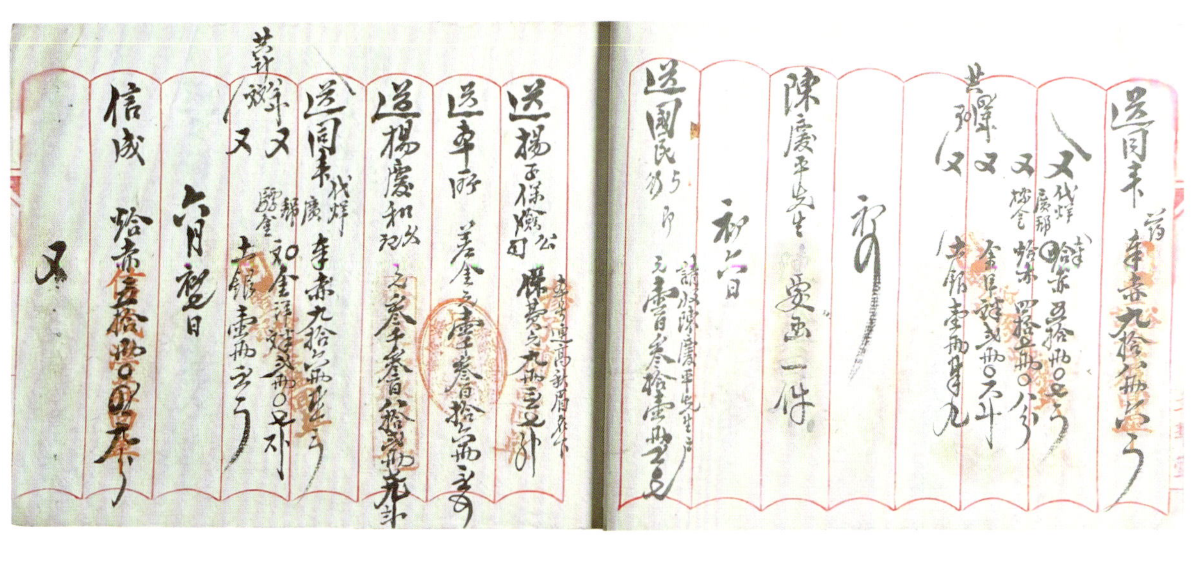

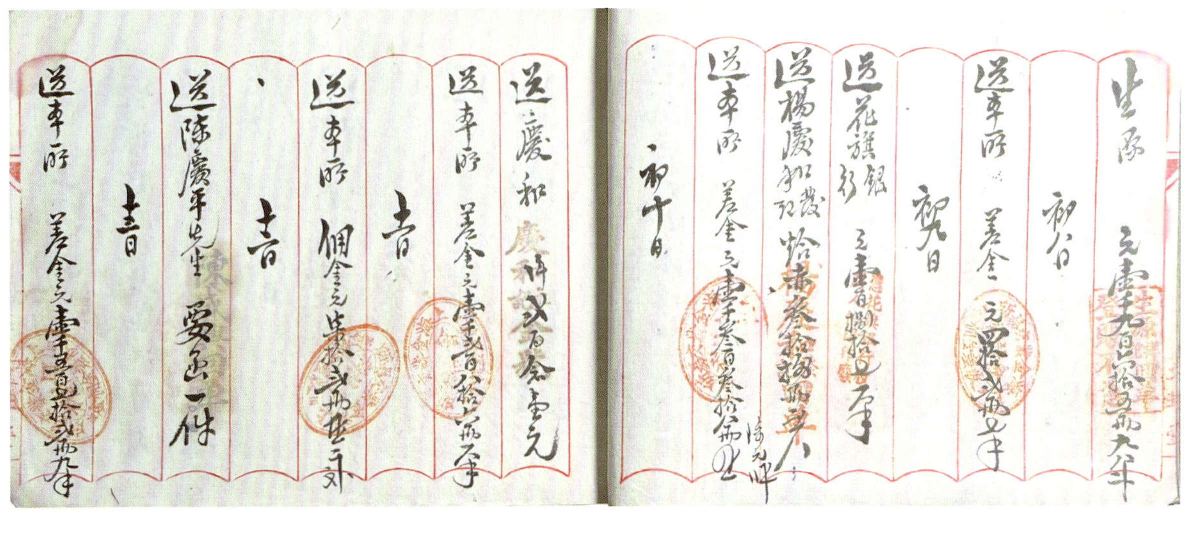

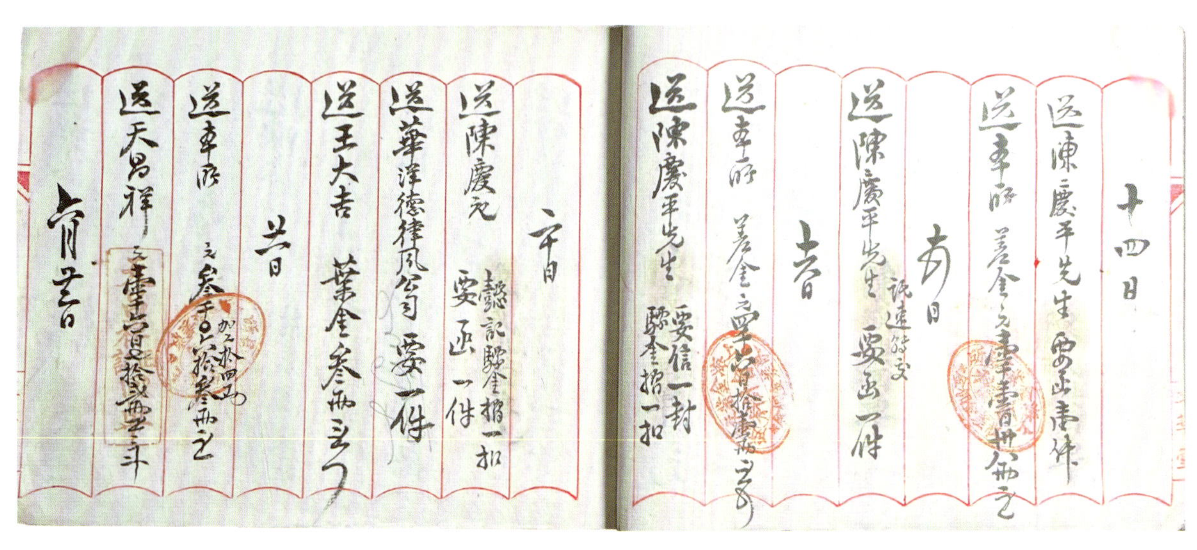

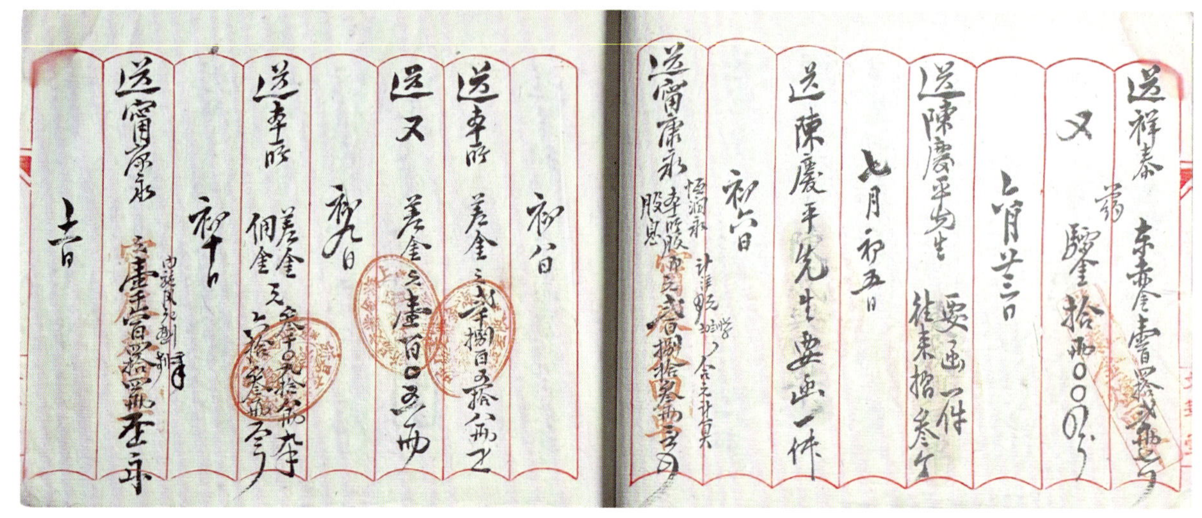

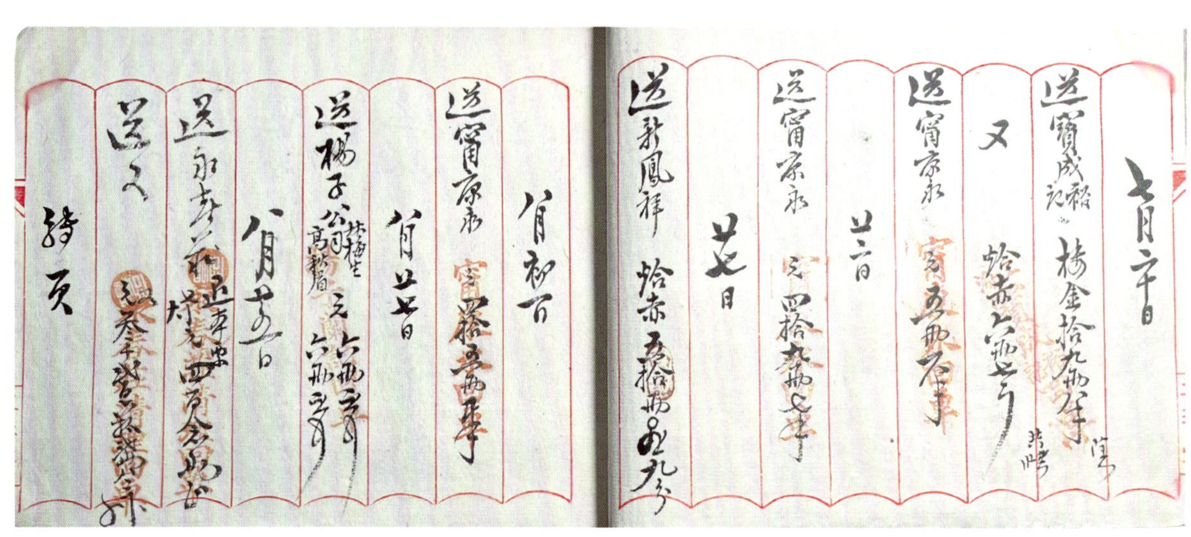

据《上海钱庄史料》记载：1924 年 8 月中旬（农历七月）之际，银根渐紧，挑打庄之永春即因公债投机亏损达 10 余万金，继而引发金融风波。福泰亨账簿农历八月廿五日记录中发现两个印章“永春庄清理回单”，内容为“送永春庄退七月本票元四百念元正”和“送又元三千二百六十二两八钱”。说明福泰亨和倒闭的永春庄之前有业务往来，之后也参与了永春庄的清算程序。

——转引自顾继东《百年前账簿记录下的上海黄金市场》

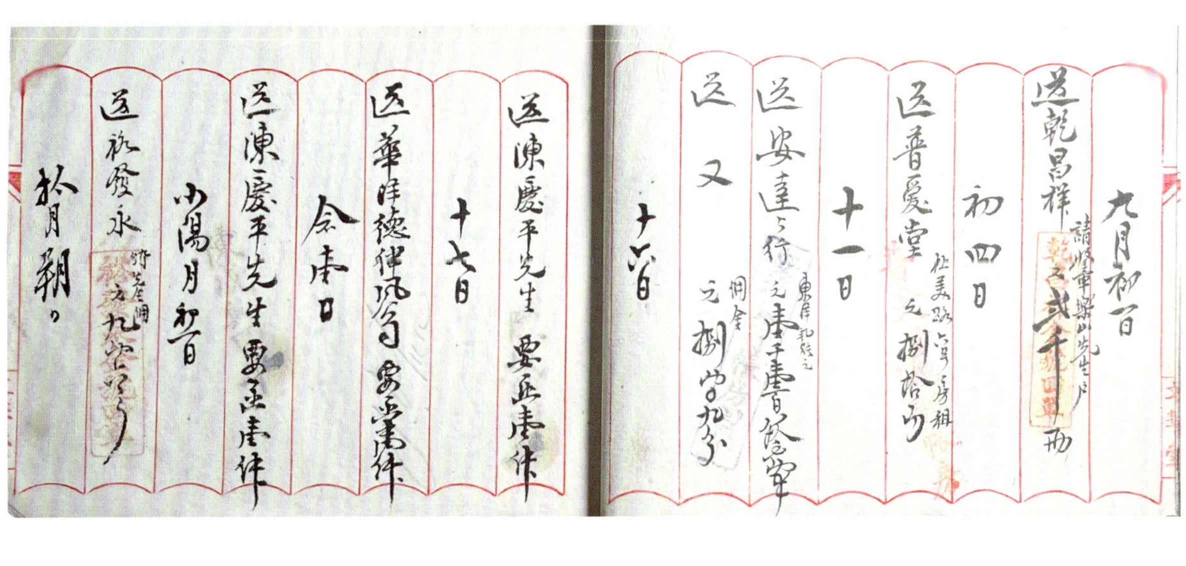

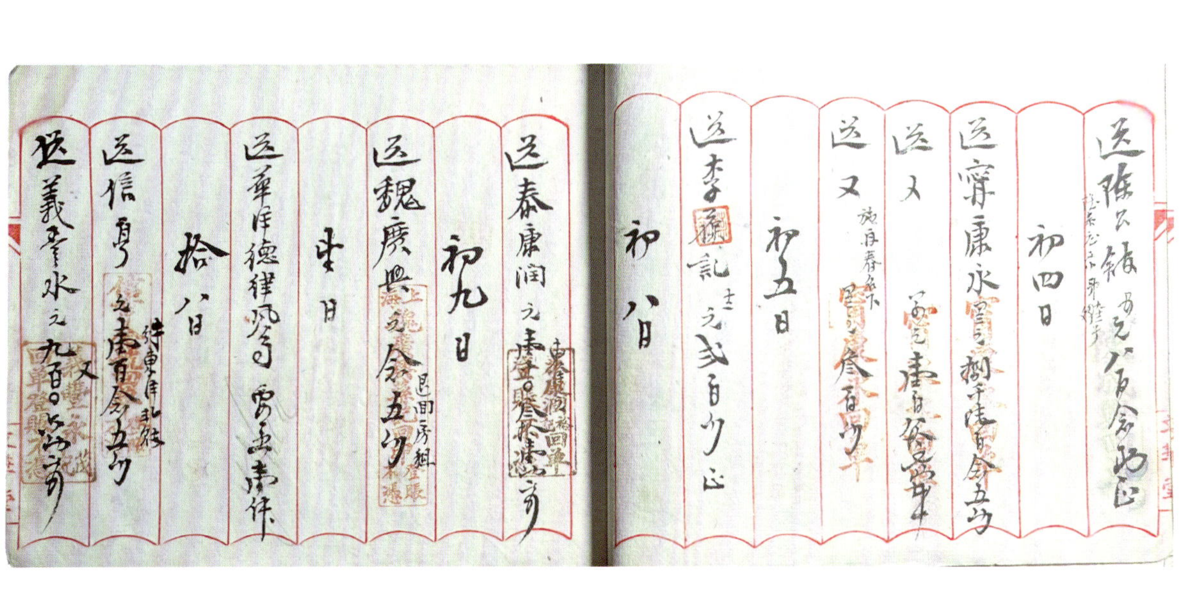

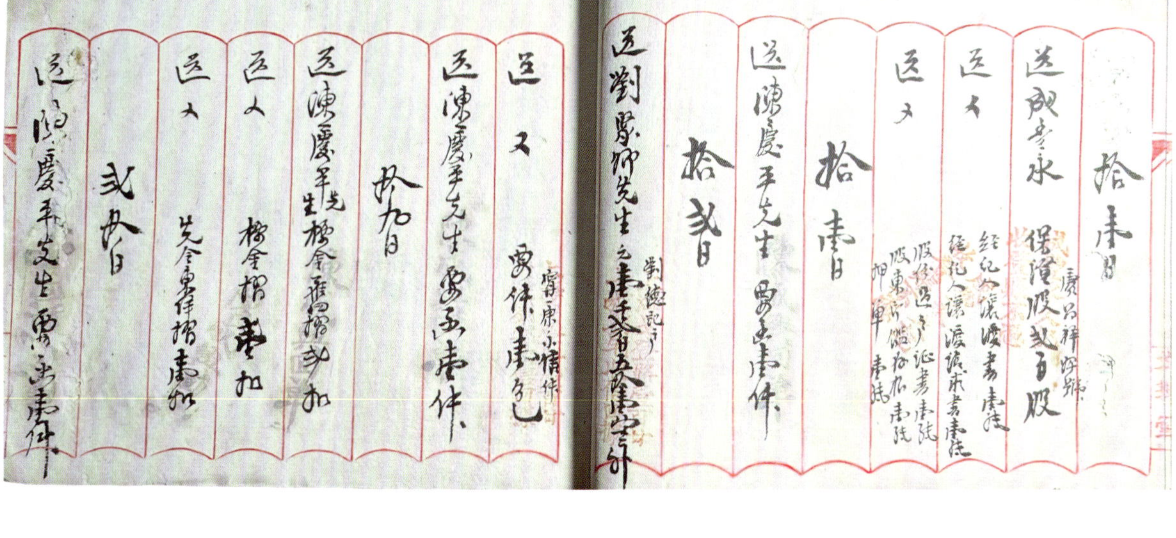

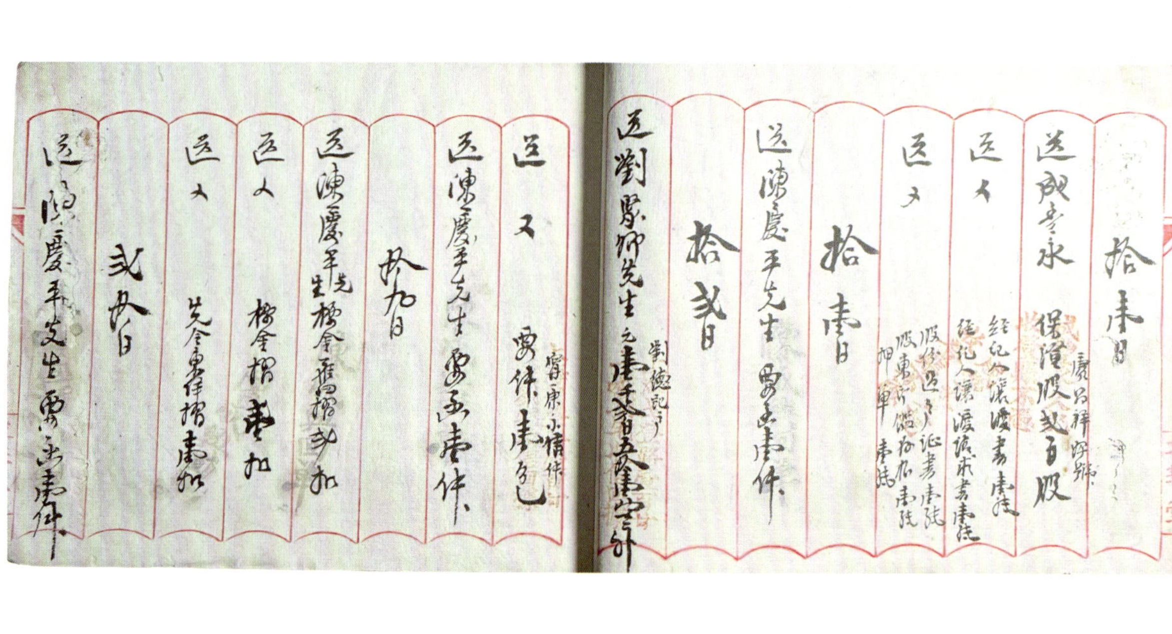

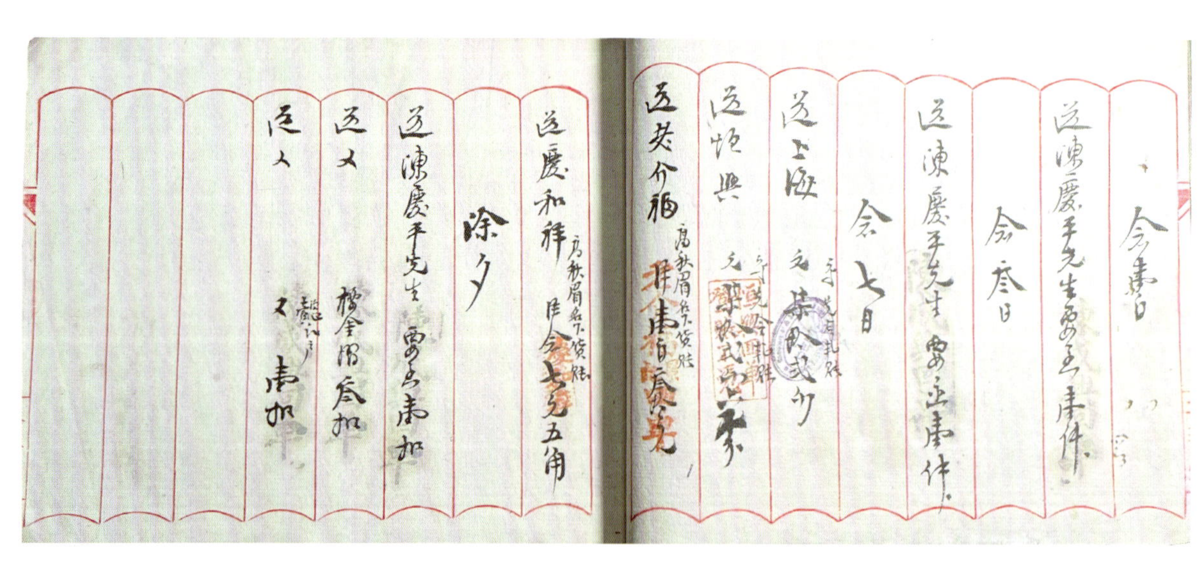

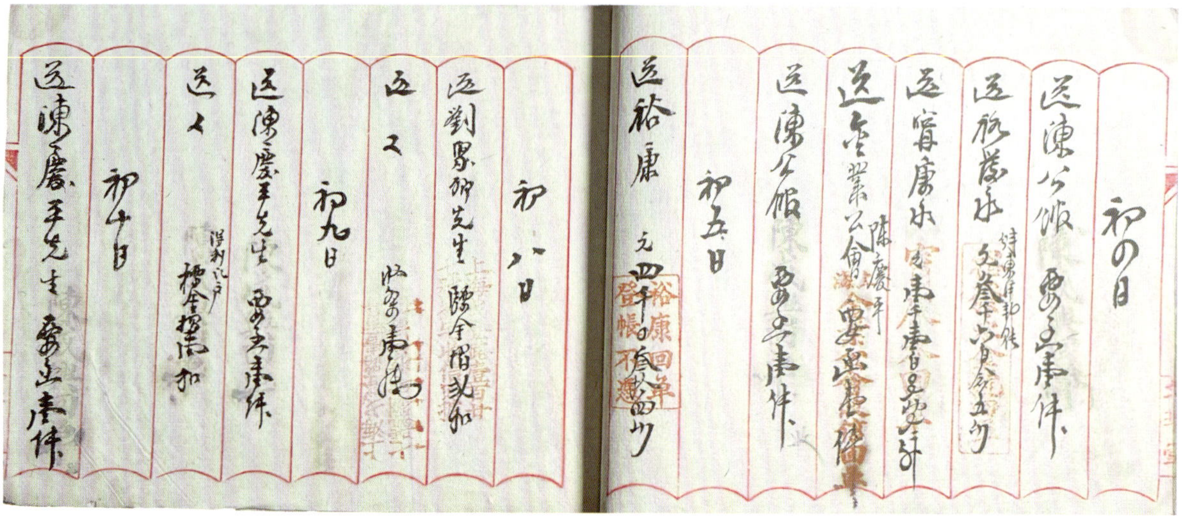

· 程霖生照及程公馆

程霖生是民国时期上海的地产大王。1927 至 1929 年，上海标金行情浮动很大，程霖生过于相信自己的能力和财力，他以自己的房地产作抵押向外商借巨款投入标金炒卖，最终投资失败，程氏的欠债金额超过 2 000 万两白银，于 1931 年宣告破产清理。显赫一时的程家就此在上海销声匿迹。程氏的房地产大多归债权人所有，其中德义大楼由中国银行买下，程家静安寺路（今南京西路 1550 号）的住宅被拍卖，新中国成立后，该址长期为上海市公安局静安分局所在地。

2. 生财清单

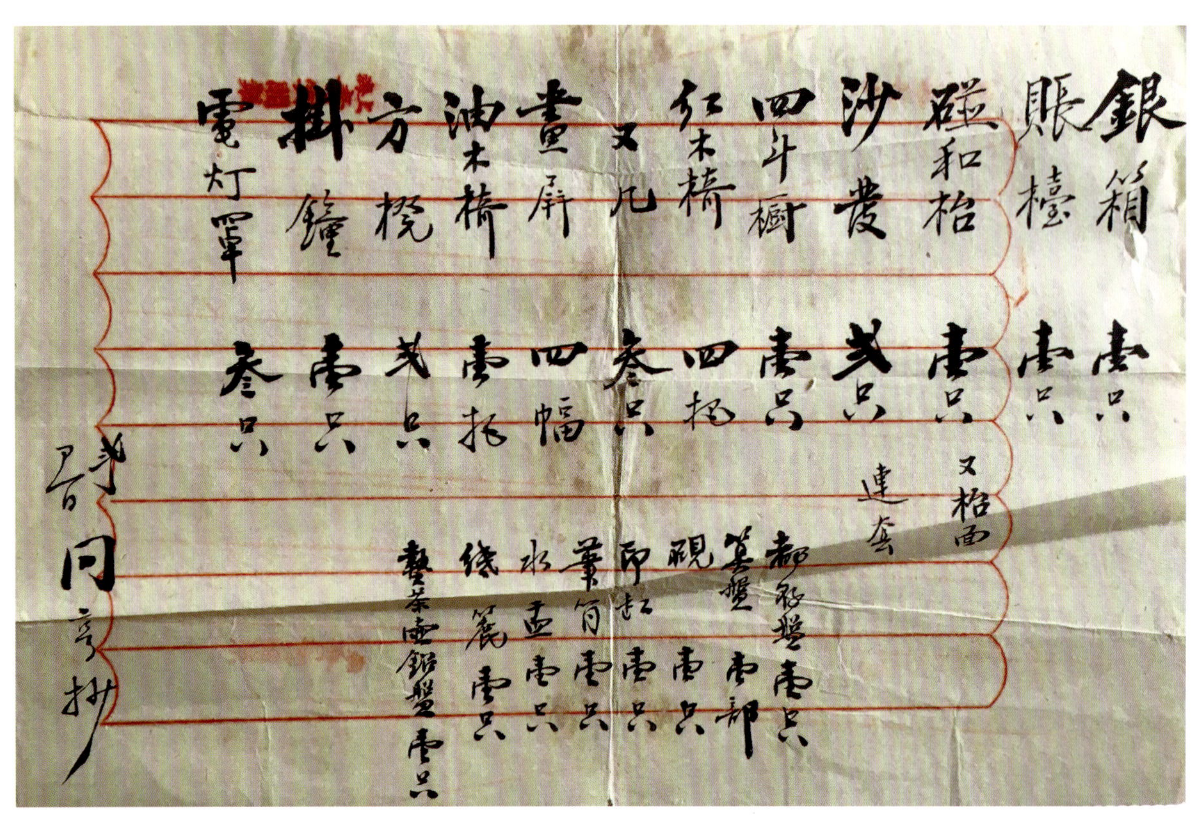
銀箱壹只
賬檯壹只
碰和枱壹只 又枱面
沙發弍只 連套
四斗橱壹只
紅木椅四把
又几叁只
畫屏四幅
油木椅壹把
方櫈弍只
掛鐘壹只
電灯罩叁只
算盤壹部
硯壹只
印缸壹只
筆筒壹只
水盂壹只
紙簏壹只
整茶壺鋁盤壹只
二月廿一日抄

· 生财清单

银箱一只，账台一只，碰和台一只（又台面），沙发二只（连套），四斗橱一只，红木椅四把，又几三只，画屏四幅，油木椅一把，方凳二只，挂钟一只，电灯罩三只，算盘一部，砚一只，印缸一只，笔筒一只，水盂一只，纸篓一只，整茶壶铝盘一只。

二月二十一日抄

· 20 世纪 20 年代马路边的货币兑换商和兑换亭

· 河南路，上海银炉曾经的集中地

3. 福泰亨宝号之核金业交易所清单（1935年2月）

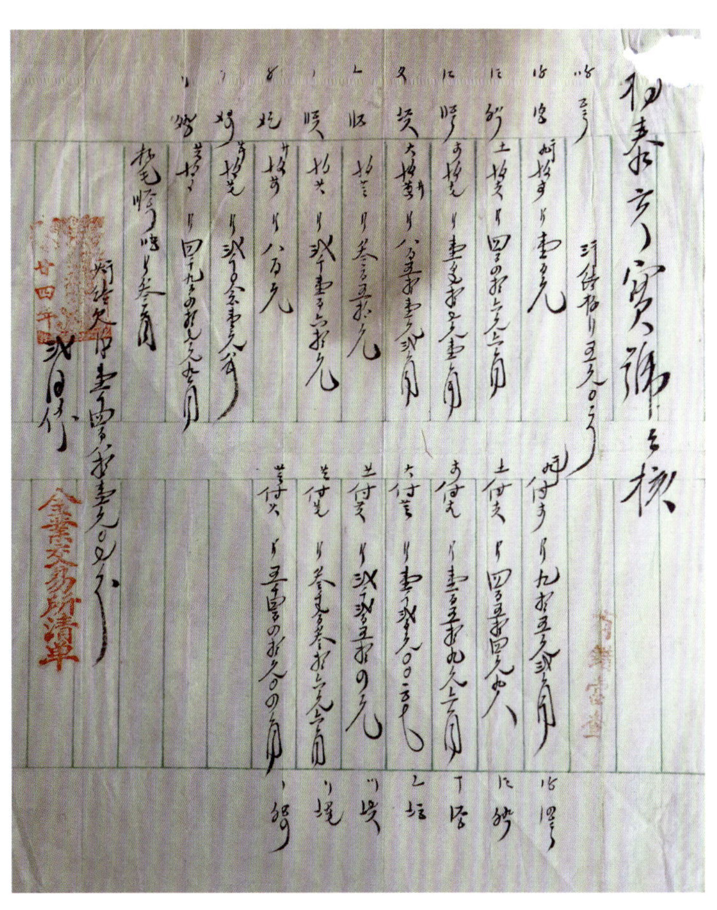

· 金业交易所清单

福泰亨宝号台核：一月三日结存五元，至一月二十八日结欠洋一千四百八十 一元另四分。

民国廿四年二月

4. 高厥侯致某田先生函

有关福泰亨金号股东资本红利分派一事

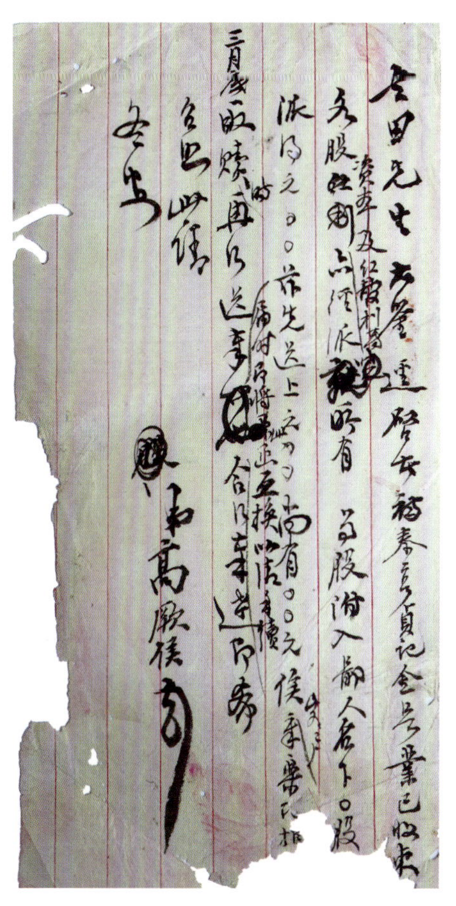

· 高厥侯致某田先生函

□田先生大鉴：迳启者，福泰亨贞记金号业已收来各股资本及红利等亦经派就，所有遵股附入鄙人名下0股，派得元00，兹先送上元00，尚有00元，俟客户专乐记过三月底取赎时再以送专，届时即将弟426两正互换以清手续，合以专达即希台照。此请冬安。

弟高厥侯顿首

裘天宝银楼前的黄包车

中央造币厂工人在金条成品上打戳记

裘天宝银楼

永丰金号一两金

盈丰永金号一两金，边打“天宝成”银楼戳记（仅见）

5. 高秋眉君年终分红帖

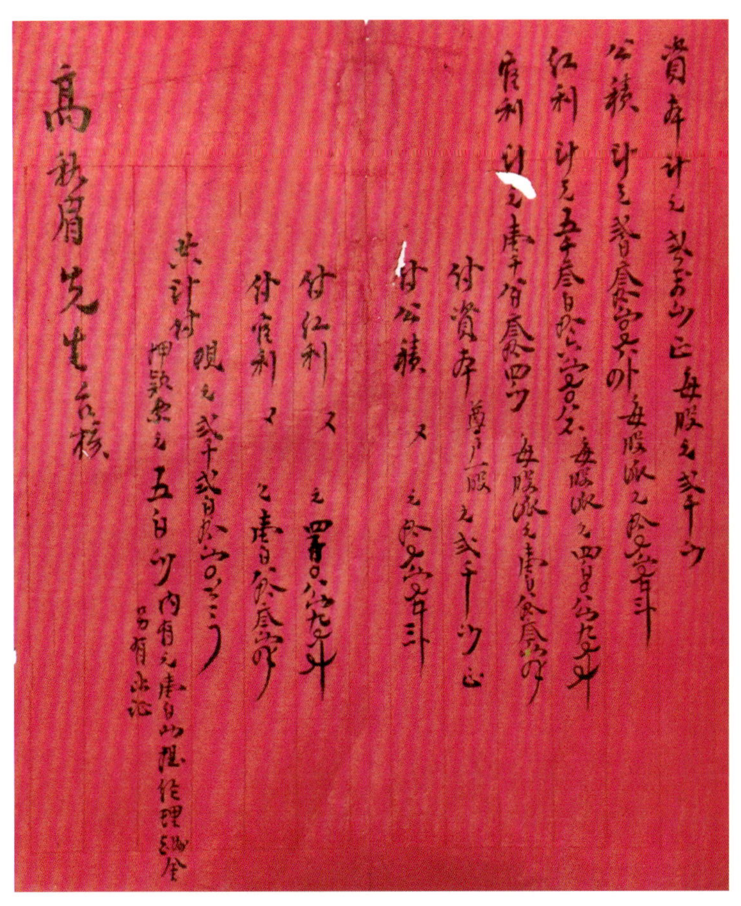

· 高秋眉君年终分红帖

· 高秋眉君惠存（封函）

资本：计元二万两正，每股元二千两正。

公积：计元二百三十两另七八四分，每股派元十七两七五三分。

红利：计元五千三百十六两七八分，每股派元四百另八两九七七分。

官利：计元一千八百三十四两，每股派元一百八十三两四钱。

付资本尊户一股元二千两正；

付公积又元十七两七五三分；

付红利又元四百另八两九七七分；

付官利又元一百八十三两四钱；

共计付现元二千二百十两另三分，押款票元五百两内有元一百两提经理福金，另有函证。高秋眉先生台核。

6. 福泰亨贞记戊辰年（1928 年）结彩分红帖

· 高厥侯惠存（封套）

存承裕元五百另八两八钱；

存周麟趾元一千两；

存本所场券元二十两；

存章乐记元三千七百七十二两八九钱；

存□记元九十六两八六；

存昌记元一百五十二两三八；

存采记元一千八百二十三两七四钱；

存安记元一千五百五十七两五七钱；

存二五库券洋六十四另二角，元四十六两五五五分；

存各友宕账洋四百五十四元，元三千一百八十五两六五；

存现存洋一百四十另六角，元二百四十六两九三钱；

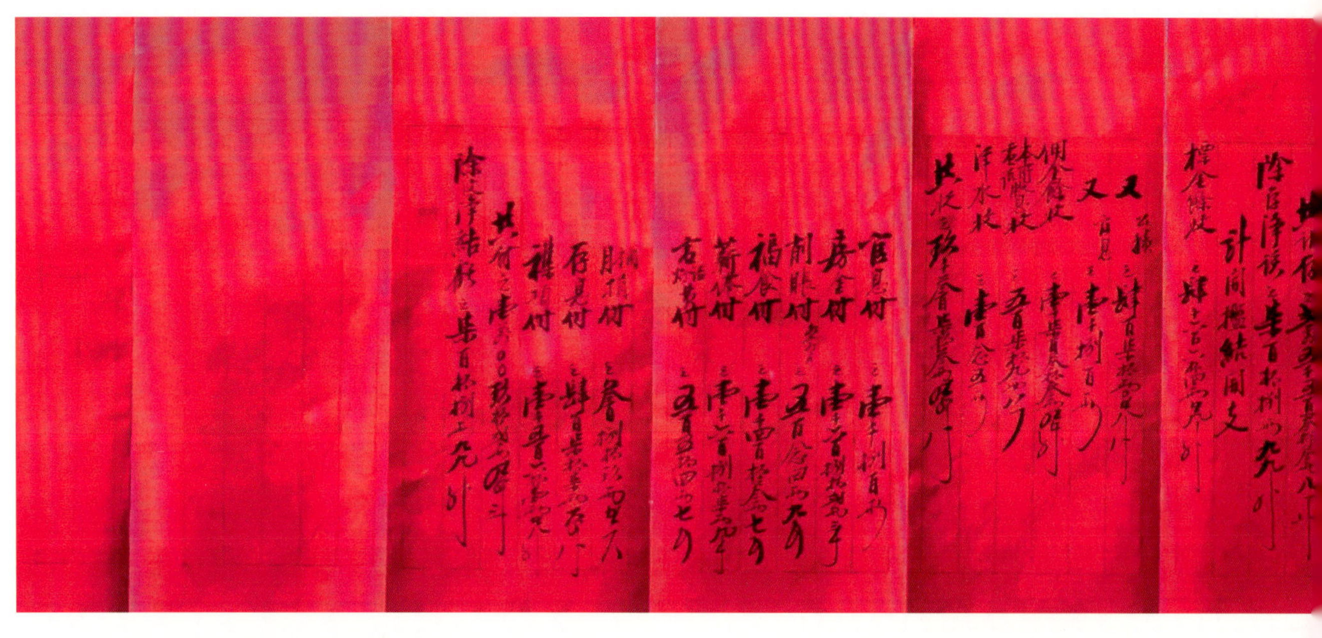

· 福泰亨贞记戊辰年结彩分红帖

存现存小洋一百另九角，元七两五二分；

共计存元二万五千五百三十三两八钱，除存净该元七百十八两九九五钱。

计开盘结开支：

标金余收元四千六百六十四两五九五钱，

又公积元四百七十两另五八钱，

又官息元一千八百两；

佣金余收元一千七百三十三两四五五钱；

本所电话股息收元五百七十九两八分；

洋水收元一百二十五两；

共收元九千三百七十三两四五八分。

官息付元一千八百两；

房金付元一千六百八十二两三钱；

削账付元五百二十四两九五；

福食付元一千四百十三两七五；

薪俸付元一千六百八十七两九钱；

电话、电灯费付元五百五十四两七钱；

捕月捐付元三百八十九两五六；

存息付元四百七十七两六八分；

杂项付元一千五百六十一两五八五分；

共付元一万另九十二两四五三分，

除收净结亏元七百十八两九九五钱。

（注：从内容看收不抵付，尚亏 718.995 两。）

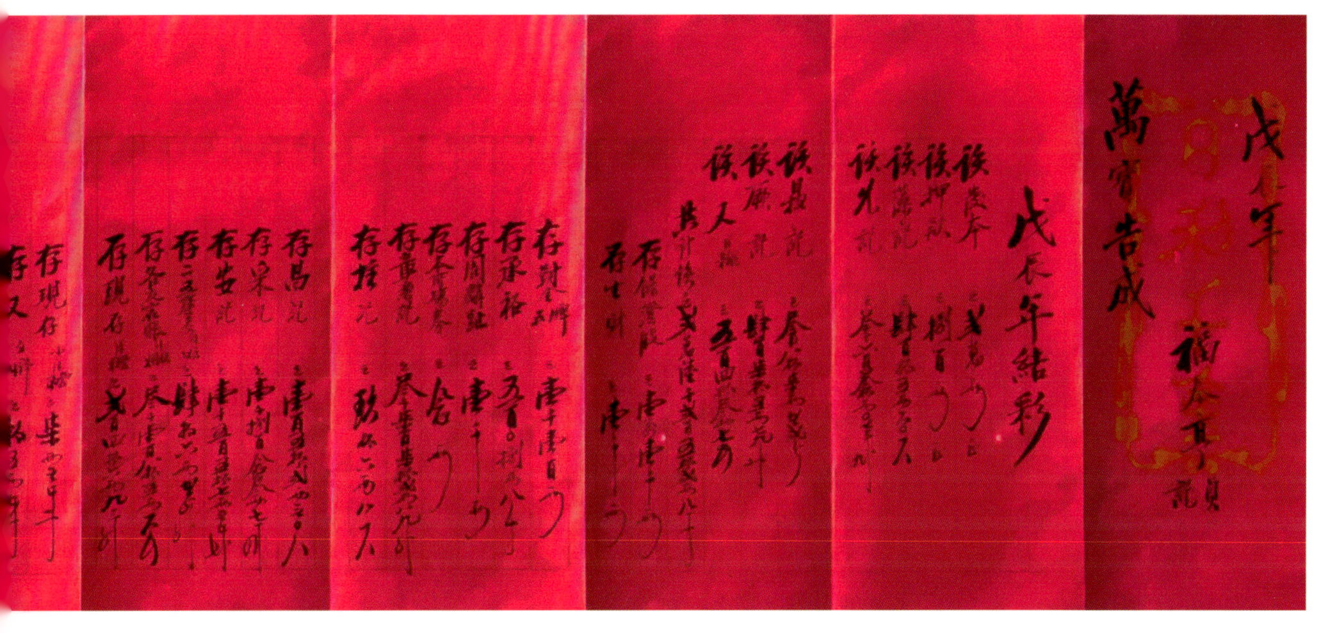

7. 天宝金号丁卯年（1927 年）盘结帖

高秋眉先生惠存

· 高秋眉先生惠存（封）

该数：

该资本元一万两；

该庆记元一千一百三十二两二八九分；

该寿记元七十四两二九六分；

该兴记元二十二两六二钱；

该怡大元二百三十三两五三钱；

该增记元七十四两五二三分。

存数：

存生财元三百四十八两五八钱；

存施舟记元一百十两五六钱；

存邵子记元四百八十两另三钱；

存荣记元一百五十两；

存徐焕记元五百另六两另五钱；

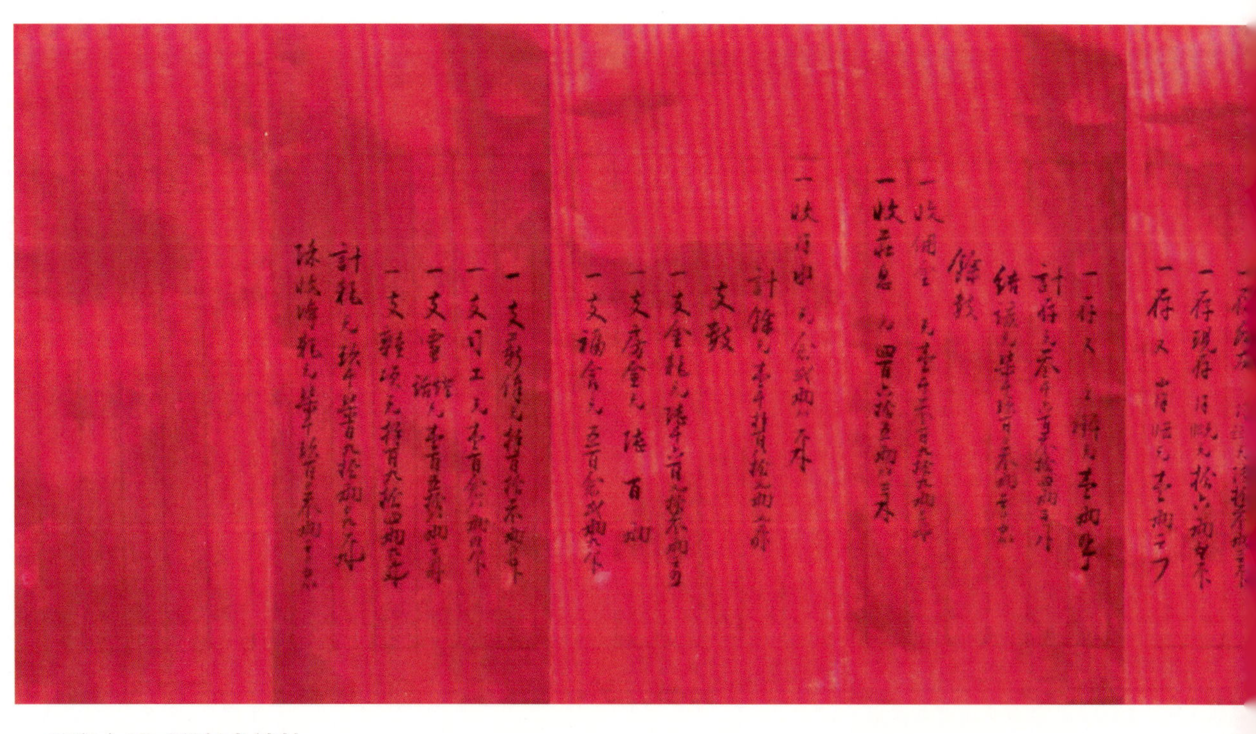

· 天宝金号丁卯年盘结帖

存顾记（田学押）元七百九十六两四四钱；

存卓记元一百二十五两三八钱；

存振记（房契押）元三百十一两九五钱；

存和记（训记）洋一百八十元，元三百二十九两六钱；

存各友洋八百八十元，元六十三两三六钱；

存现洋二十三元，元十六两五八钱；

存又小洋二元二角，元一两二分；

计存元三千六百三十四两三八钱。

余数：

收佣金元一千三百九十九两另六二钱；

收庄息元四百六十五两八三六钱；

收洋水元二十二两八六六钱，计余元一千八百八十两六四钱。

支数：

支金耗元六千六百十三两二四；

支房金元六百两；

支福金元五百二十二两九八钱；

支工薪元八百十三两另五钱；

支司工元一百二十八两四八钱；

支电话元一百五十八两二四二分；

支杂项元八百九十四两九分；

计耗元九千七百九十两另九六九分，除收净耗元七千九百另三两二另五分。

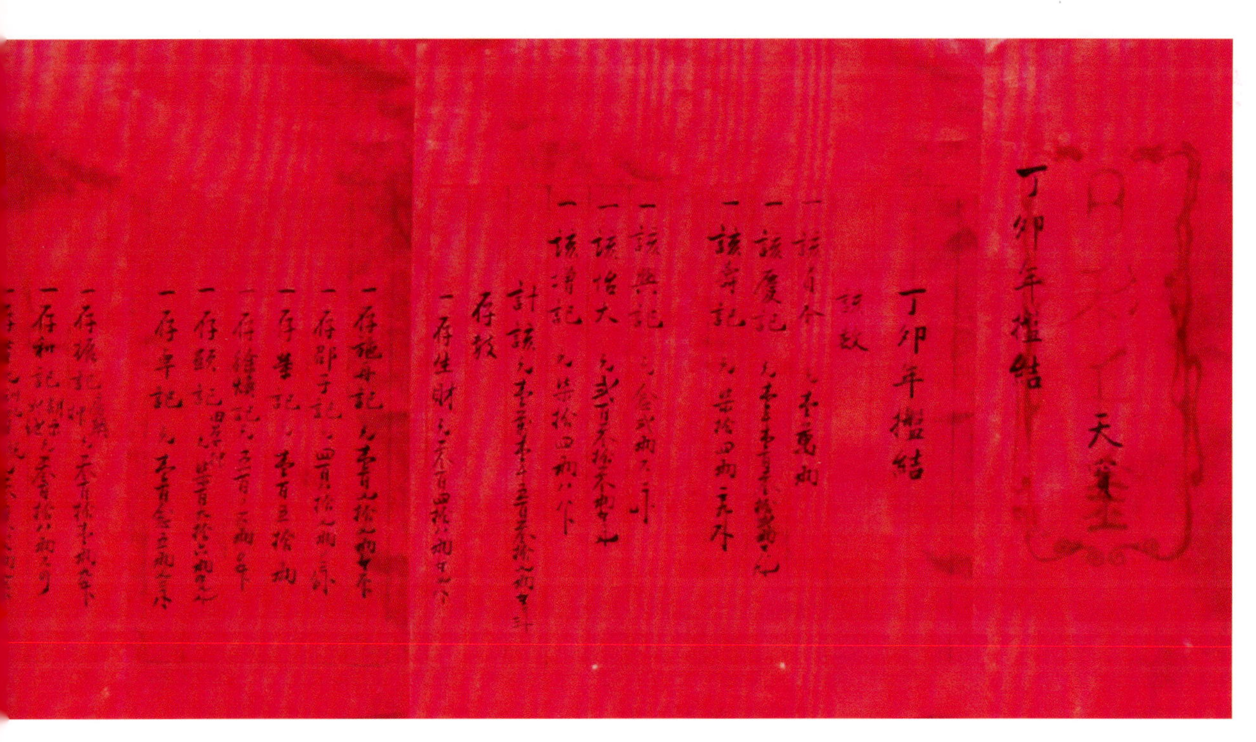

8. 金号银楼发售的各类金元宝

· 杨庆和长记一两金元宝（崔振宇藏）

· 方九霞一两金元宝

· 协兴永一两金元宝

· 大丰恒一两金元宝

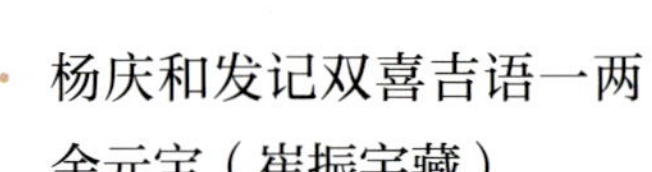

· 杨庆和发记双喜吉语一两金元宝（崔振宇藏）

· 祥和黄金万两一两金（茶花型）

· 新天宝一两金元宝

· 裘天宝一两金元宝

· 辛裘天宝一两金元宝

永丰余一两金元宝（刘德龙藏）

景福一两金元宝

同丰余一两金元宝

泰康润一两金元宝

泰康润一两金元宝（徐宝明藏）

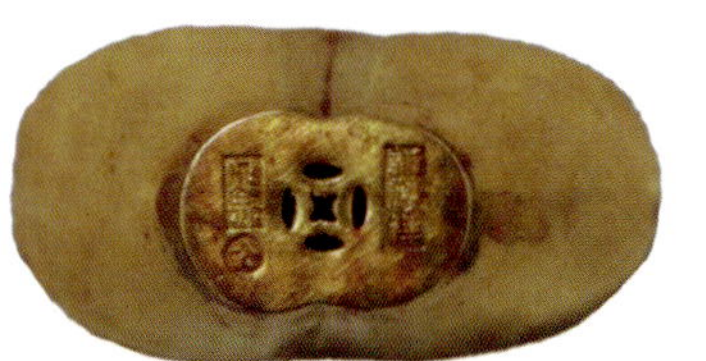

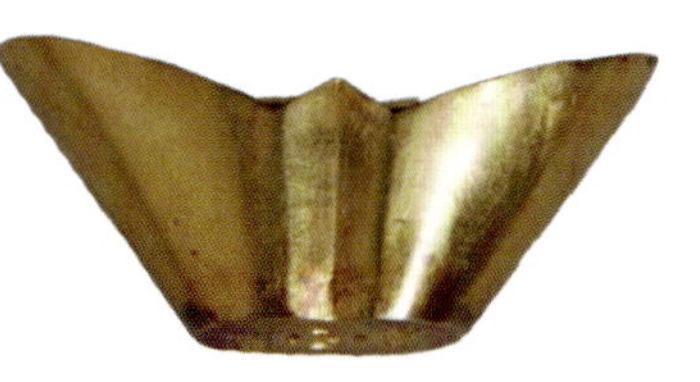

22.6 克新凤祥双喜笔锭如意一两金元宝（崔振宇藏）

和丰一两金元宝

泰康润一两金元宝（魏裕武藏）

宝成一两金元宝

· 辛杨庆和一两金元宝

· 丙庆云一两金元宝

· 方九霞锭改天宝兴戳记一两金元宝（李丙乾藏）

· 生源永一两金元宝

· 寿字一两金元宝

· 裘天宝一两金元宝（魏裕武藏）

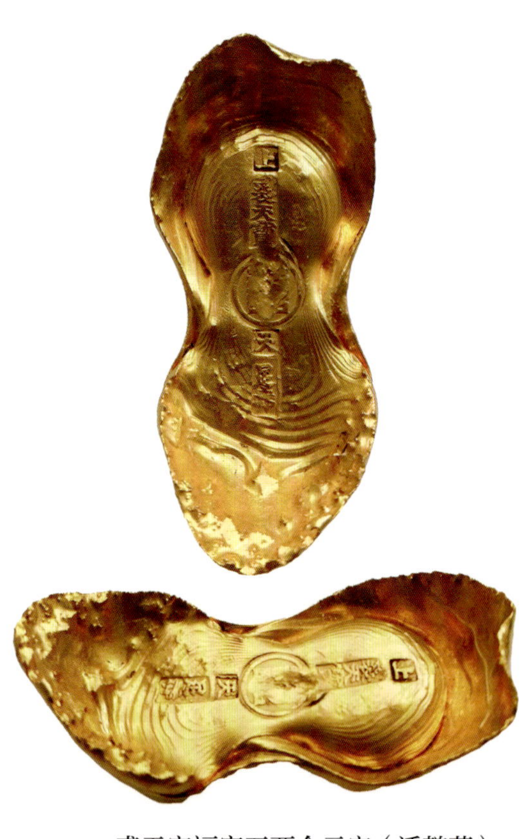

· 裘天宝福字五两金元宝（潘懿藏）

· 庆福星一两金元宝（魏裕武藏）

· 方九霞一两金元宝

9. 民国初年苏州丰泰银炉学徒手抄本

· 民初上海银炉

· 民初上海的炼金银炉

· 民国初年苏州丰泰银炉学徒手抄本

丰泰银炉手抄本主要内容有：各国外汇、各国金洋、药金、軿对金牌、軿净牌、軿浑牌、各路条叶饰金、各路沙金、各国金洋（炼见式样）、金业诸法等。其中，“各路条叶饰金”一节详细记载了上海、苏州、无锡、琴川（常熟）、常州、宁波、杭州、南京、扬州、镇江、松江、新仓、通州、宜兴、鸳湖、海门、如皋、北京、天津、盛京（沈阳）、四川、陕西、广东、广西、山西、山东、湖北、湖南、福建、河南、云南、贵州、江西、安徽、徐州、牛庄、清江、沙头、平望、昆山、平湖、青岛、湖州等地所设银楼数量、字号名字和产品的成色，是近代金业商业史研究的重要资料。

金業諸法

各路沙金

各國金洋 煉見式樣

如大英國 先令
花旗國 弥
大法國 法郎
大俄國 羅

本標解銀行扣用每拾兩元壹錢五分之用印拾兩扣元之銀行劃賬每千兩力錢壹佰同行解本標每拾兩力錢合好文

葯金

每佰兩工元計拾兩的沙金九呈夜另上很壹兩四錢申元的貼表照呈色去火工三点㴑條例提面擋四点作數

斬對金牌

斬對金牌是開創銀樓者不可少之物務要精益求精方能合用取金於足最好向廣東買何西盛之足重的市面缺少者或向蘇州恒孚銀樓買足赤合斬亦可所有銀銅貨可向銀爐買其銅銀料斬對金牌最為妥實贖毫錢壹棹秤之輕重洪無不合用之理後之斬者注之

各路條葉飾金

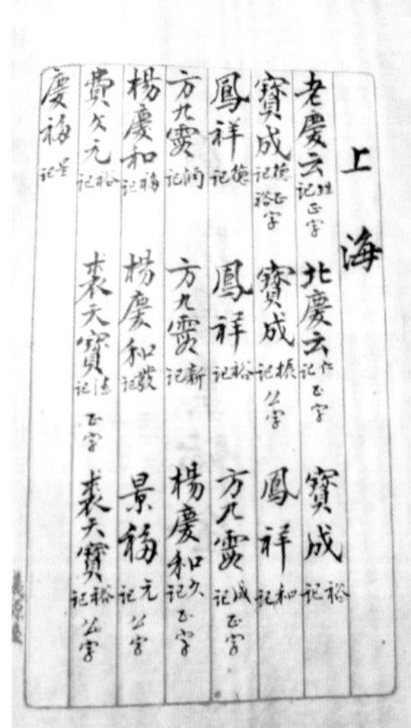
上海

老慶云 北慶云 寶成
寶成 寶成 鳳祥
鳳祥 鳳祥 方九霞
方九霞 方九霞 楊慶和
楊慶和 楊慶和 景福
費文元 裘天寶 裘天寶
慶福

以上大同行共九牌十九家現同議十八家再有慶福星記尚未開設該同行条葉金均約如の

寶永和信字 於震泰 源康記 寶興記
周萬成 於震和 德和記 義和記
周萬興 樂祥云 祥和記 福和記
慶華

以上十三家小同行於己未年一律改用上字条飾色如川

蘇州

恒孚 上字 [illegible] 老萬年 [illegible] 晉福 [illegible]

寶成 [illegible] 天寶 [illegible] 天益豐 [illegible]

天成 [illegible] 天豐恒 [illegible] 同豐永 [illegible]

景孚 [illegible] 大隆 [illegible] 恒成 [illegible]

德昌 [illegible] 景泰 [illegible] 鄉風寶 [illegible]

三鑑 [illegible] 老錦豐 [illegible] 天吉 [illegible]

泰亨源 記 上字 飾條 [illegible] 方記 [illegible] 永豐 飾條色 [illegible]

寶豐 [illegible] 飾色 [illegible] 慶裕 飾條色 [illegible] 成豐永 [illegible] 字 條色 [illegible]

乾昌祥 條叶色 [illegible] 吳悅來 條叶色 [illegible] 大德成 [illegible] 字 條色 [illegible]

恬豐永 條色 [illegible] 恒豐永 [illegible] 字 條色 [illegible] 永豐餘 [illegible] 字 飾條色 [illegible]

寶大永 條叶色 [illegible] 恒孚 上字 條叶飾均十足

以上各家有專做條子，有買首飾者，惟

其金呈色普通，只有恒孚上字為最好耳

永昌昇 字 [illegible] 色 [illegible] 三益慎 條色 [illegible] 九和 條叶飾 [illegible]

慎永和 條飾 [illegible] 寶華 飾色 [illegible] 大順祥 [illegible] 字 條飾 [illegible]

泰來永 條叶色 [illegible] 元豐永 條叶 [illegible] 同豐永 [illegible] 字 條飾 [illegible]

慶榮 飾色 [illegible] 信和 [illegible] 字 飾色 [illegible] 久昌祥 條叶色 [illegible]

景福元 飾色 [illegible] 恢和永 飾條叶 [illegible] 東來升 [illegible] 飾叶條 [illegible]

慶華 [illegible] 字 飾條叶 [illegible] 東來信 飾條叶色 [illegible] 慶雲 條叶色 [illegible]

九霞 飾色 [illegible] 正昌恆 條叶色 [illegible] 物華 飾條叶色 [illegible]

大豐永 [illegible] 條飾 [illegible] 正豐永 [illegible] 字 條叶色 [illegible] 寶裕 [illegible] 字 條飾叶 [illegible]

慶云 [illegible] 色 [illegible]

如皋

寶祥 [illegible] 色 [illegible]

北京

慶豐華 [illegible] 色 [illegible] 天寶 [illegible] 天豐鑑豐

萬泰 鴻昇 [illegible]

天津

恒和 [illegible] 物華 [illegible] 安興 通昌 [illegible]

南京

寶慶 色 [illegible] 慶和 記 [illegible] 色 [illegible] 寶興 色 [illegible]

慶華 [illegible] 字 色 [illegible] 胡翼興 色 [illegible] 新鳳祥 記 [illegible] 色 [illegible]

鳳寶 記 [illegible] 字 色 [illegible] 寶華 上字 色 [illegible]

揚州

寶盛 [illegible] 字 色 [illegible] 寶震 色 [illegible] 寶昌 [illegible] 字 色 [illegible]

寶成 [illegible] 字 色 [illegible] 鳳寶 記 [illegible] 字 色 [illegible] 寶慶 [illegible] 字

公泰昌 色 [illegible]

無錫

恒孚 [illegible] 字 [illegible] 元元 [illegible] 楊慶和 [illegible]

寶興 [illegible] 新寶成 [illegible] 大德 [illegible]

新慶和 [illegible] 知仁 [illegible] 老生生 [illegible]

鳳生 [illegible] 鳳仁 [illegible] 安吉 [illegible]

鳳成 [illegible] 恒吉 [illegible] 鳳和 [illegible]

寶豐裕 [illegible] 鳳誠 [illegible] 惠豫 [illegible]

常州

蔣樊大 上字 色 [illegible] 裕大 色 [illegible] 寶豐 色 [illegible]

裕成 色 [illegible] 寶成 上字 色 [illegible] 沈正和 記 [illegible] 上字 色 [illegible]

新鳳祥 記 [illegible] 天字 色 [illegible] 新寶和 上字 色 [illegible]

寧波

行遠 色 [illegible] 彩鳳 色 [illegible] 文寶 色 [illegible]

鳳寶 色 [illegible] 文星 色 [illegible] 新鳳祥 色 [illegible]

九霞 [illegible] 字 色 [illegible] 方聚元 [illegible] 字 色 [illegible] 紫金 色 [illegible]

福建

耀天宝隆慎 [illegible] 誠豫天余 [illegible]

河南

天泰永 天成永 [illegible]

雲南

何萬鎰 何隆源 [illegible]

貴州

[illegible]

盛京

麗興 [illegible] 濡瑞 [illegible]

郁記 [illegible]

四川

天成 [illegible] 興隆 [illegible]

成天京 [illegible] 瑞林祥 [illegible]

陝西

德聚成 [illegible] 德聚盛 天成和 [illegible]

五 其他金融业和实业

1. 上海升泰义记银号讫单

经营汇票、焓赤、标金、纹银、金银古币

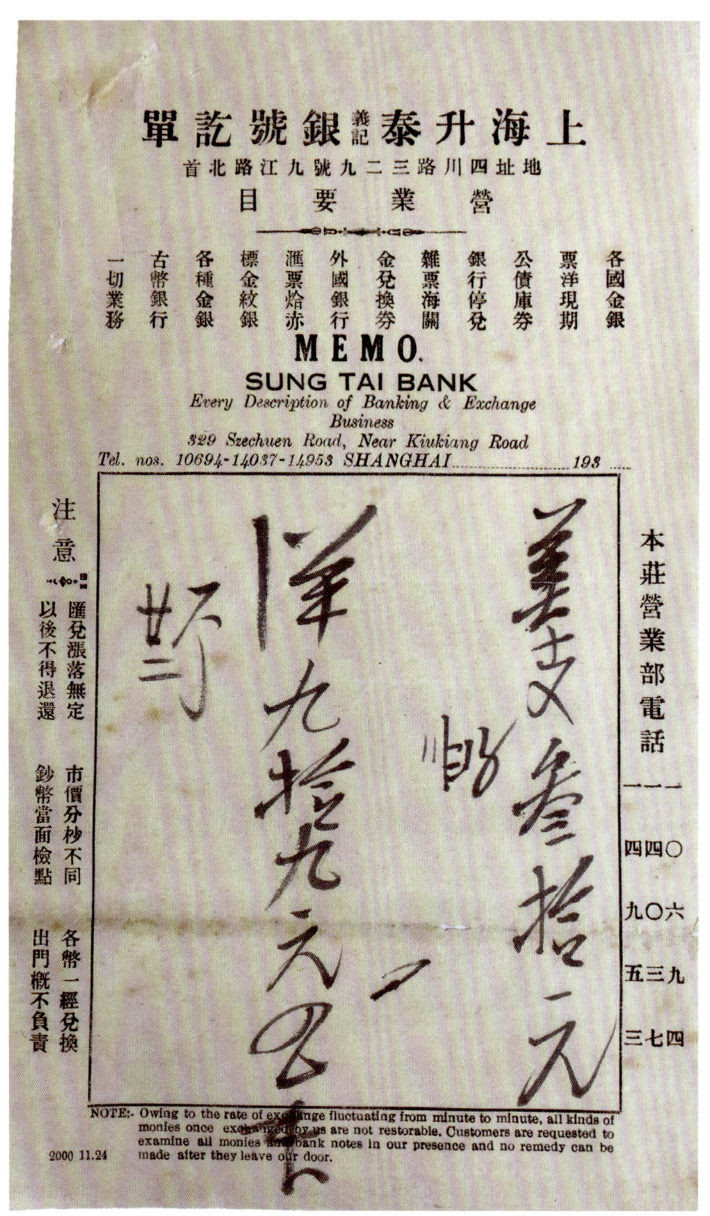

上海升泰義記銀號訖單

地址四川路三二九號九江路北首

營業要目

各國金銀 票洋現期 公債庫券 銀行停兌 雜票海關 金兌換券 外國銀行 滙票焓赤 標金紋銀 各種金銀 古幣銀行 一切業務

MEMO.

SUNG TAI BANK

Every Description of Banking & Exchange Business

329 Szechuen Road, Near Kiukiang Road

Tel. nos. 10694-14037-14953 SHANGHAI..........*193*....

本莊營業部電話 一〇六九四 一四〇三七 一四九五三

注意 匯兌漲落無定 以後不得退還 市價分秒不同 鈔幣當面檢點 各幣一經兌換 出門概不負責

美支叁拾元

洋九拾九元四角

NOTE:- Owing to the rate of exchange fluctuating from minute to minute, all kinds of monies once exchanged by us are not restorable. Customers are requested to examine all monies and bank notes in our presence and no remedy can be made after they leave our door.

2000 11.24

· 上海升泰义记银号讫单（地址：四川路329号九江路北首）

营业要目：各国金银票洋、现期、公债库券、银行停兑杂票、海关金兑换券、外国银行汇票、焓赤标金纹银、各种金银古币、银行一切业务。

“美支三十元，洋九十九元四角。”

1934年6月22日

· 19 世纪末的上海南京路，左边是方九霞银楼

· 同丰永金铺街景

· 天宝赤金铺

· 天宝赤金铺一两金条

· 同丰永金铺

· 卖烟纸的钱兑店

2. 上海商业储蓄银行存款簿，福泰亨金号账号第 18741 号

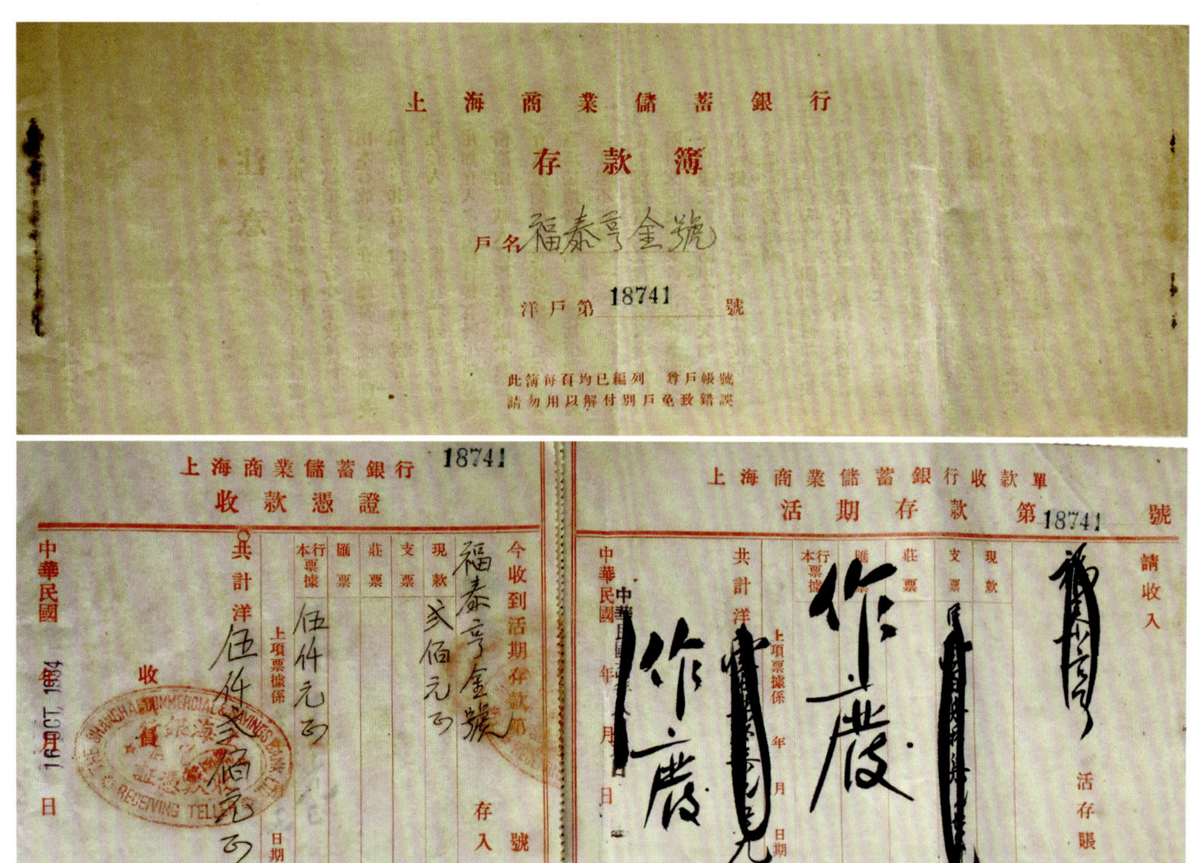

上海商業儲蓄銀行
存款簿
戶名 福泰亨金號
洋戶第 18741 號
此簿每頁均已編列 尊戶帳號
請勿用以解付別戶免致錯誤

上海商業儲蓄銀行
收款憑證 18741
今收到 福泰亨金號 活期存款第 號存入
現款 贰佰元正
本行票據 伍仟元正
共計洋 伍仟贰佰元正
上項票據係 日期
中華民國 16 OCT 1934 年 月 日

上海商業儲蓄銀行收款單
活期存款第 18741 號
請收入 活存賬
共計洋
上項票據係 年 月 日期
中華民國 年 月 日
作廢

· 上海商业储蓄银行存款簿（此簿每页均已编列，尊户账号请勿用以解付别付免致错误）

户名福泰亨金号　洋户第 18741 号

今收到福泰亨金号存入现款二百元、本行票据五千元，共计洋五千二百元。

1934 年 10 月 16 日

3. 浦东银行往来户支款簿，福泰亨贞记账号 228

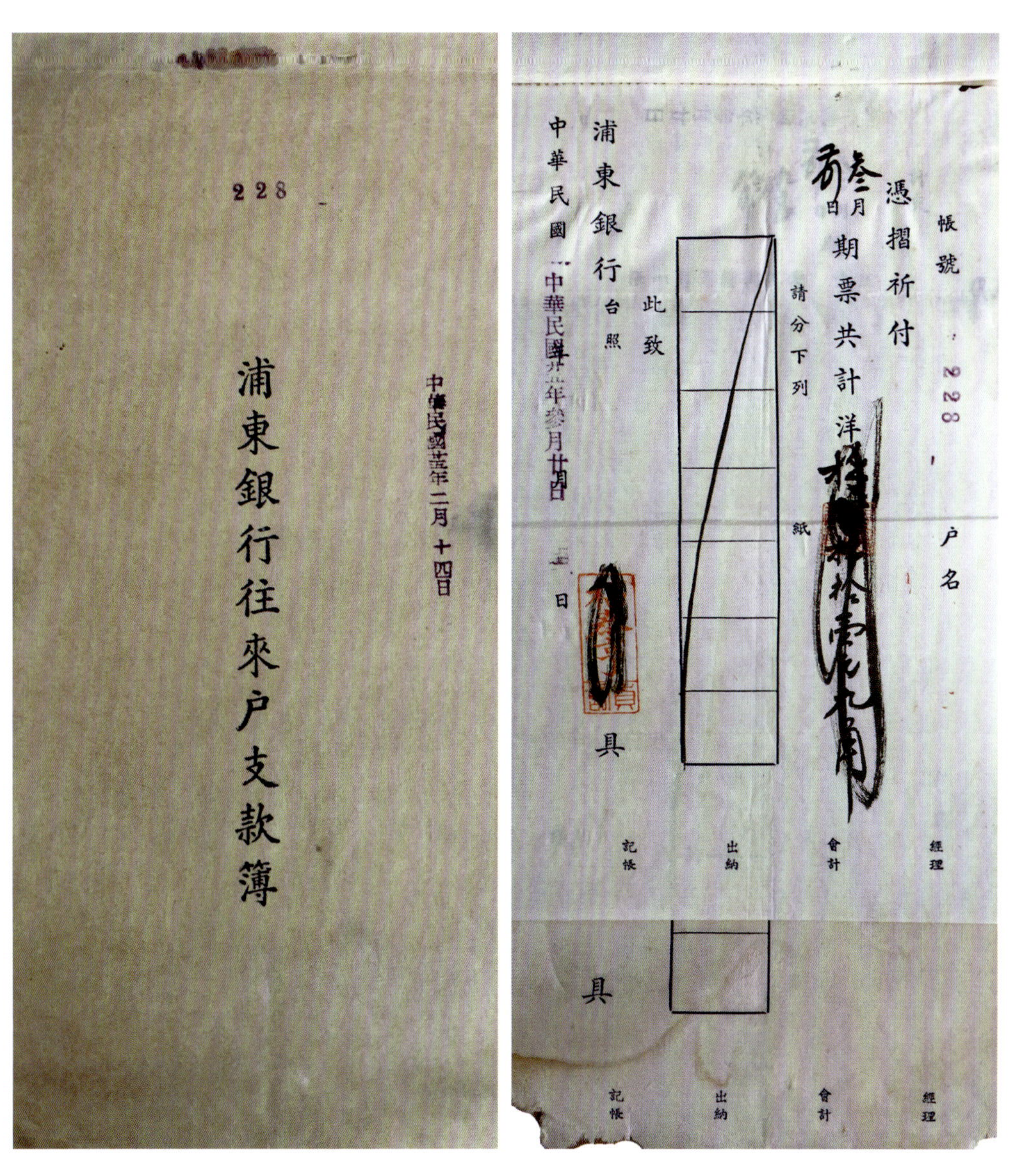

228

浦東銀行往來户支款簿

中華民國廿五年二月十四日

帳號 228 户名

憑摺祈付

參月 日期票共計洋

請分下列 紙

此致

浦東銀行台照

中華民國 年 月 日 具

記帳 出納 會計 經理

具

記帳 出納 會計 經理

· 上海浦东银行往来户支款簿（共二册），福泰亨贞记账号 228

民国廿五年二月廿日

4. 上海新华信托储蓄银行客户结单

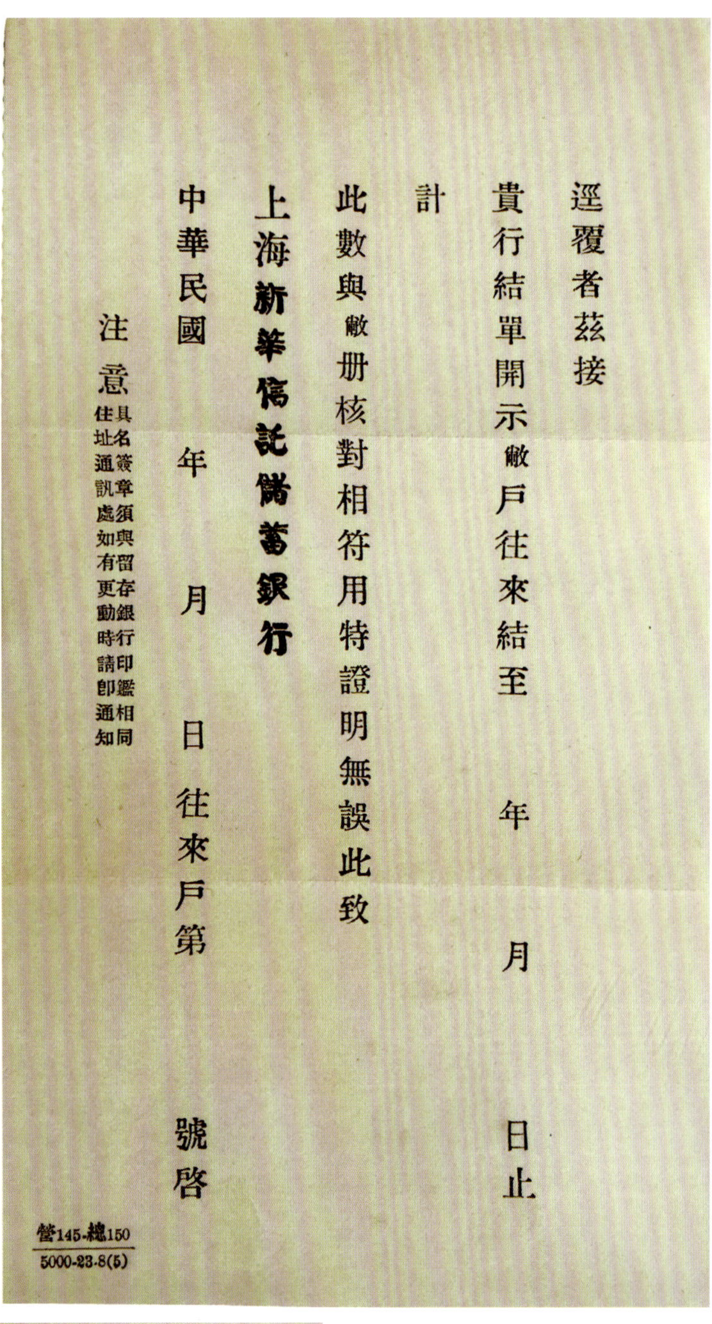

逕覆者茲接

貴行結單開示敝戶往來結至　年　月　日止

計

此數與敝册核對相符用特證明無誤此致

上海新華信託儲蓄銀行

中華民國　年　月　日　往來戶第　號啓

注意　具名簽章須與留存銀行印鑑相同　住址通訊處如有更動時請卽通知

管145-總150
5000-23-8(5)

上海
新華信託儲蓄銀行　台收

SIN-HUA TRUST & SAVINGS BANK, LTD.

SHANGHAI.

上海新华信托储蓄银行空白结单（附封）

5. 福泰亨向裕康福记宝庄照解即期支票

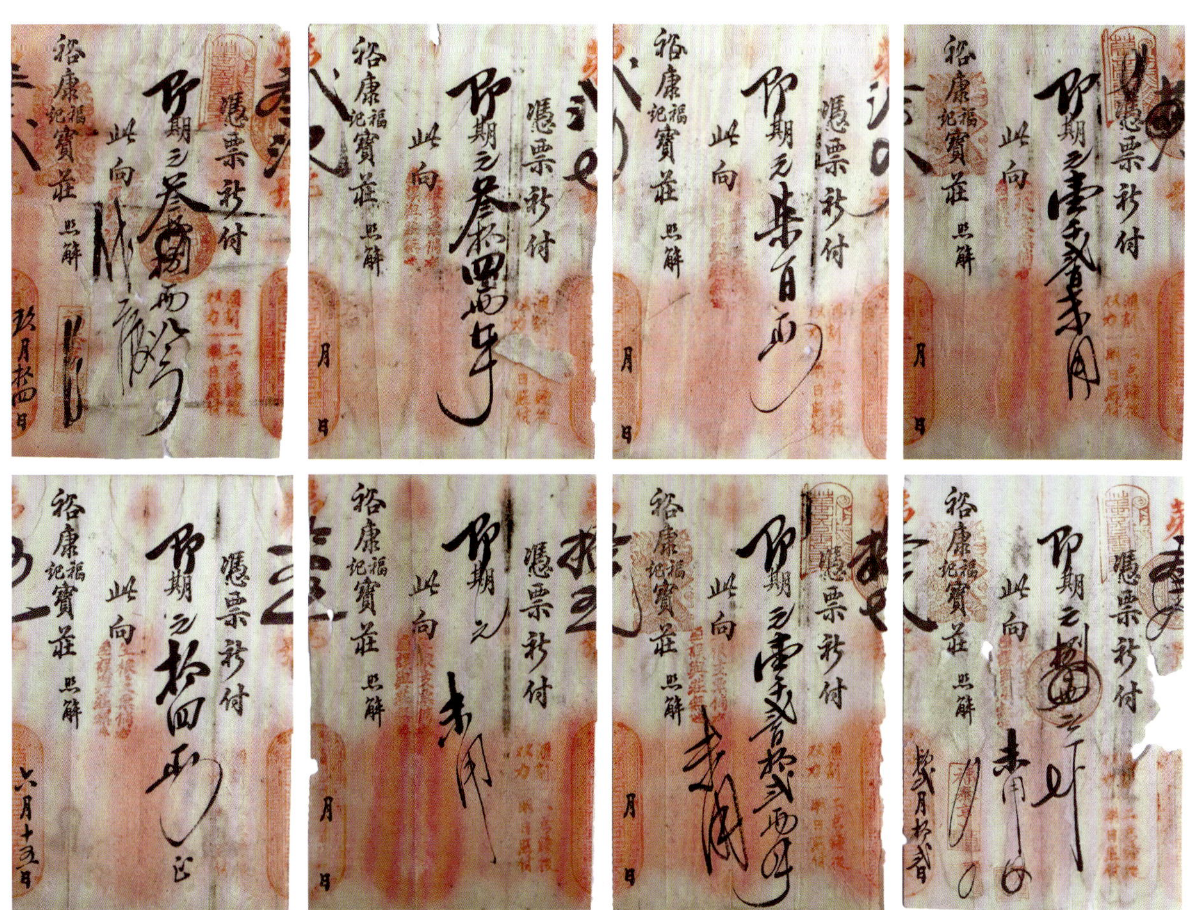

· 福泰亨向裕康福记宝庄照解即期支票（共 8 张）

其一：

凭票祈付即期元三十八两八分，此向裕康福记宝庄照解。“生根支票倘有口误与庄无关”章，“福泰亨贞记”章。

盖台头印“万商云集”及“己巳”年号章。

己巳年（1929 年）九月十四日

6. 股创金号集资立支议据底稿

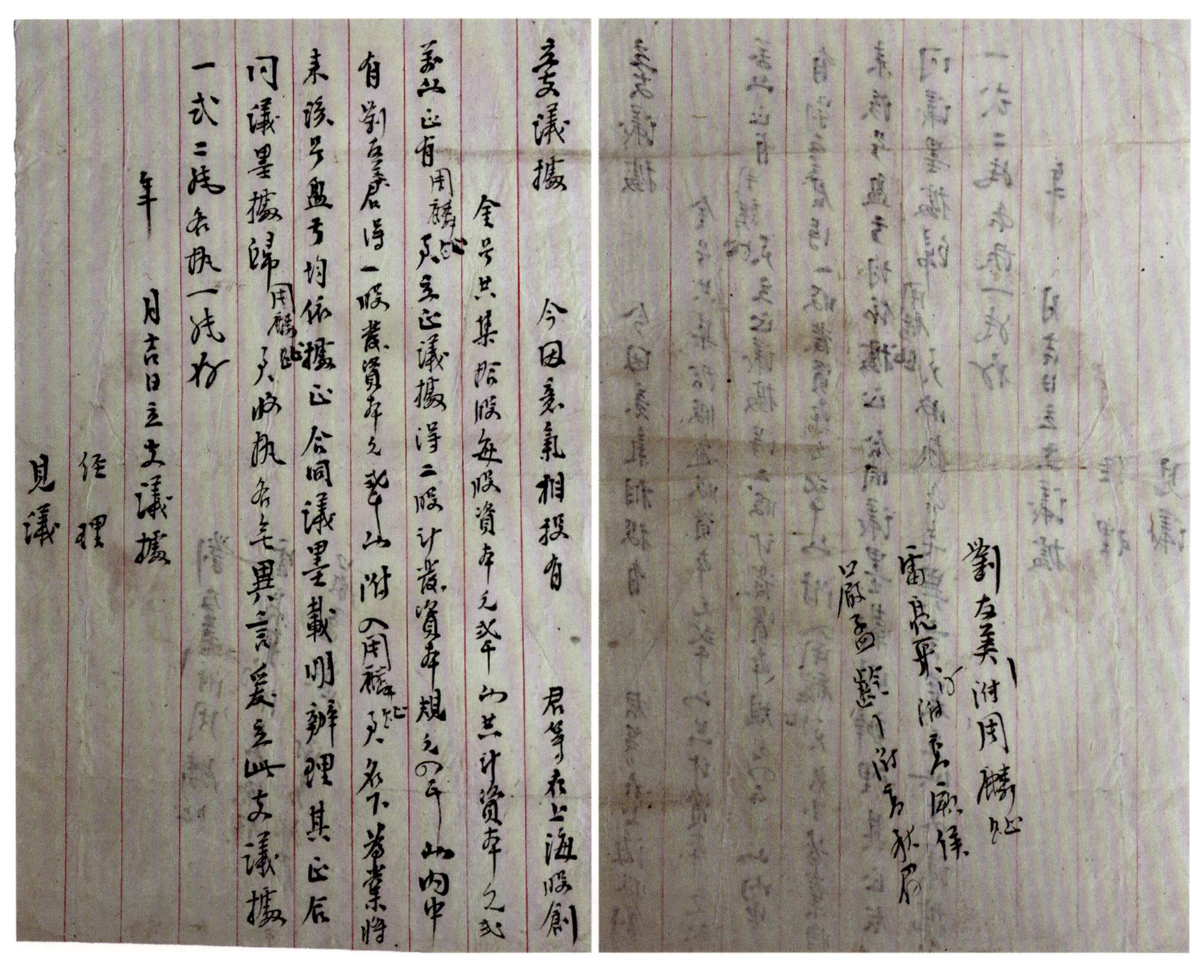

· 股创金号集资立支议据底稿

立支议据：某今因意气相投，有某君等在上海股创某金号，共集资十股，每股资本元二千两，共计资本元二万两正。有周麟趾等，立正议据得二股计发资本规元四千两，内中有刘有美君得一股，发资本元二千两，附入周麟趾名下为业，将来该号盈亏均依据正合同议墨载明办理，其正合同议墨据归周麟趾收执，各无异言。爰立此支议据一式二纸，各执一纸存。

经理

见议

年　月吉日立支议据

背书：刘友美附周麟趾

雷亮采附高厥侯

严孟令附高秋眉

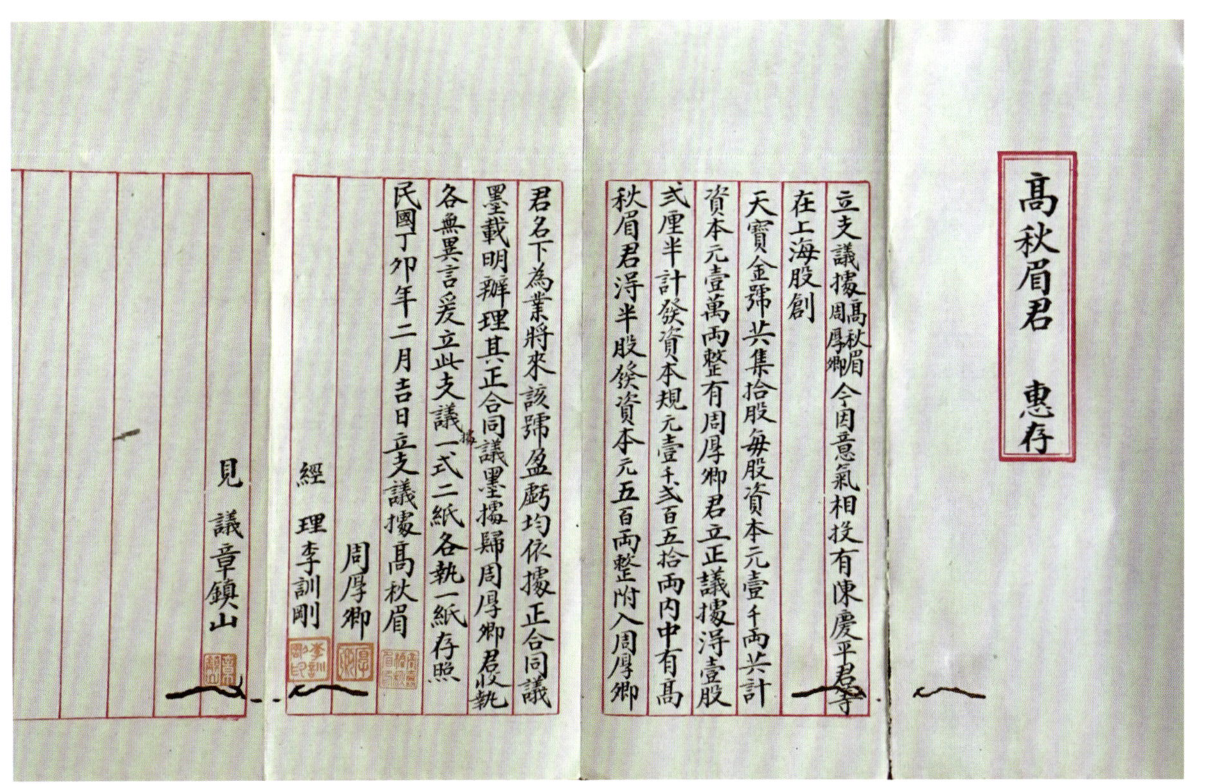
高秋眉君　惠存

立支議據高秋眉周厚卿今因意氣相投有陳慶平君等在上海股創天寶金號共集拾股每股資本元壹千兩共計資本元壹萬兩整有周厚卿君立正議據得壹股弍厘半計發資本規元壹千弍百五拾兩内中有高秋眉君得半股發資本元五百兩整附入周厚卿君名下為業將來該號盈虧均依據正合同議墨載明辦理其正合同議墨據歸周厚卿君收執各無異言爰立此支議據一式二紙各執一紙存照

民國丁卯年二月吉日立支議據高秋眉
周厚卿
經理李訓剛
見議章鎮山

· 股创天宝金号立支议据高秋眉君惠存

立支议据：高秋眉、周厚卿今因意气相投，有陈庆平君等在上海股创天宝金号共集十股，每股资本元一千两，共计资本元一万两整。有周厚卿君立正议据得一股二厘半，计发资本规元一千二百五十两，内中有高秋眉君得半股，发资本元五百两整，附入周厚卿君名下为业，将来该号盈亏均依据正合同议墨载明办理，其正合同议墨归周厚卿君收执，各无异言。爰立此支议据一式二纸，各执一纸存照。

立支议据高秋眉、周厚卿；

经理李训刚；见议章镇山

民国丁卯年二月吉日

7. 丁卯年（1927年）正月吉日创设运大源记钱庄立支议据

周厚卿、李训刚等在上海股创运大源记钱庄

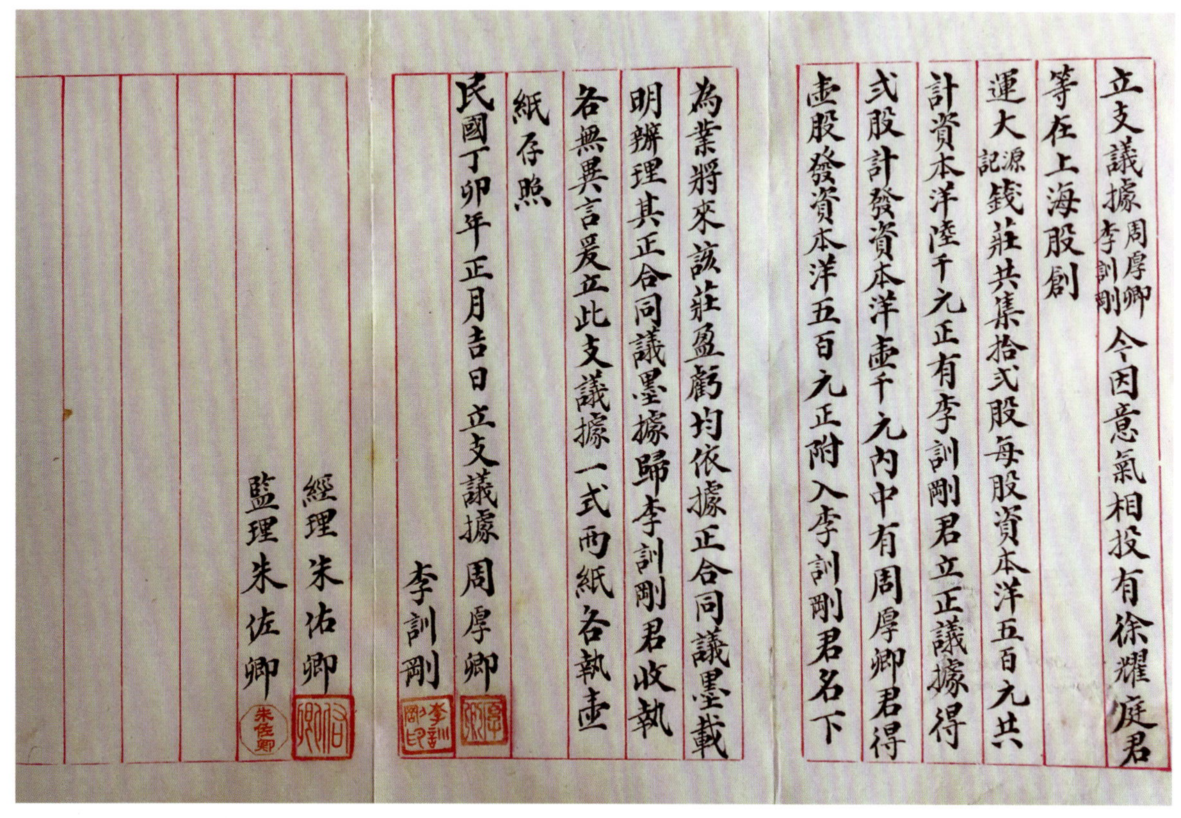
立支議據周厚卿李訓剛今因意氣相投有徐耀庭君
等在上海股創
運大源記錢莊共集拾弍股每股資本洋五百元共
計資本洋陸千元正有李訓剛君立正議據得
弍股計發資本洋壹千元內中有周厚卿君得
壹股發資本洋五百元正附入李訓剛君名下
為業將來該莊盈虧均依據正合同議墨載
明辦理其正合同議墨據歸李訓剛君收執
各無異言爰立此支議據一式兩紙各執壹
紙存照
民國丁卯年正月吉日立支議據 周厚卿 李訓剛
經理朱佑卿
監理朱佐卿

· 创设运大源记钱庄的立支议据

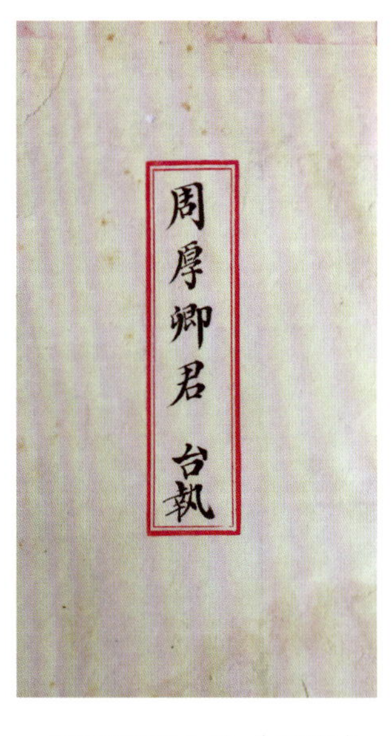

· 周厚卿君台执（封套）

立支议据：周厚卿、李训刚今因意气相投有徐耀庭君等在上海股创运大源记钱庄共集十二股，每股资本洋五百元，共计资本洋六千元正。有李训刚君立正议据得二股，计发资本洋一千元，内中有周厚卿君得一股，发资本洋五百元正，附入李训刚君名下为业，将来该庄盈亏均依据正合同议墨载明办理，其正合同议墨据归李训刚君收执，各无异言。爰立此支议据一式两纸，各执一纸存照。

立支议据周厚卿、李训刚；

经理朱佑卿；监理朱佐卿

民国丁卯年正月吉日

8. 丁卯年（1927 年）三月二十日李训刚致周厚卿函

运大源记钱庄附股股本性质

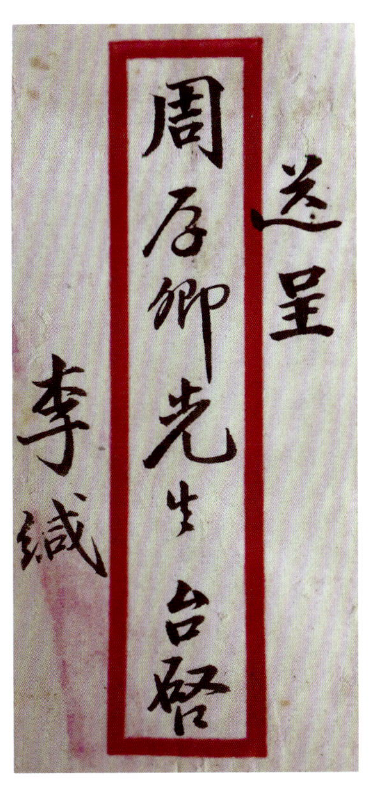

送呈
周厚卿先生台啓
李缄

· 送呈周厚卿先生台启　李缄（封套）

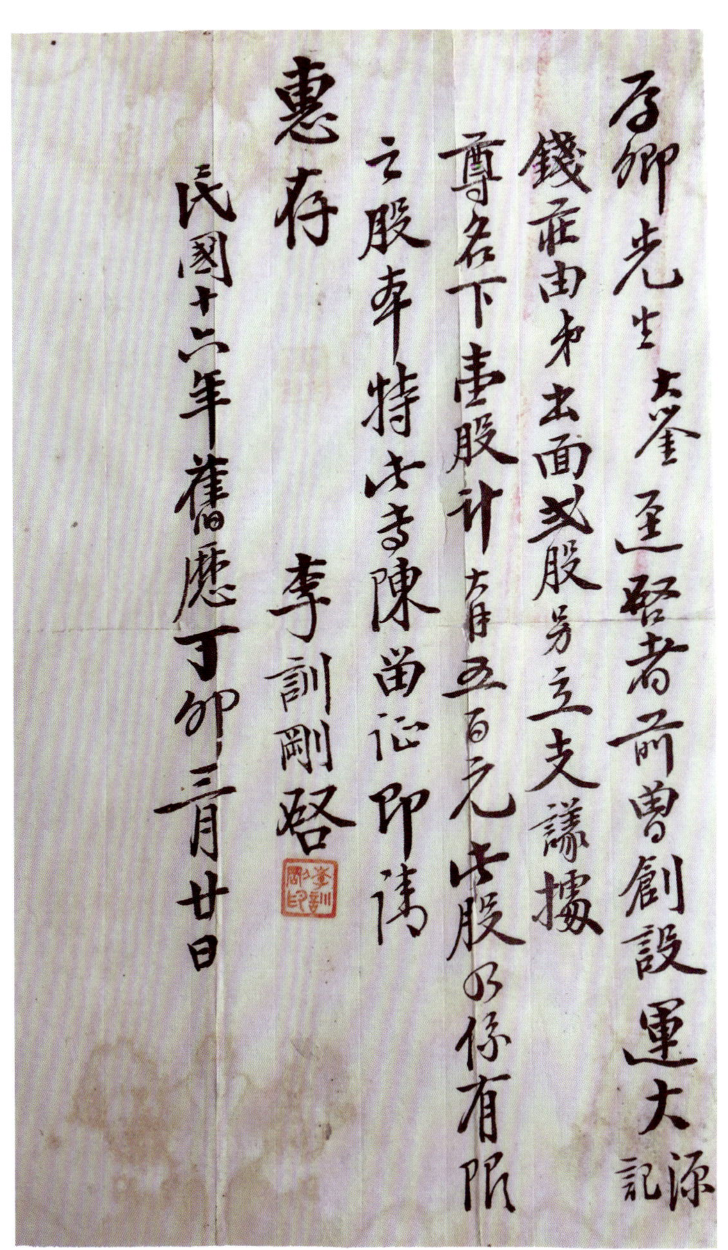

厚卿先生大鑒
逕啓者前曾創設運大源記
錢莊由弟出面弍股另立支議據
尊名下壹股計大洋五百元此股乃係有限
之股本特此專陳留証即請
惠存
李訓剛啓
民國十六年舊曆丁卯三月廿日

· 丁卯年（1927 年）三月二十日李训刚致周厚卿函

厚卿先生大鉴、迳启者：前曾创设运大源记钱庄，由弟出面二股，另立支议据，尊名下一股计大洋五百元。此股乃系有限之股本，特此专陈。留证即请惠存。

李训刚启

民国十六年旧历丁卯三月廿日

高秋眉惠存 内天宝运大支议据三纸，内有厚卿存一纸。（封套）

9. 福泰亨贞记大亚银行支票（1935 年 10 月 23 日）

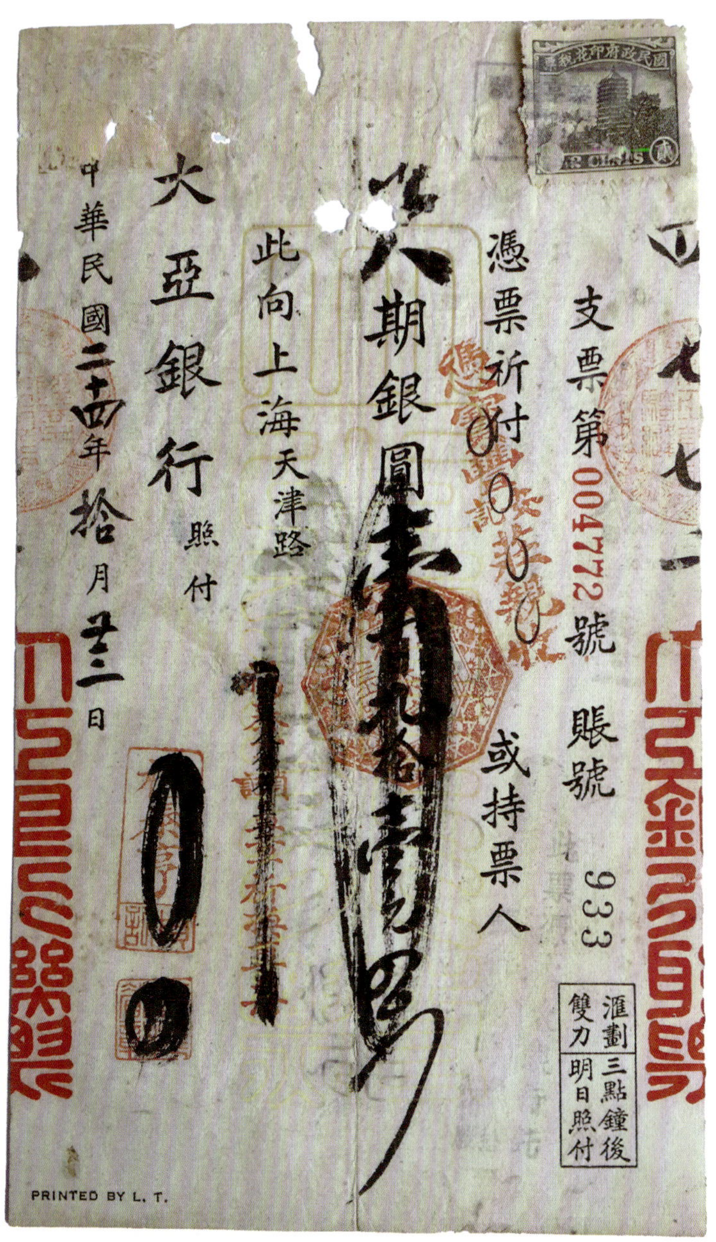

支票第004772號 賬號 933

憑票祈付 或持票人

期銀圓

此向上海天津路

大亞銀行 照付

中華民國二十四年拾月廿三日

滙劃 雙力 三點鐘後 明日照付

PRINTED BY L. T.

· 福泰亨贞记大亚银行支票第 004772 号 账号 933

凭票祈付或持票人期银圆一百九十一元四角，此向上海天津路大亚银行照付。

福泰亨贞记（章）

民国二十四年十月廿三日

10. 上海浙江兴业银行召开股东会致高秋眉函（1928 年 1 月 20 日）

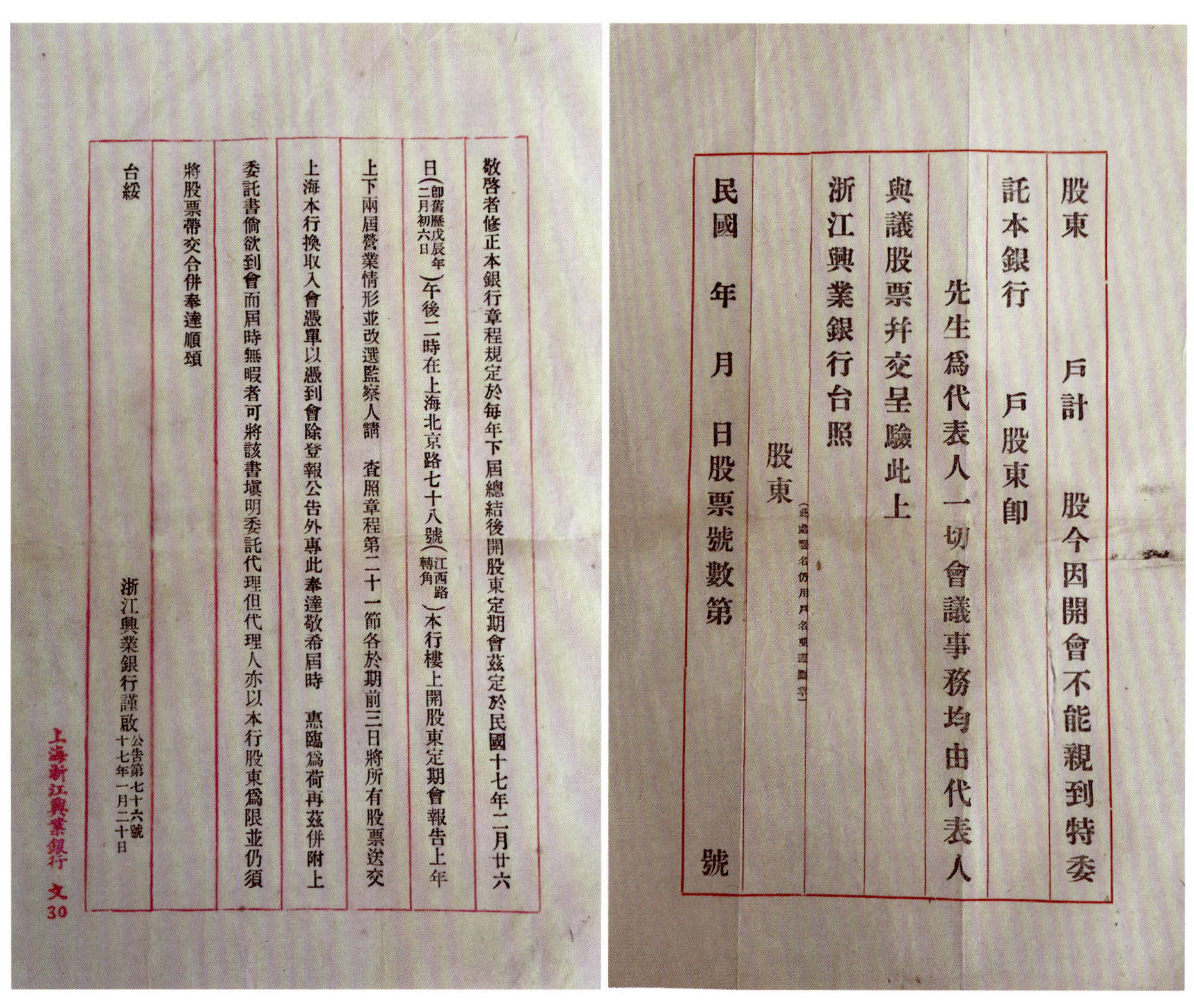
敬啓者修正本銀行章程規定於每年下屆總結後開股東定期會茲定於民國十七年二月廿六日（即舊歷戊辰年二月初六日）午後二時在上海北京路七十八號（江西路轉角）本行樓上開股東定期會報告上年上下兩屆營業情形並改選監察人請　查照章程第二十一節各於期前三日將所有股票送交上海本行換取入會憑單以憑到會除登報公告外專此奉達敬希屆時　惠臨爲荷再茲併附上委託書倘欲到會而屆時無暇者可將該書填明委託代理但代理人亦以本行股東爲限並仍須將股票帶交合併奉達順頌

台綏

浙江興業銀行謹啟　公告第七十六號　十七年一月二十日

股東　　戶計　　股今因開會不能親到特委託本銀行　　戶股東即

先生爲代表人一切會議事務均由代表人與議股票并交呈驗此上

浙江興業銀行台照

股東　　（此處簽名仍用戶名蓋圖章）

民國　年　月　日股票號數第　號

· 1928 年上海浙江兴业银行召开股东大会的通知（附委托书）

会议时间：民国十七年二月二十六日（1928 年 2 月 26 日）午后二时。

会议地点：上海北京路 78 号（江西路转角）本行楼上。

会议内容：报告上年营业情况并改选监察人选。

11. 上海台湾银行合同确认书（1925 年）

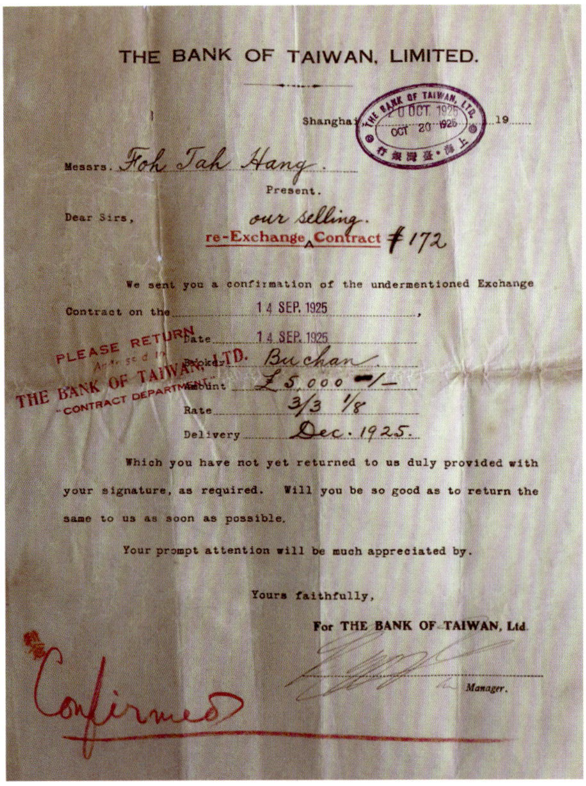

THE BANK OF TAIWAN, LIMITED.

Shanghai 20 OCT. 1925 19

THE BANK OF TAIWAN, LTD. OCT 20 1925 上海臺灣銀行

Messrs. Foh Tah Hang.

Present.

Dear Sirs,

our selling re-Exchange Contract #172

We sent you a confirmation of the undermentioned Exchange Contract on the 14 SEP. 1925,

Date 14 SEP. 1925

Broker Buchan

Amount £5,000 —/–

Rate 3/3 1/8

Delivery Dec. 1925.

Which you have not yet returned to us duly provided with your signature, as required. Will you be so good as to return the same to us as soon as possible.

Your prompt attention will be much appreciated by.

Yours faithfully,

For THE BANK OF TAIWAN, Ltd.

Manager.

PLEASE RETURN

THE BANK OF TAIWAN, LTD.

"CONTRACT DEPARTMENT"

Confirmed

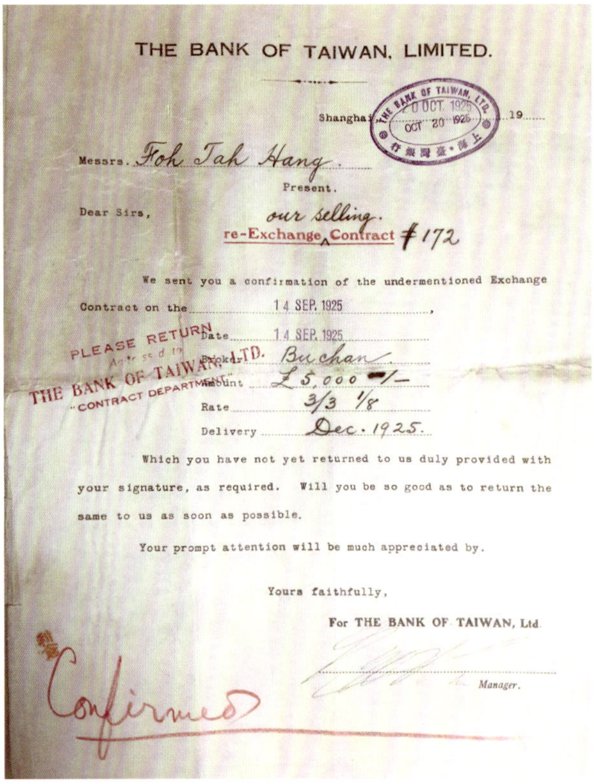

THE BANK OF TAIWAN, LIMITED.

Shanghai 20 OCT. 1925 19

Messrs. Foh Tah Hang.

Present.

Dear Sirs,

our selling re-Exchange Contract #172

We sent you a confirmation of the undermentioned Exchange Contract on the 14 SEP. 1925,

Date 14 SEP. 1925

Broker Buchan

Amount £5,000 —/–

Rate 3/3 1/8

Delivery Dec. 1925.

Which you have not yet returned to us duly provided with your signature, as required. Will you be so good as to return the same to us as soon as possible.

Your prompt attention will be much appreciated by.

Yours faithfully,

For THE BANK OF TAIWAN, Ltd.

Manager.

PLEASE RETURN

THE BANK OF TAIWAN, LTD.

"CONTRACT DEPARTMENT"

Confirmed

· 1925 年上海台湾银行合同确认书（共 2 份）

12. 钱质甫担保莘记号向交通银行借款（连环保）的保单

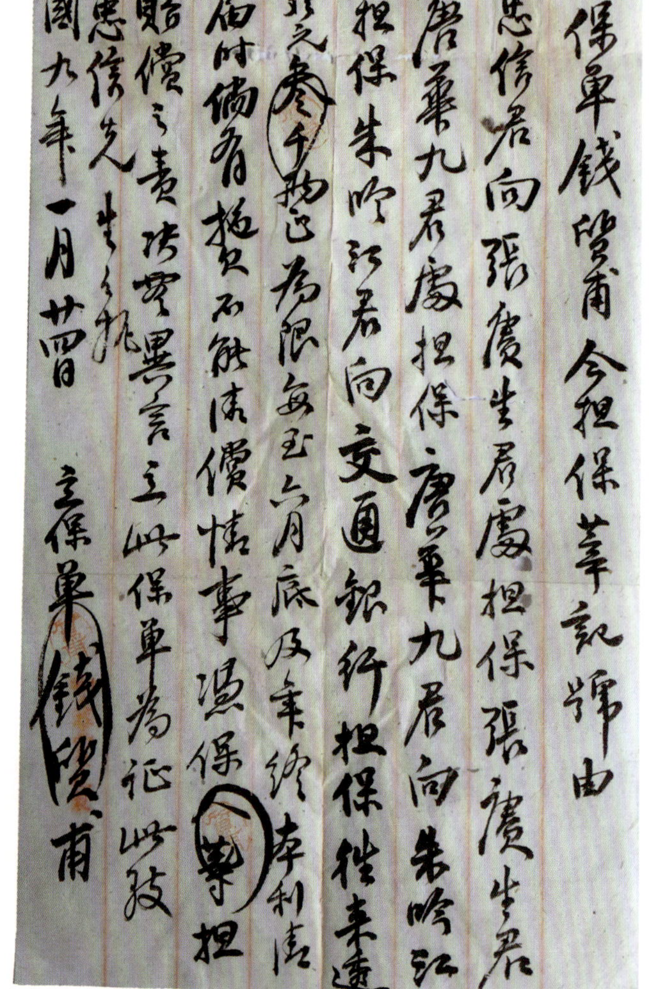
立保单钱质甫今担保莘記號由
汪忠信君向張庚生君處担保張庚生君
向唐華九君處担保唐華九君向朱吟江
君担保朱吟江君向交通銀行担保往來透
支九八規元叁千兩正為限每至六月底及年終本利清
償屆時倘有拖欠不能清償情事憑保人等担
負賠償之責決無異言立此保單為証此致
汪忠信先生之執
民國九年一月廿四日
立保單錢質甫

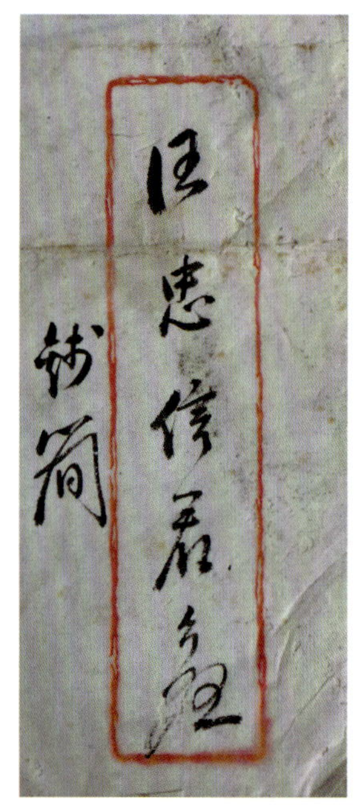
汪忠信君台照

· 钱质甫担保莘记号向交通银行借款（连环保）的保单

立保单：钱质甫今担保莘记号由汪忠信君向张庚生君处担保，张庚生君向唐华九君处担保，唐华九君向朱吟江君担保，朱吟江君向交通银行担保，往来透支九八规元三千两正为限，每至六月底及年中本利清偿，届时倘有拖欠不能清偿情事，凭保人等担负赔偿之责，决无异言，立此保单为证！

此致汪忠信先生之执

立保单 钱质甫

民国九年一月廿四日

13. 高秋眉租用中央信托公司第 548 号保险箱会同开箱书

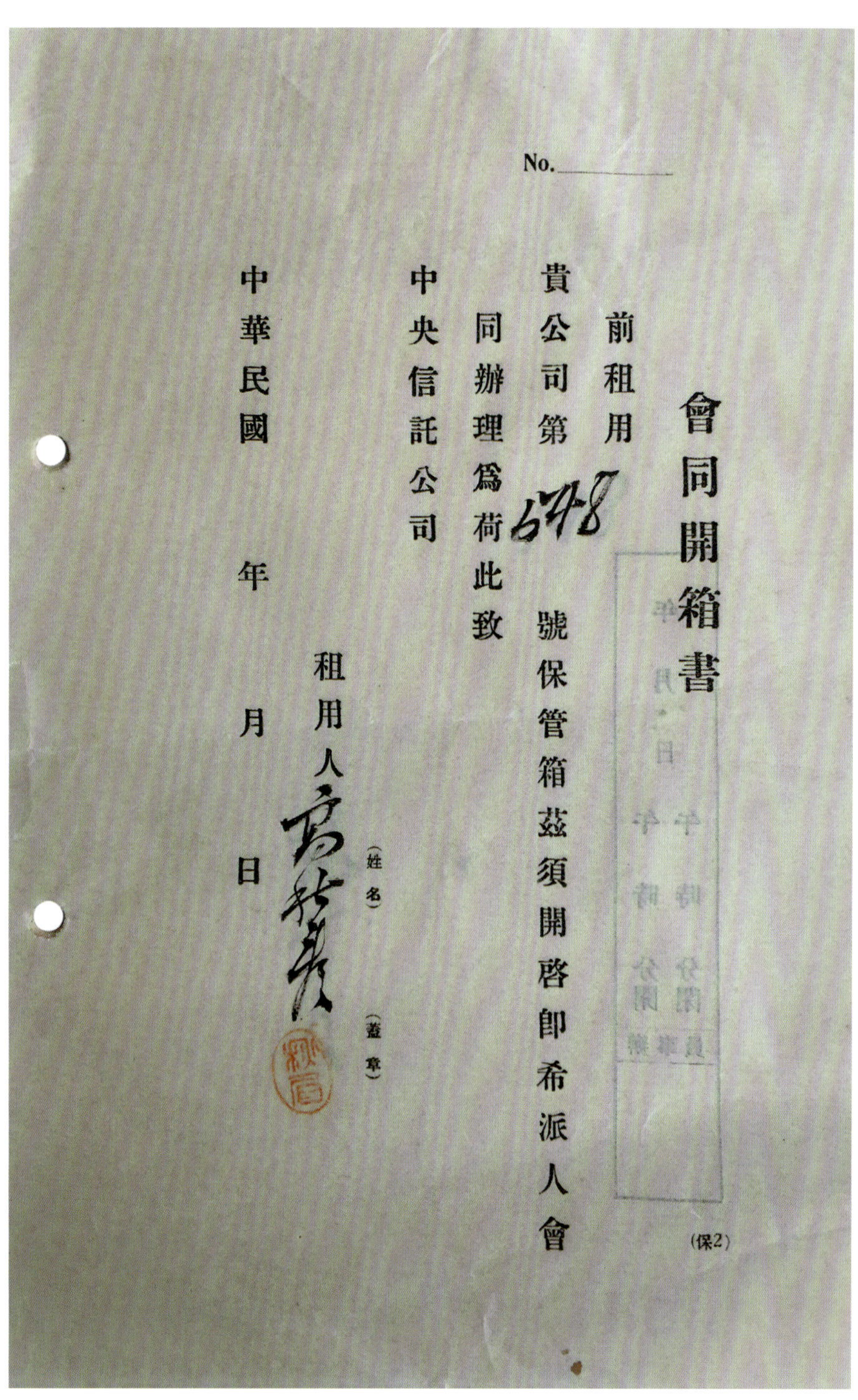

No.______

會同開箱書

前租用

貴公司第548號保管箱茲須開啓即希派人會同辦理爲荷此致

中央信託公司

租用人　高秋眉（姓名）（蓋章）

中華民國　　年　　月　　日

（保2）

· 高秋眉租用中央信托公司第 548 号保险箱会同开箱书

14. 郑丹辅致高秋眉函

有关代付兴业银行费用一事

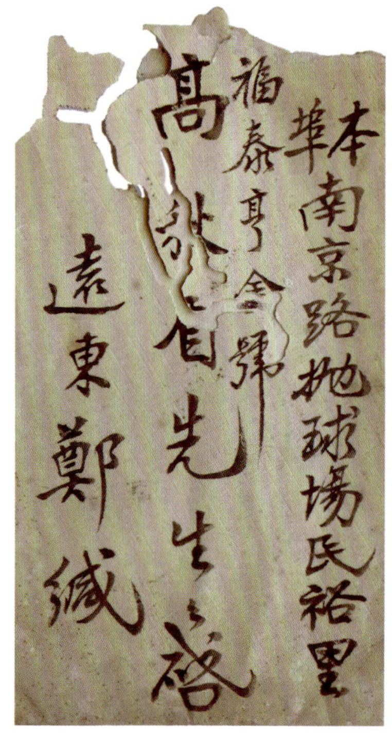

· 本埠南京路抛球场民裕里福泰亨金号高秋眉先生启　远东郑缄（封套）

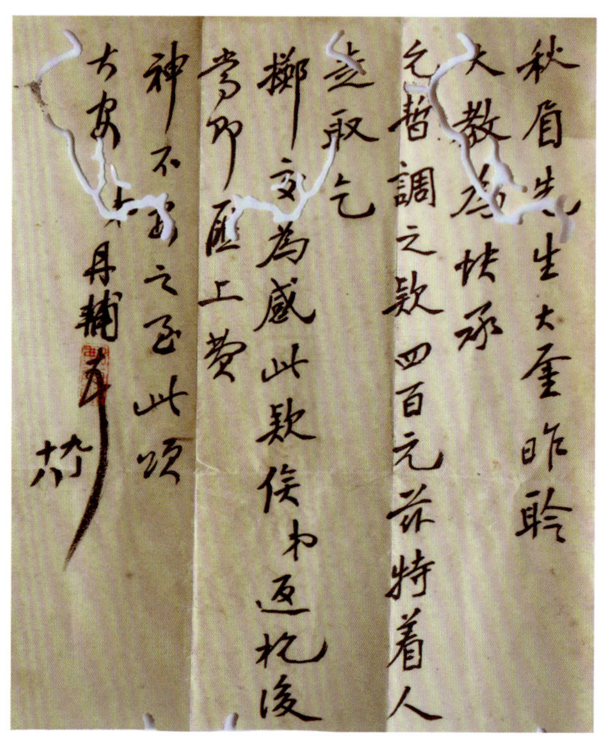

· 秋眉先生大鉴：昨聆大教为快，承元暂调之款四百元兹特着人取乞掷交为感！此款俟弟返杭后当即汇上，费神不安之至，此颂大安！

弟丹辅顿首

二十五年九月十八日

· 秋眉先生大鉴：弟连日因事致迟之返里，前所借之款尚未归还甚为抱歉，返杭后当即汇上不误，再前所照代询兴业银行股票押款一节不知已承代为称询否便，祈告之为感，凌神不安之至。本□走谭以为不果！特函专陈。此颂台安！

弟郑丹辅顿首

二十五年十月十五日

15. 某致高秋眉函

纱厂股价股息及下关沿江靠河一地建厂一事

· 民裕里福泰亨高先生大启□缄（封套）

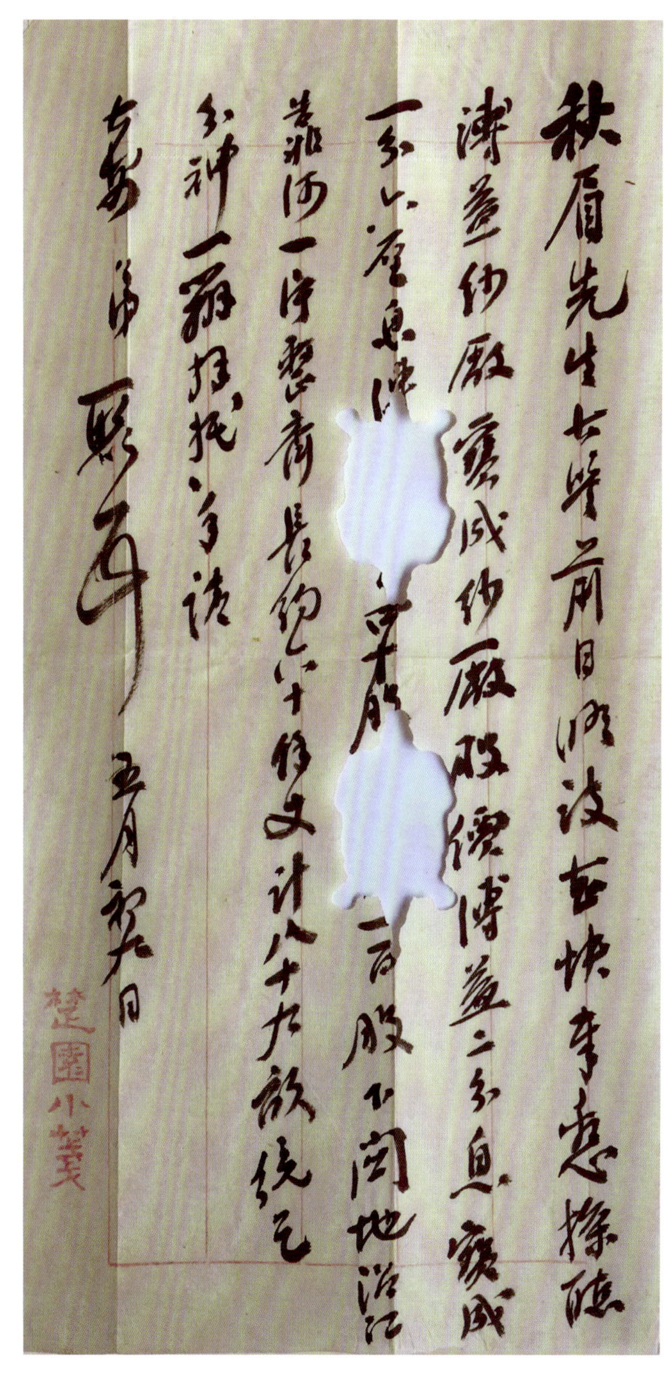

· 某致高秋眉函（楚园小笺）

秋眉先生大鉴：前日略致甚快，□□□听溥益纱厂、赛成纱厂股价，溥益二分息，赛成一分六厘息□□共四十股□□一百股，下关地沿江靠河一片整齐，长约六十丈，计八十八亩，统乞分神一并转托。手请大安。

弟□顿首

五月初九日

16. 福泰亨宝号大亚银行清单（1935 年 2 月 3 日）

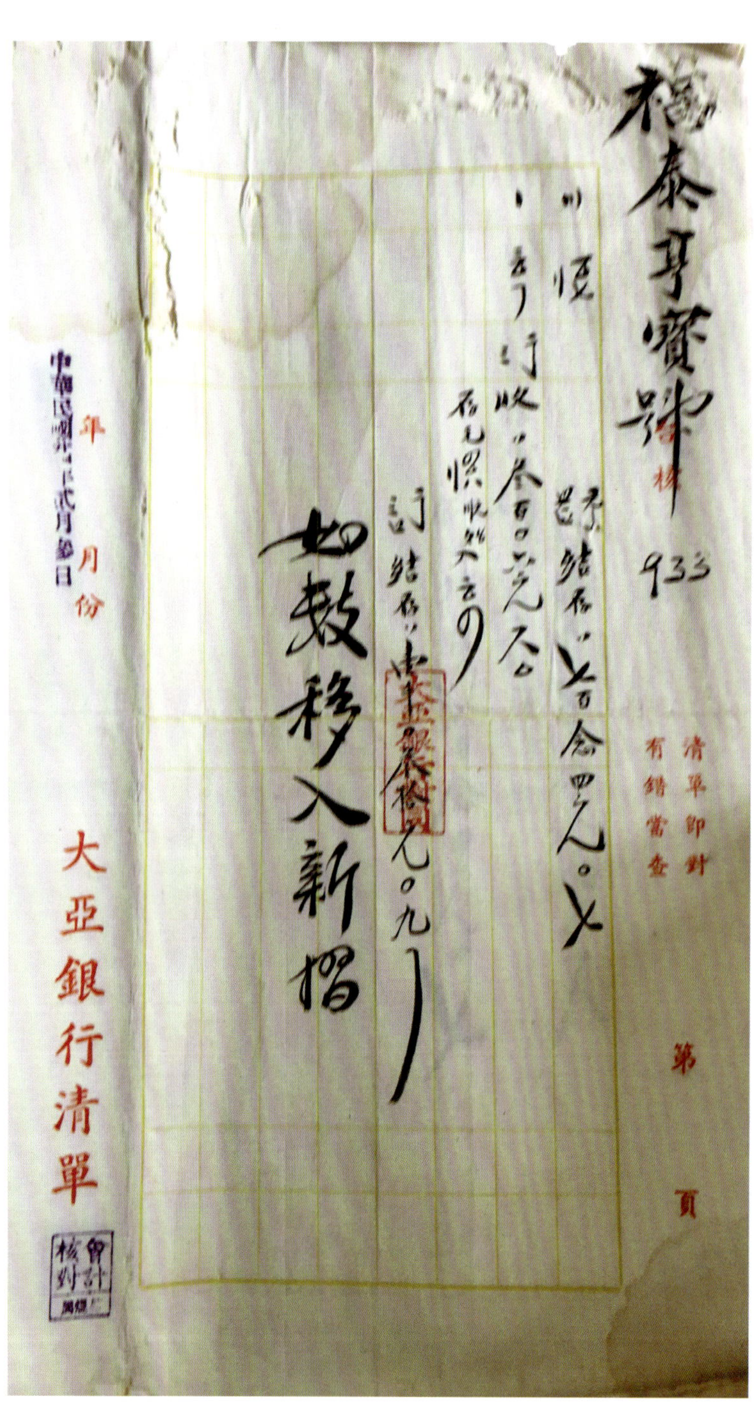

福泰亨寶號 台核

933

清單即對 有錯當查

第 頁

計開

如數移入新摺

大亞銀行清單

年 月份

中華民國廿四年貳月參日

會計核對

· 福泰亨宝号大亚银行清单

17. 送鸿仁里大德成金号高秋眉先生台启（封）

18. 送福泰亨宝号高秋眉先生升（封）

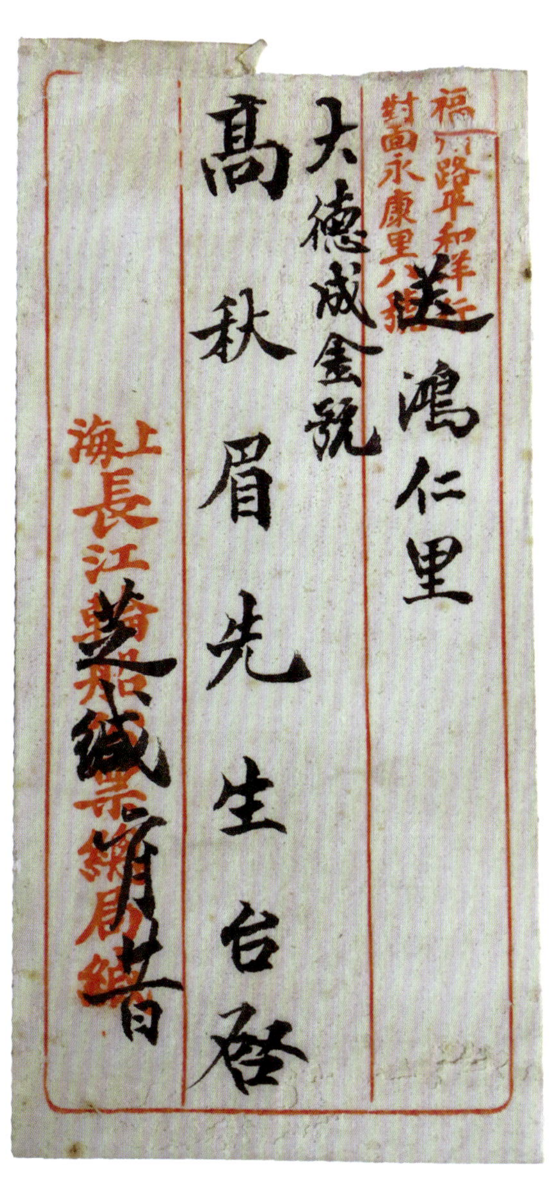

· 送鸿仁里大德成金号高秋眉先生台启 芝缄（封）

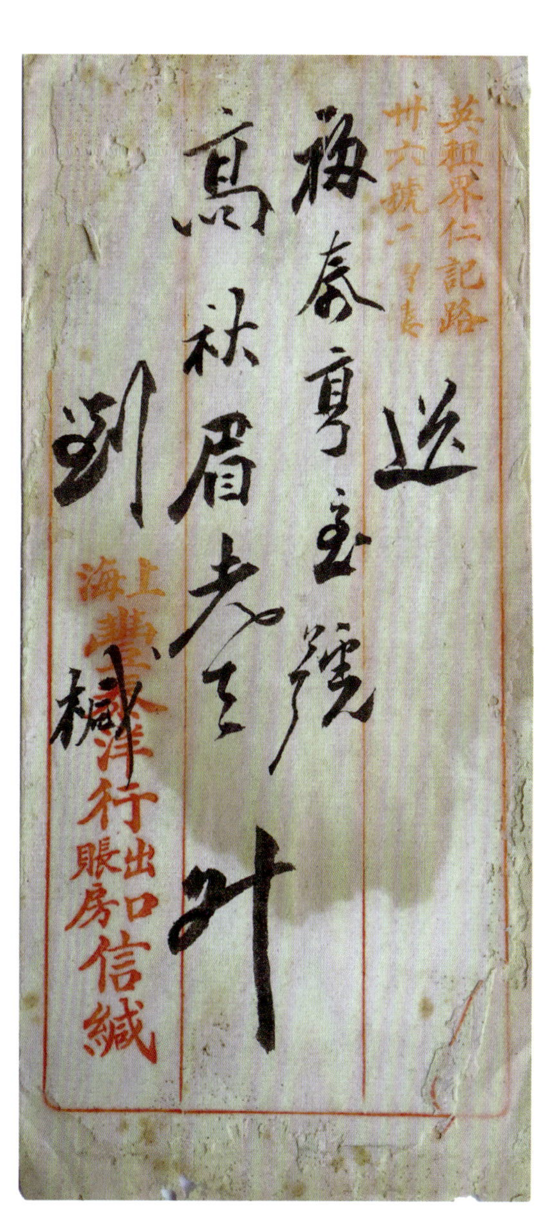

· 送福泰亨宝号高秋眉先生升 刘缄（封）

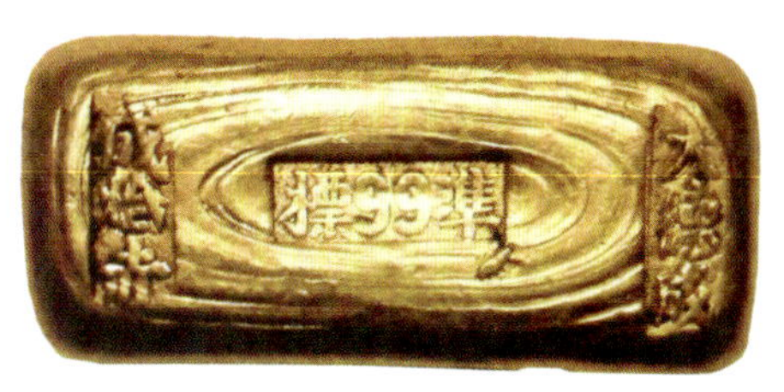

· 大德成一两金

六 社会公益和家庭日常

1. 金业初级商业职业学校召开董事会致高秋眉董事函（1935 年 2 月 25 日）

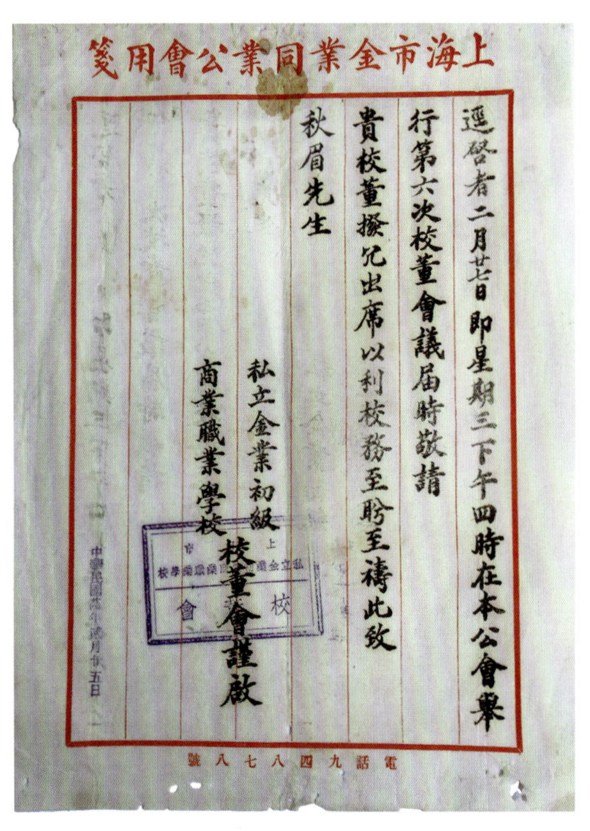
上海市金業同業公會用箋

逕啓者二月廿七日即星期三下午四時在本公會舉行第六次校董會議屆時敬請貴校董撥冗出席以利校務至盼至禱此致

秋眉先生

私立金業初級商業職業學校校董會謹啟

中華民國廿四年二月廿五日

電話九四八七八號

· 私立金业初级商业职业学校关于召开第六次校董会通知

迳启者：二月廿七日即星期三下午四时在本公会举行第六次校董会议。届时敬请贵校董拨冗出席以利校务。至盼至祷。

此致秋眉先生

私立金业初级商业职业学校

校董会谨启

民国廿四年二月廿五日

· 上海南京路大戏院

· 慈善机构：同仁辅元堂（上海著名沙船商王永盛经办）

2. 陈庆平致高秋眉函

请代办上海贫儿院为曾少卿立铜像备礼一事

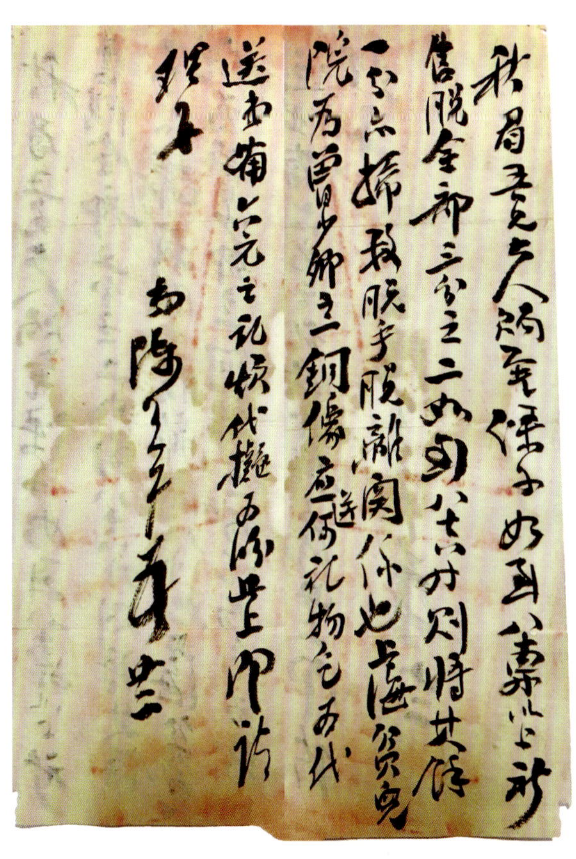

· 陈庆平致高秋眉函

· 曾少卿（1849—1908）

秋眉吾兄大人赐鉴：条子如到八十四两以上祈售脱全部三分之二，如到八十八两，则将其余一份亦扫数脱手，脱离关系。上海贫儿院为曾少卿立铜像应送何礼物？乞代为送□□六元之礼，烦代拟为盼！此上即请理安。

弟陈庆平顿首

五月廿二日

曾铸（字少卿），福建同安人，经营南阳大米，获利甚厚，又开设“建发号”经营海味、食糖与洋货，一跃而成为上海滩巨富。1905年11月曾铸以高票当选上海商务总会第二任总理。曾铸一生乐善好施，从事很多慈善事业。他是上海万国红十字会的创始董事之一。直到他去世前一年，他还克服种种困难，创办上海贫儿院，他利用自己在工商界的深厚人脉，呼吁大家捐资出力，自己带头捐献了三万元巨款。他救助众多贫寒子弟走上自食其力之路的义举，令人钦佩！

3. 巽亨号（棉花业）保证书（1921 年 7 月 20 日）

该号荐华商纱布交易所茶役人职务

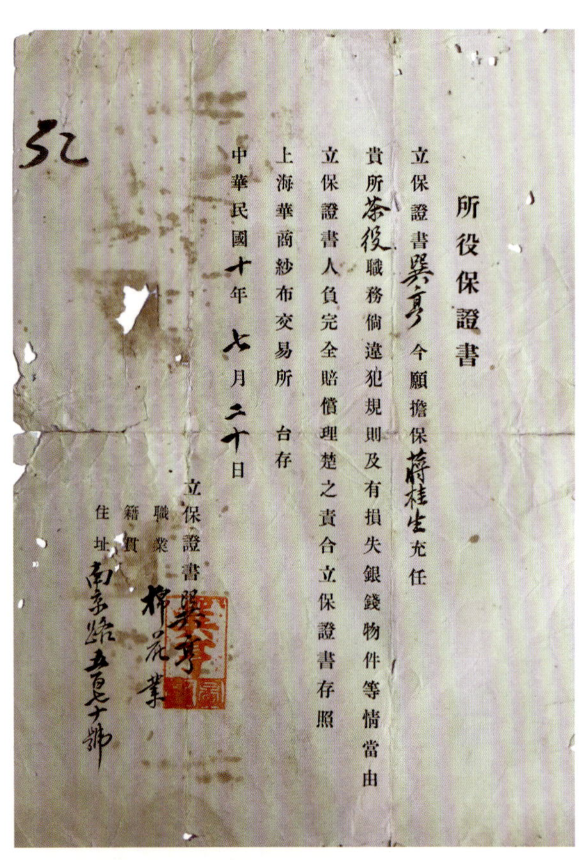

52

所役保證書

立保證書巽亨今願擔保蔣桂生充任
貴所茶役職務倘違犯規則及有損失銀錢物件等情當由
立保證書人負完全賠償理楚之責合立保證書存照
上海華商紗布交易所　台存
中華民國十年七月二十日
立保證書　巽亨
職業　棉花業
籍貫
住址　南京路五百七十號

上海华商纱布交易所所役保证书

立保证书：巽亨今愿担保蒋桂生充任上海华山纱布交易所茶役职务……

立保证书：巽亨

职业：棉花业

住址：南京路 570 号

民国十年七月二十日

4. 上海务本女中学生高曾娟成绩报告单

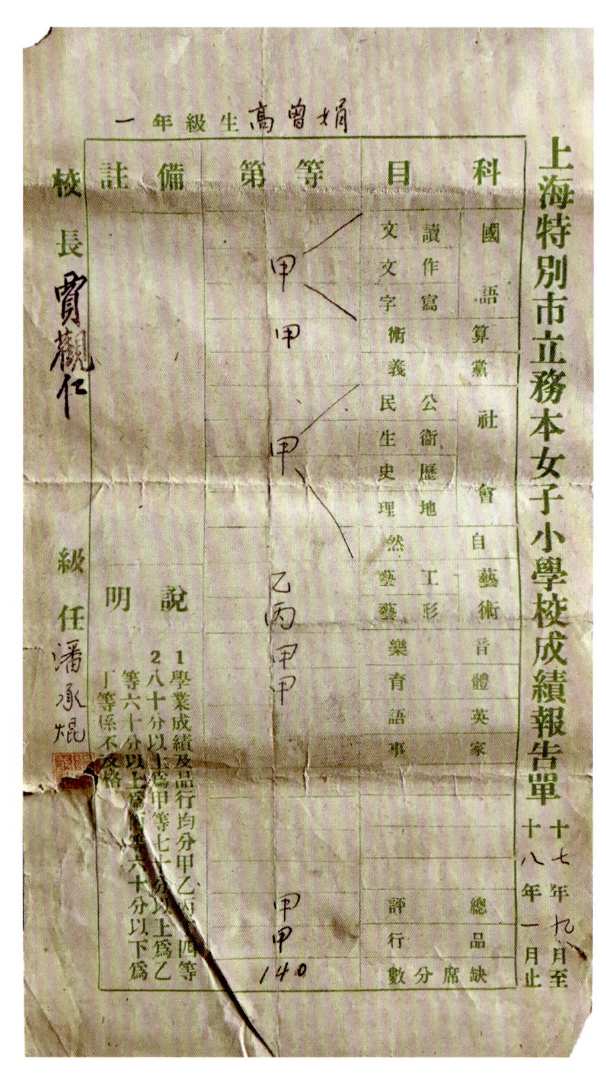

上海特別市立務本女子小學校成績報告單　十七年九月至十八年一月止

一年級生高曾娟

科	目	等第	備註
國語	讀文	甲	
	作文		
	寫字		
算術		甲	
社會	黨義	甲	
	公民		
	衛生		
	歷史		
	地理		
自然			
藝術	工藝	乙	
	形藝	丙	
音樂		甲	
體育		甲	
英語			
家事			
總評		甲	
品行		甲	
缺席分數		140	

說明
1 學業成績及品行均分甲乙丙丁四等
2 八十分以上為甲等七十分以上為乙等六十分以上為丙等六十分以下為丁等係不及格

校長　賈觀仁
級任　潘承焜

上海特别市务本女子小学校成绩报告单

一年级学生高曾娟（高秋眉孙女）成绩单（1928 年 9 月—1929 年 1 月止）

校长贾观仁 级任潘承焜

（注：务本女子小学创办于 1902 年，1957 年更名为卢湾区中心小学，所属地区淮海中路之南。）

5. 高秋眉电话移机费收据（1928 年 5 月）

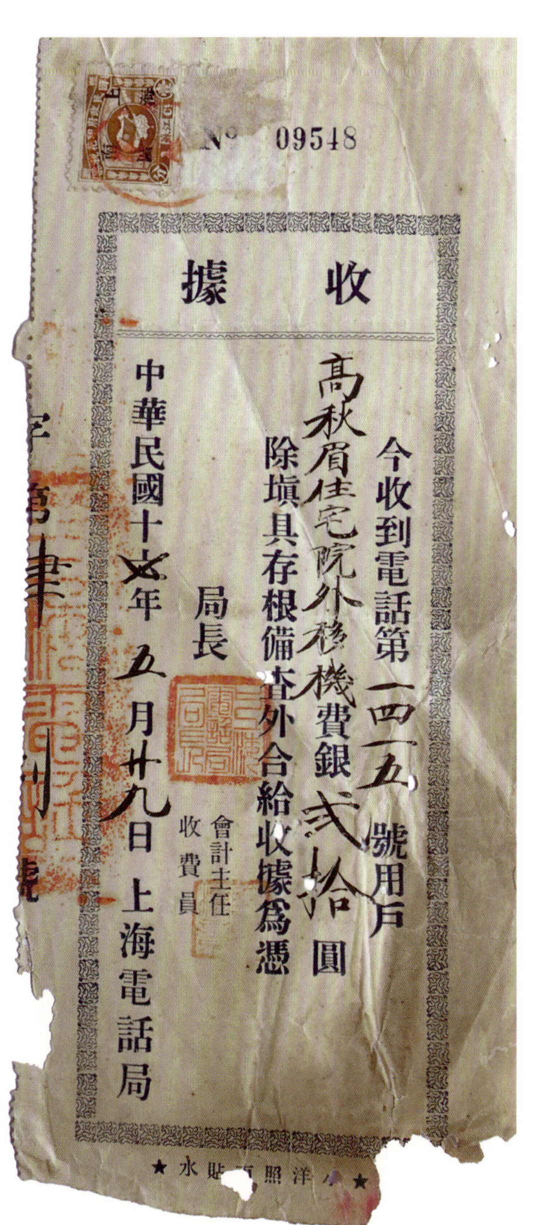

No 09548

收據

今收到電話第一四一五號用戶
高秋眉住宅院外移機費銀弍拾圓
除塡具存根備查外合給收據爲憑
局長
會計主任
收費員
中華民國十七年五月廿九日 上海電話局

高秋眉住宅外移机（电话）费银二十元收据

20 世纪 30 年代设在上海租界马路边的公用电话亭

6. 福泰亨金号和英商上海华洋德律风有限公司电话安装合同（1928 年 5 月）

AMENDED

An Agreement made this Twenty-ninth day of September 1925.

Between THE SHANGHAI MUTUAL TELEPHONE COMPANY, LIMITED, hereinafter called the COMPANY, of the one part, and The Foh Tai Han Gold Shop hereinafter called the SUBSCRIBER, of the other part.

Whereby it is agreed as follows:—

1.—The Company shall let to the Subscriber Telephone Apparatus (as detailed on front hereof) at Business rates at P. 570 Nanking Road and place it in a suitable position in a building within two and a half miles radius from the District Exchange building and connect it by means of metallic circuit with the present telephone station, or in case the Company shall in future construct two or more such stations with the nearest Station. No apparatus except that owned and maintained by the Company will be permitted to be connected to the Company's Exchanges and Telephone apparatus.

2.—The Company will keep the Telephone apparatus as well as the wires connecting it with the station in constant order and at the station furnish sufficient operators to give messages prompt despatch.

3.—The Subscriber shall pay to the Company on signing this agreement:—

(1) An Installation fee of Taels No Charge

He shall also pay

(2) An annual subscription of Taels Two-hundred & forty-three payable quarterly in advance, the first of such payments to be paid the day the service is open to the public.

(3) Such other annual Subscription as may from time to time be approved by the Councils whether to a greater or less amount than as provided in the preceding subsection hereof.

(When this agreement has been signed and the fee paid, the Subscriber's name will be placed on record in a book kept for that purpose at the office of the Company and he will then be connected as his turn comes.)

4.—The Subscriber shall carefully follow the instructions regarding the use of the instruments that are issued by the Company in printed form to every Subscriber.

5.—The Subscriber shall at all reasonable times allow the Company through its duly authorized servants and workmen free access to the Telephone wires and apparatus.

6.—The instrument and its connections shall not be wilfully injured moved or tampered with by the Subscriber or by any one of his employ in any way whatsoever, nor shall he allow the instrument or its connections to be removed from his premises without the consent of the Company.

7.—The Subscriber shall not allow the telephone apparatus and its connections to be habitually used by other persons who are not subscribers except those persons who are in his employ or who use it for his own proper interest. The Subscriber shall not use his telephone or allow it to be used so as to annoy or abuse other subscribers or the servants of the Company.

8.—The Subscriber shall give reasonable facilities for enabling the Company's wires to pass through or over the property he occupies in order to supply wires to his own instrument and to those of other subscribers to the Company's system.

9.—Should the Subscriber during the term of this Agreement remove to other premises within two and a half miles radius from any District Exchange building, the Company shall remove his instrument to such a place and connect it as before with the District Station and the Subscriber shall pay for such removal according to the Company's list of fixed charges as approved by the Councils but nothing herein contained shall entitle the Subscriber to have his telephone instrument removed to any place situated outside this limit. The above distance does not apply to any place across the river or to the native city or its environs. The Subscriber shall not be entitled to any deduction from his Subscription in respect of the time during which his instrument is out of use while being moved from one place to another.

10.—In case the Subscriber shall fail to pay the subscription hereby agreed upon when the same becomes due or shall commit any breach of any of the stipulations herein contained and on his part to be performed and shall refuse or neglect to pay such subscriptions or to remedy such breach within fourteen days after service of a notice in writing by the Company requiring him to pay such subscription or to remedy such breach the Company may at the expiration of such notice forthwith determine this Agreement.

11.—The Subscriber shall not without the sanction of the Company transfer this Agreement and the use of the instrument to any other person.

CANCEL EXISTING CONTRACT

12.—This Agreement shall remain in force for six months and thereafter until determined by the Company with the consent of the Councils (which consent shall be required in all cases except the case of non-payment of subscription, and/or the case referred to in Paragraph 16 hereof) or until determined by the subscriber who shall be entitled upon giving written notice to the Company at any time during the currency of any period in respect of which he shall have paid his subscription in advance forthwith to terminate this Agreement.

13.—On the determination of this Agreement the Subscriber shall surrender to the Company the wire and telephone apparatus in as good condition as when received ordinary wear and tear excepted, and the Company may forthwith remove the same and for that purpose have access at all reasonable times in the day through its duly authorized agents and workmen to the premises of the Subscriber.

14.—Any notice given by the Company under this Agreement shall be deemed to have been duly served or given if sent through the post in a registered letter or wrapper addressed to him at the place at which his telephone instrument shall for the time being be fixed or if left by the Company for him at such place.

15.—The Subscriber shall make no claim against the Company on account of any damage or injury caused by any high potential current (not emanating from premises of the Company) which may be conveyed to the Subscriber's premises by the Exchange Line without negligence of the Company or its servants. The Company shall, however, take all reasonable precautions to prevent damage or injury from this cause.

16.—If of the calls made to the Exchange Line between 9 a.m. and 6 p.m. during six consecutive week-days the number not completed on demand by reason of the Exchange Line being engaged exceeds 25 per centum of the number so completed, the Company may give to the Subscriber notice in writing accompanied by a certified record of the calls requiring him to hire such number of additional Exchange Lines as in the opinion of the Company are necessary to meet the requirements of the telephone traffic to and from the Subscriber's Line, and if the Subscriber fails to comply with such notice within one month of its receipt the Company may determine this Agreement at any time thereafter by notice in writing to that effect.

17.—Notwithstanding anything herein contained the Company shall be entitled to terminate this Agreement upon giving two months notice in writing to the Subscriber if the Company's undertaking shall at any time be acquired by the Council.

Signed for and on behalf of the Company by Cyril W. Porter the Secretary of the Company in the presence of [illegible] (Signature) [illegible]

Signed by the above named Foh Tai Han Gold Shop in the presence of 證人 (Signature) 簽字 福泰亨

Go. 1

THE SHANGHAI MUTUAL TELEPHONE COMPANY, LIMITED

英商上海華洋德律風有限公司

PHILIP H. COLE, A.M.I.E.E., Engineer-in-Chief & General Manager

REGISTERED ADDRESS 24A KIANGSE ROAD

C. W. PORTER, C.A., Secretary

Application No. 1400

Telephone No. Central 2817

FLAT RATE CONTRACT

Telephone Apparatus Transferred	Instal Fee. Tls.	Instal Fee. cts.	Annual Rental Tls.	Annual Rental cts.
1 Exchange Line(s) (Ans. Inst. Wall)			78	00
Extension Wall Telephone(s)				
Extension Desk Telephone(s)				
3 L/ Switchboard			5	00
(Outside) Extension Wall Telephone(s) same compound				
(Outside) Extension Desk Telephone(s) same compound				
1 Out. Extn. Wall Tel. to 1 Szechuen Road			80	00
1 " " " " " Gold Exchange			80	00
Total			243	00

IMPORTANT NOTICE

請將一份合同簽名蓋印送回並裝費預先繳至本公司寫字房而後方可置裝電話

This Contract should be signed in duplicate and one copy returned together with Installation Fee before an Order can be issued for the Installation to be carried out

DATE SENT..........

DATE RET'D..........

INITIALS..........

福泰亨

· 福泰亨金号和英商上海华洋德律风有限公司电话安装合同（1928 年 5 月）

7. 上海电话局分区营业价目表

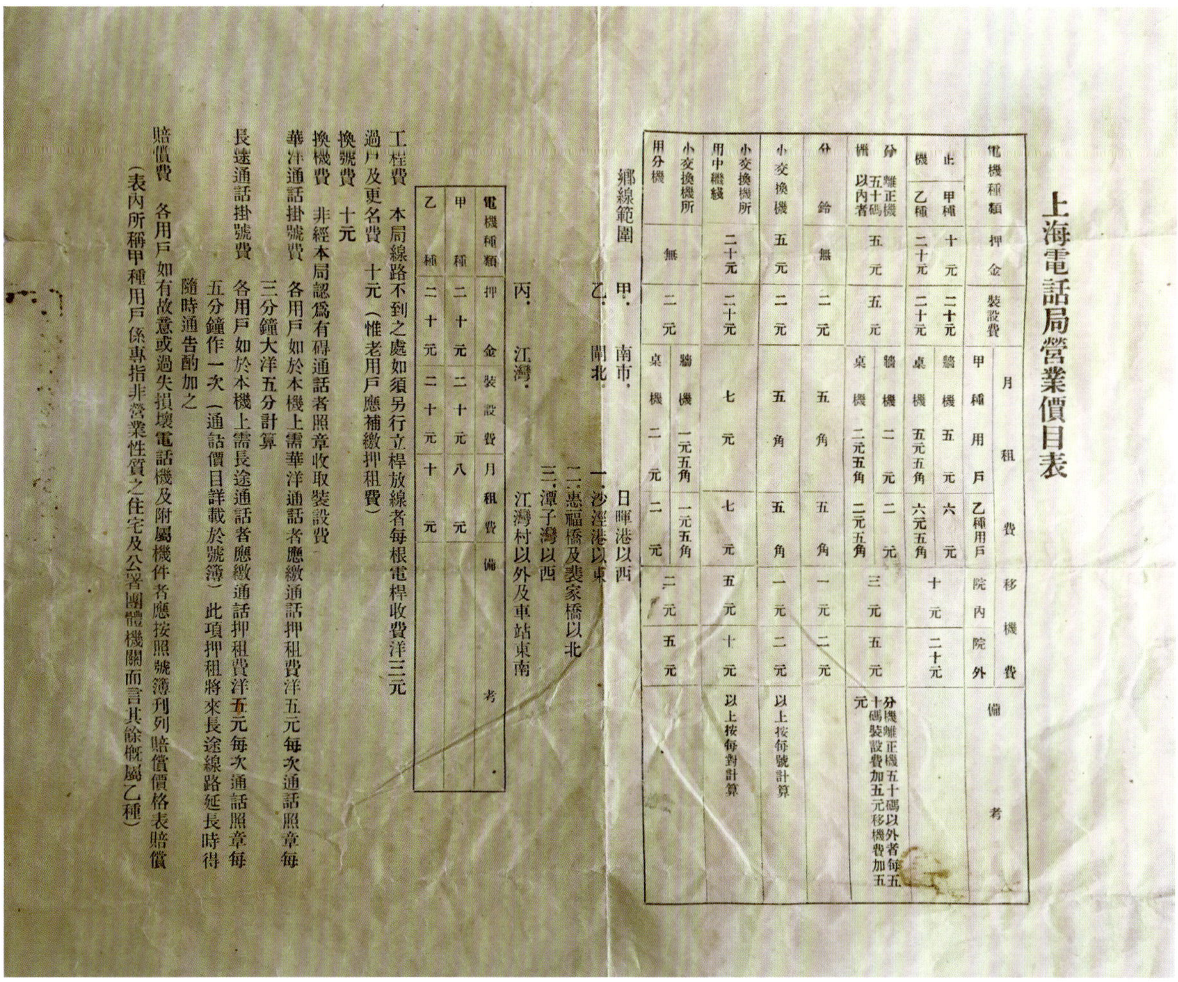

上海電話局營業價目表

電機種類		押金	裝設費		月租費 甲種用戶	月租費 乙種用戶	移機費 院內	移機費 院外	備考
正機	甲種	十元	二十元	牆機	五元	六元	十元	二十元	
	乙種	二十元	二十元	桌機	五元五角	六元五角			
分機 離正機五十碼以內者		五元	五元	牆機	二元	二元	三元	五元	分機離正機五十碼以外者每五十碼裝設費加五元移機費加五元
				桌機	二元五角	二元五角			
分鈴		無	二元		五角	五角	一元	二元	
小交換機		五元	二元		五角	五角	一元	二元	以上按每號計算
小交換機所用中繼綫		二十元	二十元		七元	七元	五元	十元	以上按每對計算
小交換機所用分機		無	二元	牆機	一元五角	一元五角	二元	五元	
				桌機	二元	二元			

鄉線範圍 甲．南市．日暉港以西
乙．閘北．一．沙涇港以東 二．惠福橋及裴家橋以北 三．潭子灣以西
丙．江灣．江灣村以外及車站東南

電機種類	押金	裝設費	月租費	備考
甲種	二十元	二十元	八元	
乙種	二十元	二十元	十元	

工程費 本局線路不到之處如須另行立桿放線者每根電桿收費洋三元

過戶及更名費 十元（惟老用戶應補繳押租費）

換號費 十元

換機費 非經本局認為有碍通話者照章收取裝設費

華洋通話掛號費 各用戶如於本機上需華洋通話者應繳通話押租費洋五元每次通話照章每三分鐘大洋五分計算

長途通話掛號費 各用戶如於本機上需長途通話者應繳通話押租費洋五元每次通話照章每五分鐘作一次（通話價目詳載於號簿）此項押租將來長途線路延長時得隨時通告酌加之

賠償費 各用戶如有故意或過失損壞電話機及附屬機件者應按照號簿刊列賠償價格表賠償

（表內所稱甲種用戶係專指非營業性質之住宅及公署團體機關而言其餘概屬乙種）

上海电话局营业项目表

乡线范围——

甲、南市：日晖港以西。

乙、闸北：一、沙泾港以东；二、惠福桥及裴家桥以北；三、潭子湾以西。

丙、江湾、江湾村以外及车站东南。

英商电车公司职工领牌上班

8. 潮州谢金浦致高秋眉贺柬（1927 年）

请托儿子进店学艺一事

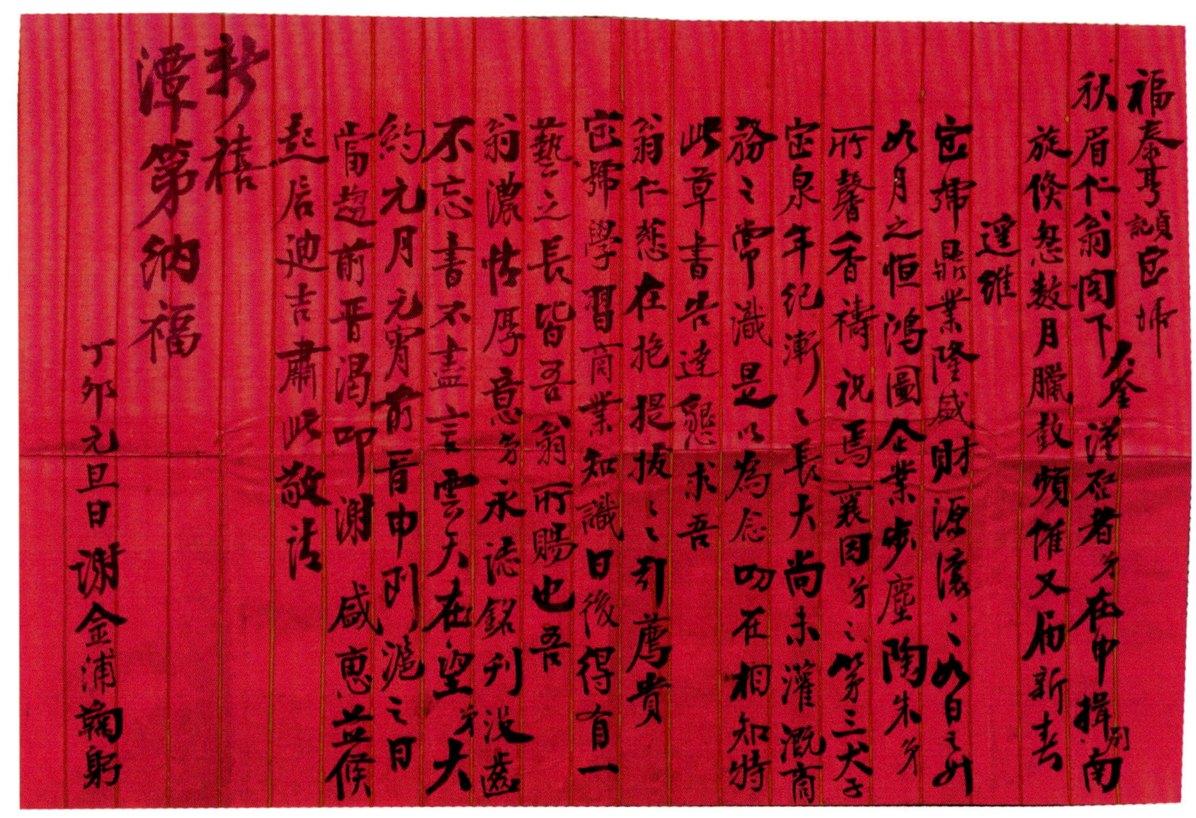

· 潮州谢金浦致高秋眉贺柬（1927 年）

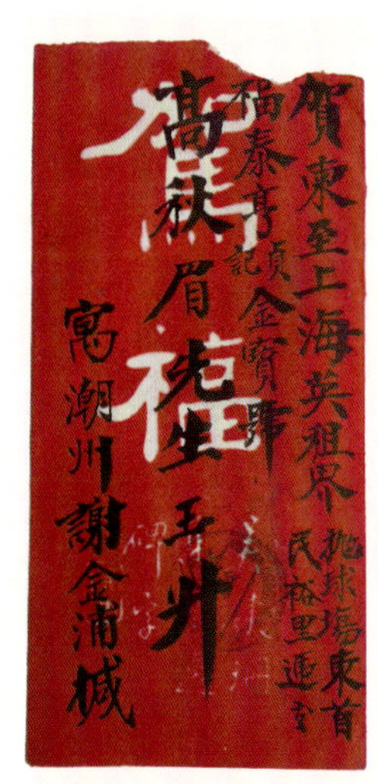

· 贺柬至上海英租界抛球场东首福泰亨贞记金宝号高秋眉先生玉升 寓潮州谢金浦缄（封套）

福泰亨贞记宝号秋眉仁翁阁下大鉴、迳启者：弟在申揖别南旋倏忽数月，腊鼓频催，又届新春。遥维宝号鼎业隆盛，财源滚滚如日之升、如月之恒，鸿途企业步尘陶朱，弟所馨香祷祝焉。襄因弟之第三犬子宝泉年纪渐渐长大，尚未灌溉商务之常识，是以为念。叨在相知，特此草书告达。恳求吾翁仁慈在抱，提拔之引荐贵宝号学习商务知识，日后得有一艺之长皆吾翁所赐也！吾翁浓情厚意弟永志铭刊，没齿不忘。书不尽言，云天在望，弟大约元月元宵前晋申，到沪之日当趋前晋谒叩谢，盛惠并候起居迪吉。肃此敬请新禧！潭第纳福！

谢金浦鞠躬

丁卯元旦日

9. 高府喜宴请柬

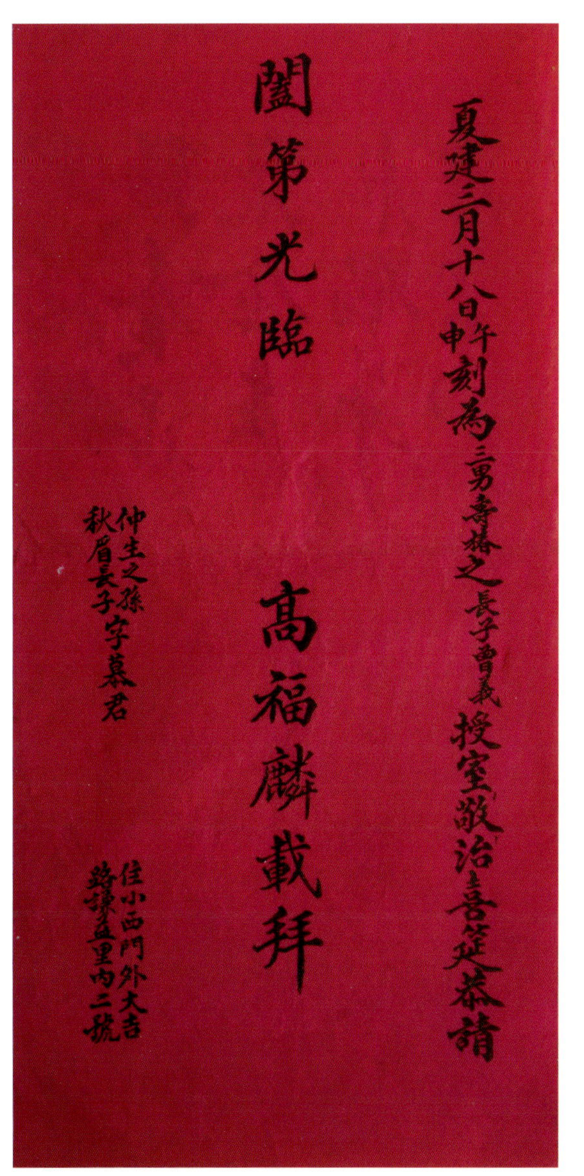

夏建三月十八日午申刻為三男壽椿之長子曾義授室敬治喜筵恭請
閫第光臨
高福麟載拜
仲生之孫秋眉長子字慕君
住小西門外大吉路謙益里內二號

· 高府喜宴请柬

· 1935 年 4 月 3 日在上海市政府门口举办的集体婚礼，新人 53 对，中外宾客达万人

· 画家贺友直画的婚礼现场

夏建 3 月 18 日午申刻为三男寿椿之子长子曾义授室敬治喜筵，恭请阃第光临！高福麟载拜。

仲生之孙秋眉长子字慕君
住小西门外大吉路 谦益里内二号

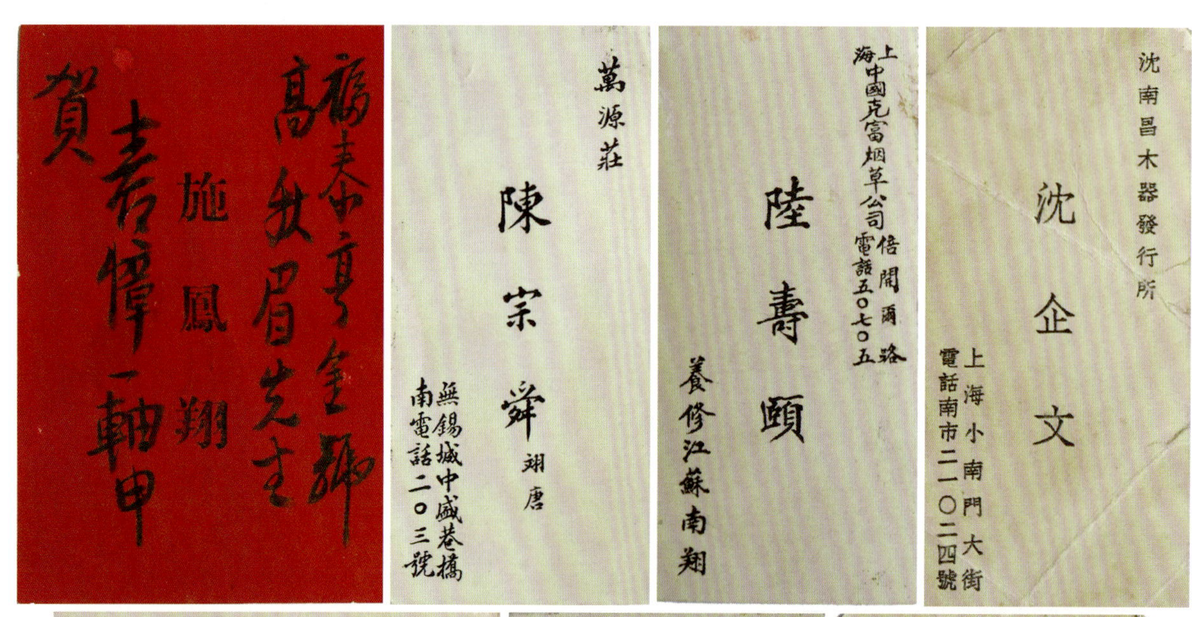
福泰亨金號
高秋眉先生
施鳳翔
賀
壽幛一軸甲

萬源莊
陳宗舜
翊唐
無錫城中盛巷橋南
電話二〇三號

上海中國克富烟草公司
倍開爾路
電話五〇七〇五
陸壽頤
養修
江蘇南翔

沈南昌木器發行所
沈企文
上海小南門大街
電話南市二一〇二四號

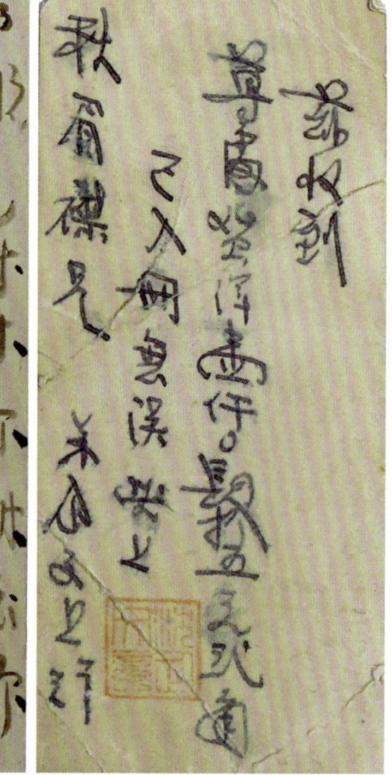

附婚礼贺者名片 5 张

10. 大利春酒菜馆账单（1933 年）

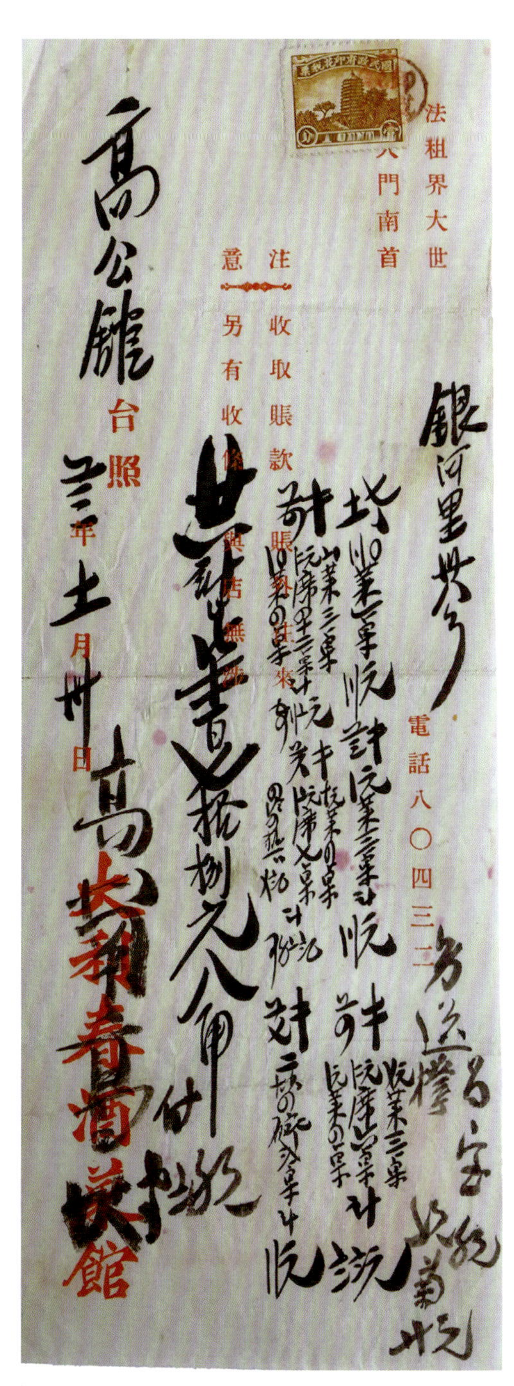
法租界大世界大門南首
注意 收取賬款另有收條
電話八〇四三二
大利春酒菜館

· 1933 年大利春酒菜馆账单

高公馆台照银河里三十八号收取账款共计七百七十八元八角。

店址：法租界大世界大门南首

11. 洽兴记号水果发票（1928 年）

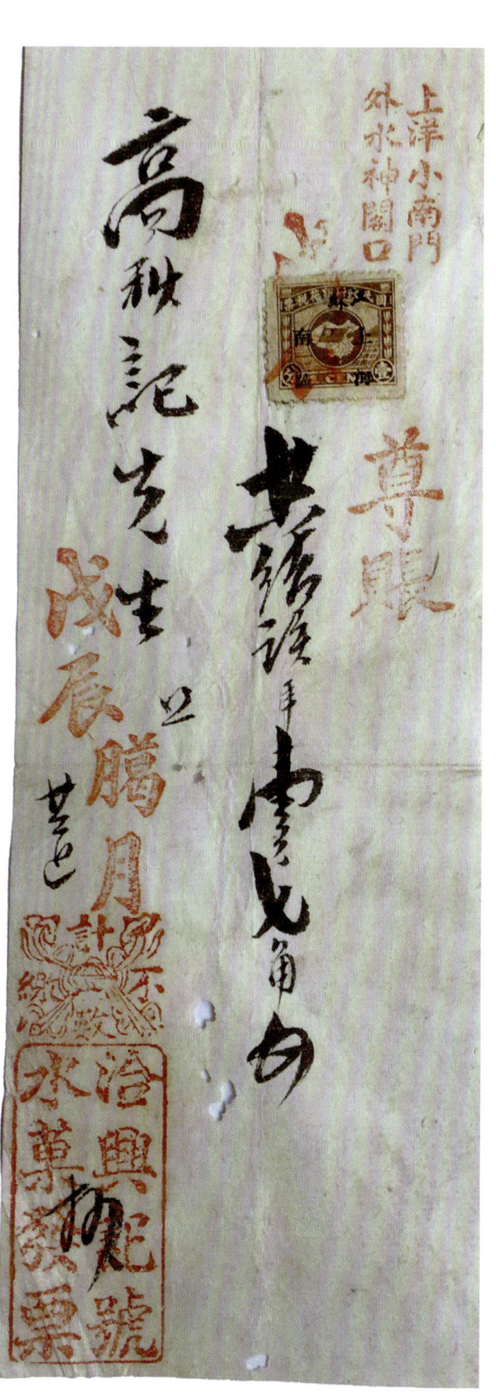
上洋小南門外水神閣口
尊賬
戊辰臘月
洽興記號
水菓發票

· 1928 年洽兴记号水果发票

尊账共结该洋一元七角正。高秋记先生照。

店址：上洋小南门外水神阁口

12. 庆和祥皮货庄账单（1935 年）

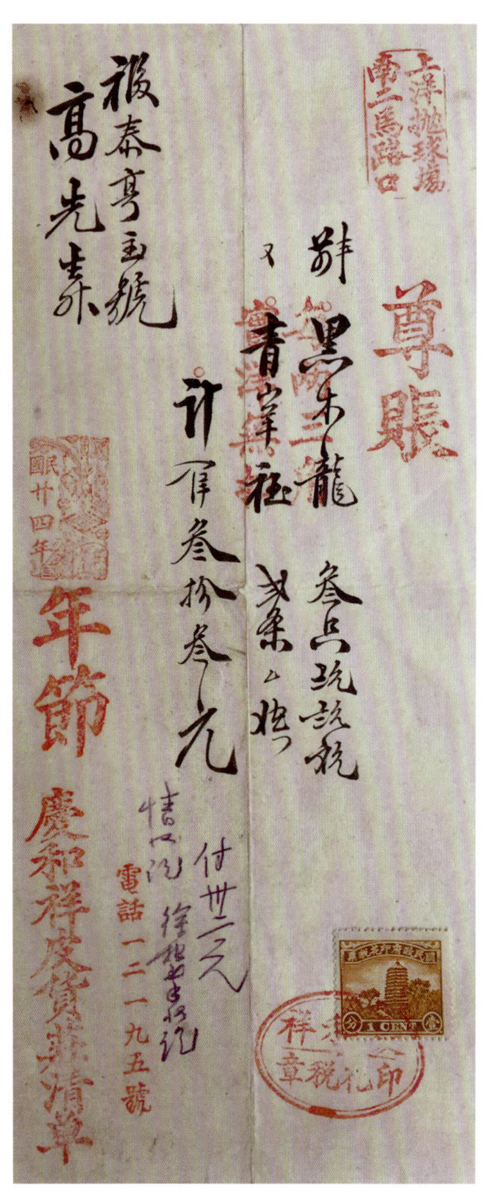
福泰亨玉號
高先生

尊賬
年節
慶和祥皮貨莊清單
電話一二一九五號

· 1935 年节庆和祥皮货庄清单

尊账：黑木龙三只七元、七元、九元，青山羊袄二条各四元五角，计洋三十三元。（实际“付 32 元”，“情收讫，徐□□收讫”）

店址：上洋抛球场南二马路口

民国廿四年年节

13. 裘天宝银楼购物发票（1934 年）

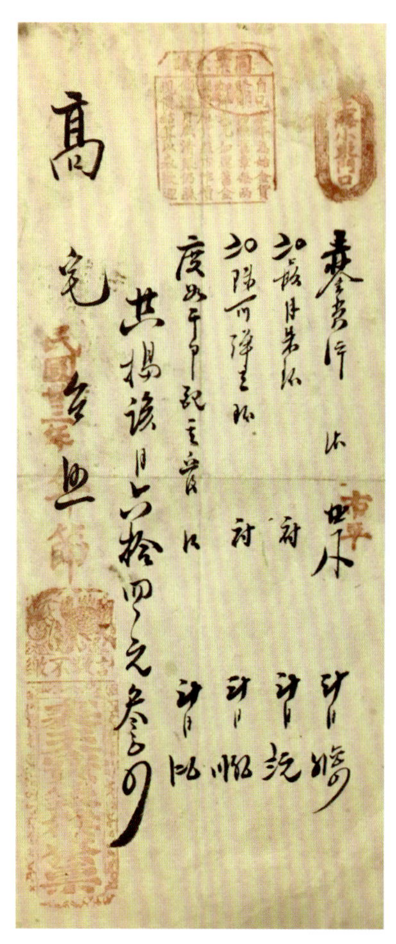

· 1934 年春节裘天宝银楼发票

市平赤金锁片五两，计洋五十一元六角四；

七〇七嵌宝朱环，祈付计八元；

七〇七可弹立环，祈付计三元五角；

共揭该月六十四元三角四分。高宅台照。

店址：上海小东门口

民国廿三年年节

计数不缴 裘天宝银楼发票（落款章）

（同业公议：自己未年为始，金货赊账仍照旧章每两加洋二元；如还旧金允退原货照市作价，倘逢月底清账仍照现价结算，以表欢迎。）

14. 老介福绸缎洋货发单（1922 年）

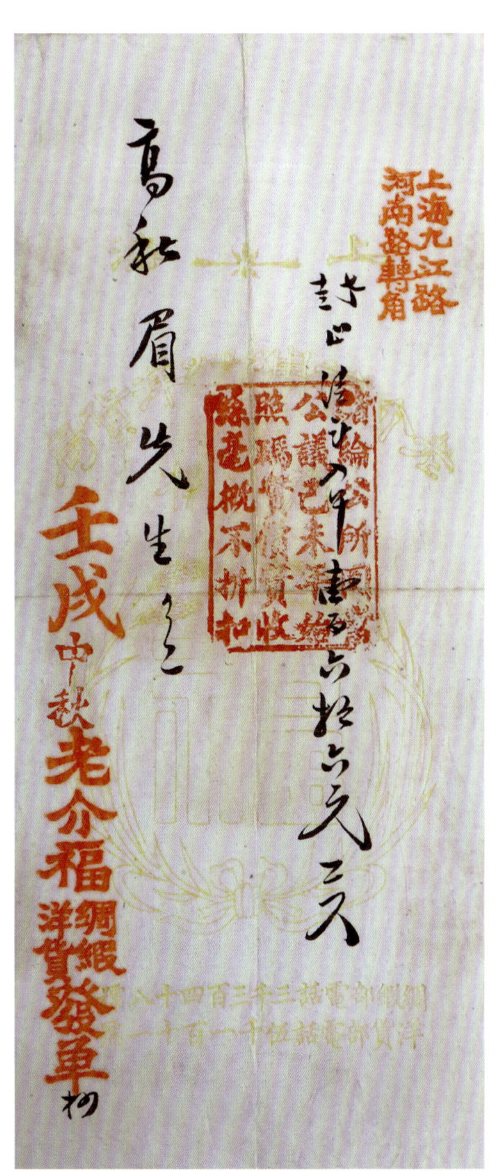
上海九江路河南路轉角

高秋眉先生台照

壬戌中秋老介福綢緞洋貨發單

• 壬戌（1922 年）中秋老介福绸缎洋货发单

• 老介福绸缎局

七月十三日正，请计入洋一百六十六元二（角）六。高秋眉先生台照。

店址：上海九江路河南路转角

15. 租地契约样式（1930 年）

百元正以後每年憑租摺交付租洋不得拖欠延
遲日期藉口推諉頂首存洋柒百元於末年算清
二訂定租期念五年為限自民國十九年十一月六
日起至民國四十四年十一月六日為止期內憑
此合同為證過期無效
三此租地上造房屋之一切施行職權概歸承租人
自由行動出租人不得干涉期滿後承租人所造
該地面上之房屋無條件交於出租人並不索價
等情
四期內如該地來歷不明別生枝節族中爭產或出
售等情强迫承租人他遷致背合同條約即由出
租人賠償該地上期內應收之全數利益及營造
之一切損失
五在期

· 1930 年租地契约样式（草拟）

祖地契約

立出/承祖基地合同○○○後文稱出祖人係包括其本身及後嗣人或依中國法律之身後合法繼承人而言○○○天記代表沈石後文稱承祖人係包括全體股東及接替人或其他法律上之代表人而言今天記因缺乏之基地

央中說合祖○○○之基地一方坐落上邑○○○

○○○○字圩第○○號田單業户○○○則田○

○○○○○○正即今之法祖界亞爾培路西支

路坐南朝北憑中三面言明每年祖金洋柒百元正

一項一祖先付後祖限期念五年為止茲將雙方議

妥條件列後

一立契日由承祖人先付一項一祖共計洋壹千肆

16. 薛公孝租住高府房契（1929 年）

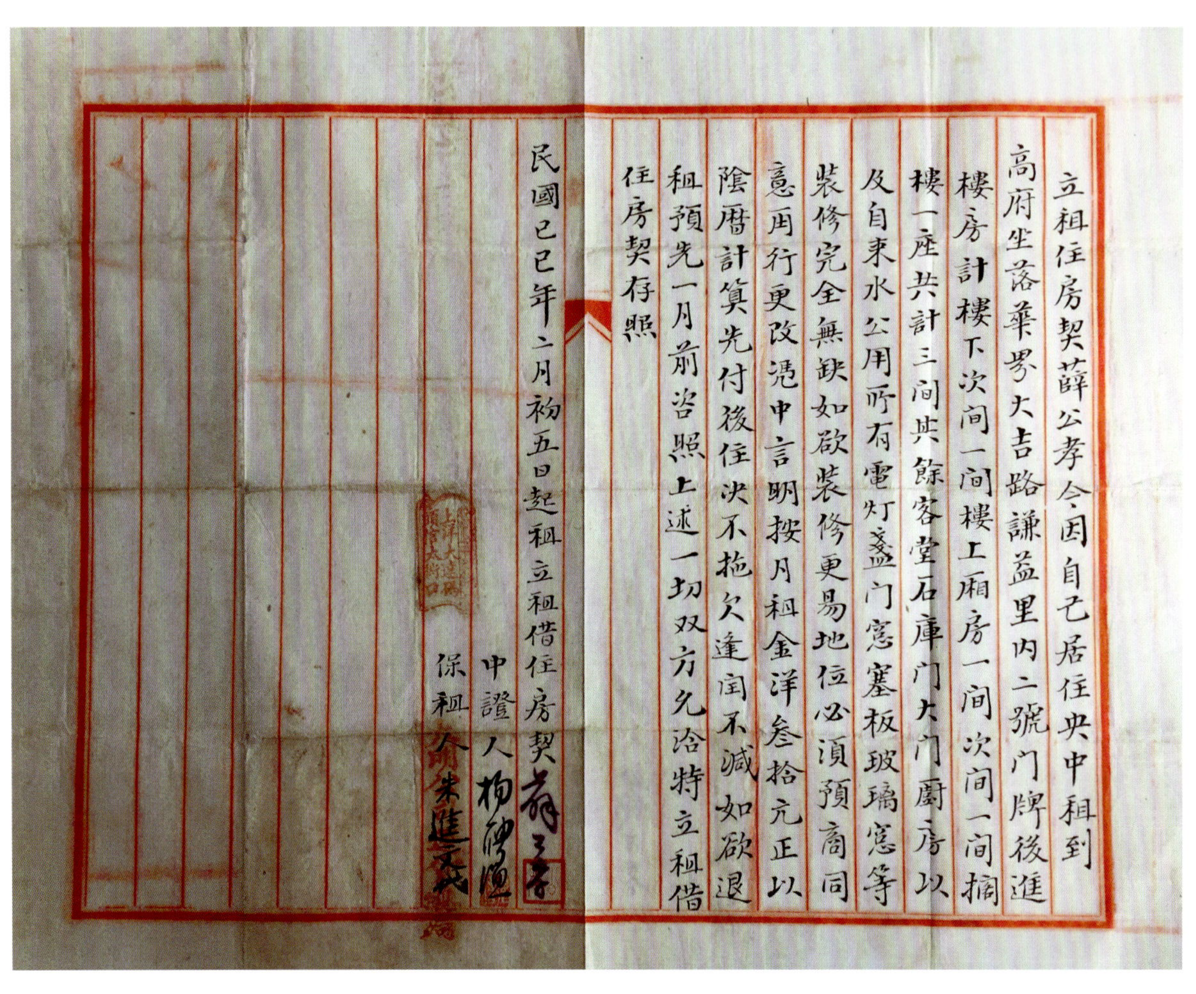
立租住房契薛公孝今因自己居住央中租到
高府坐落華界大吉路謙益里内二號门牌後進
樓房計樓下次间一间樓上廂房一间次间一间搁
樓一座共計三间共餘客堂石庫门大门厨房以
及自來水公用所有電灯盞门窗塞板玻璃窗等
裝修完全無缺如欲裝修更易地位必須預商同
意再行更改憑中言明按月租金洋叁拾元正以
陰曆計算先付後住决不拖欠逢闰不減如欲退
租預先一月前咨照上述一切双方允洽特立租借
住房契存照

民國己巳年二月初五日起租立租借住房契薛公孝
中證人楊聘漁
保租人朱進文代

上洋大達碼頭信太弄口

· 1929 年薛公孝租住高府房契

立租住房契薛公孝今因自己居住央中租到高府（高秋眉）坐落华界大吉路谦益里内二号门牌……共计三间……。民国己巳年二月五日起租。

立租借住房契薛公孝

中证人杨聘渔

保租人朱进文代

上洋大达码头信太弄口（章）

17. 陈庆平致高秋眉函（方先生转）

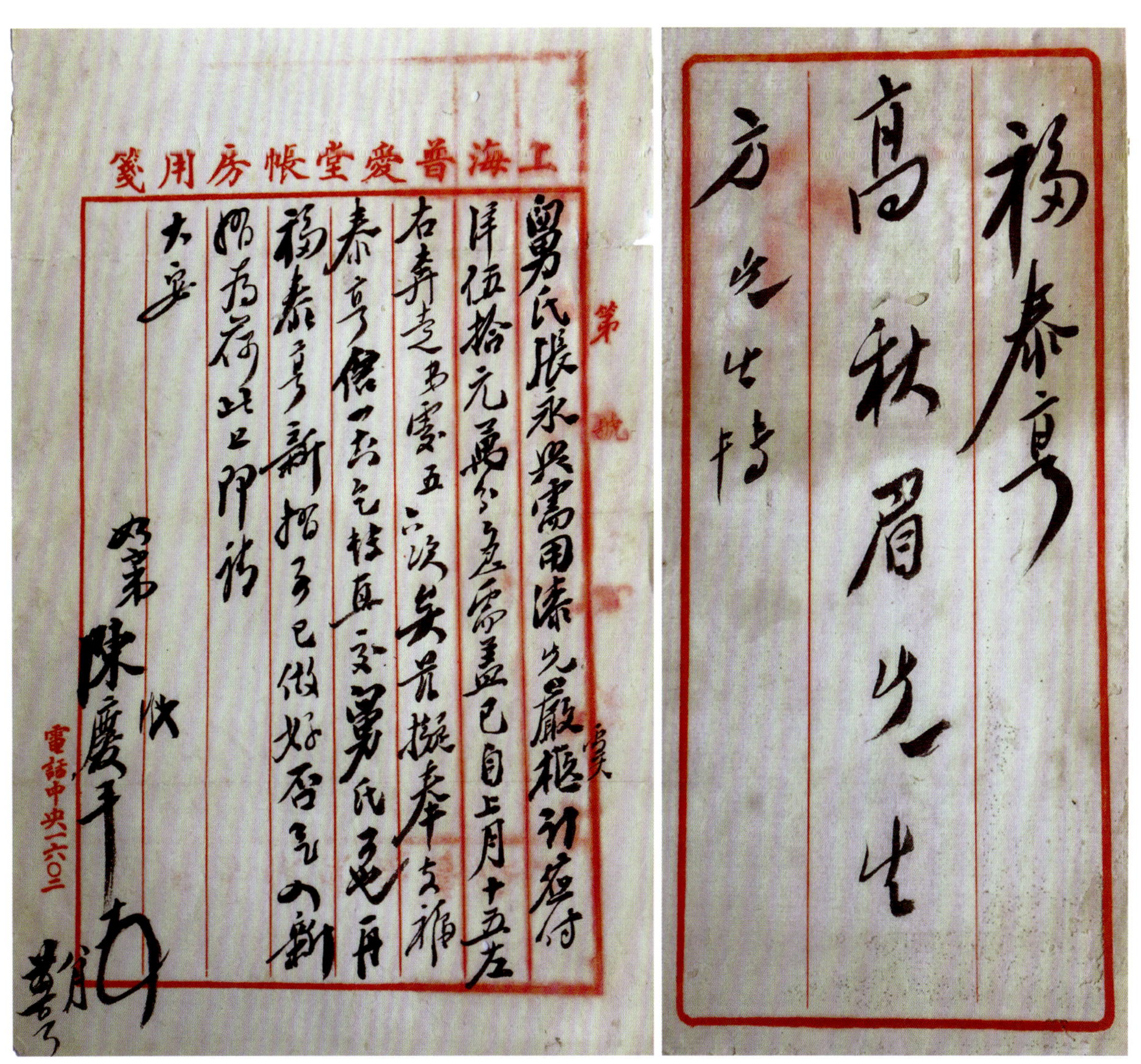

· 陈庆平致高秋眉函（方先生转）（含封套）

舅氏张永兴需用漆先严灵柩，计应付洋五十元，万分急需盖已自上月十五左右奔走弟处五六次矣！兹拟奉支福泰亨信一书乞转直交舅氏可也。再，福泰亨新折□已做好否？乞入新折为荷！此上即请大安。

恕小弟陈庆平顿首

八月廿二日

18. 高秋眉君中医药单（2笺）

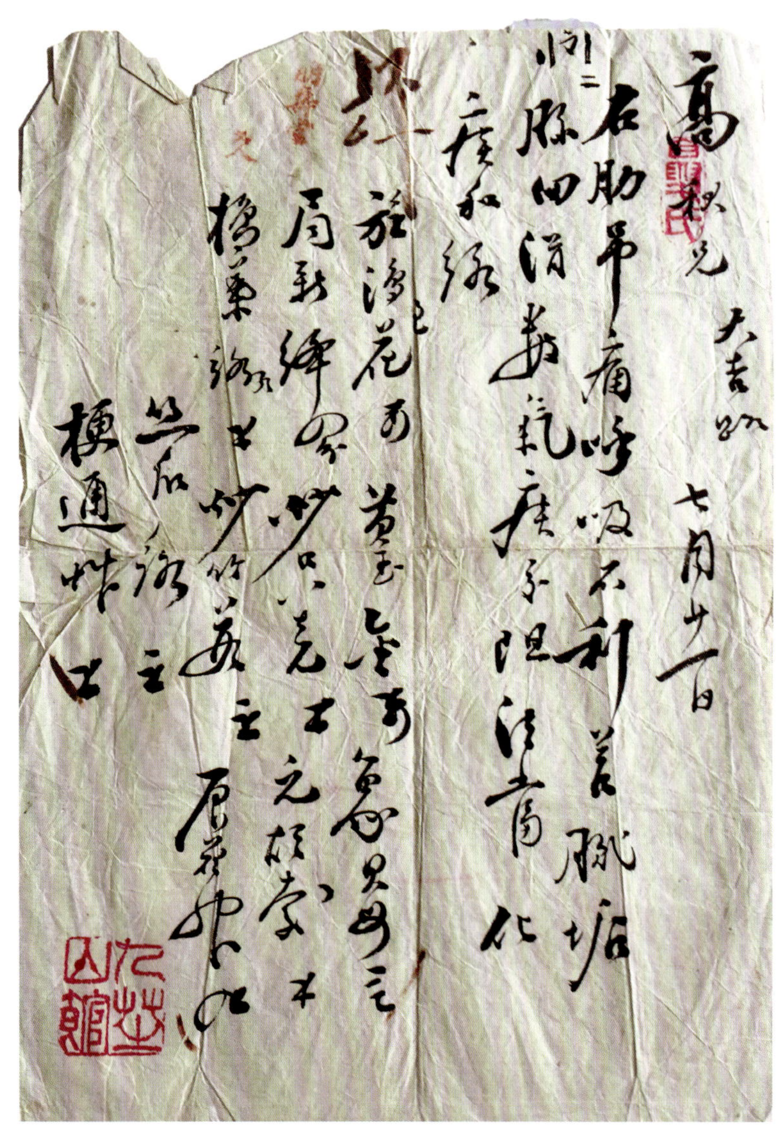

· 九华山馆中医药方之一

洋：六角六分

大吉路高秋（眉）兄

右肋吊痛呼吸不利，□□垢脉向消数气痰交阻法当化痰和络……

九华山馆（章）

七月廿一日

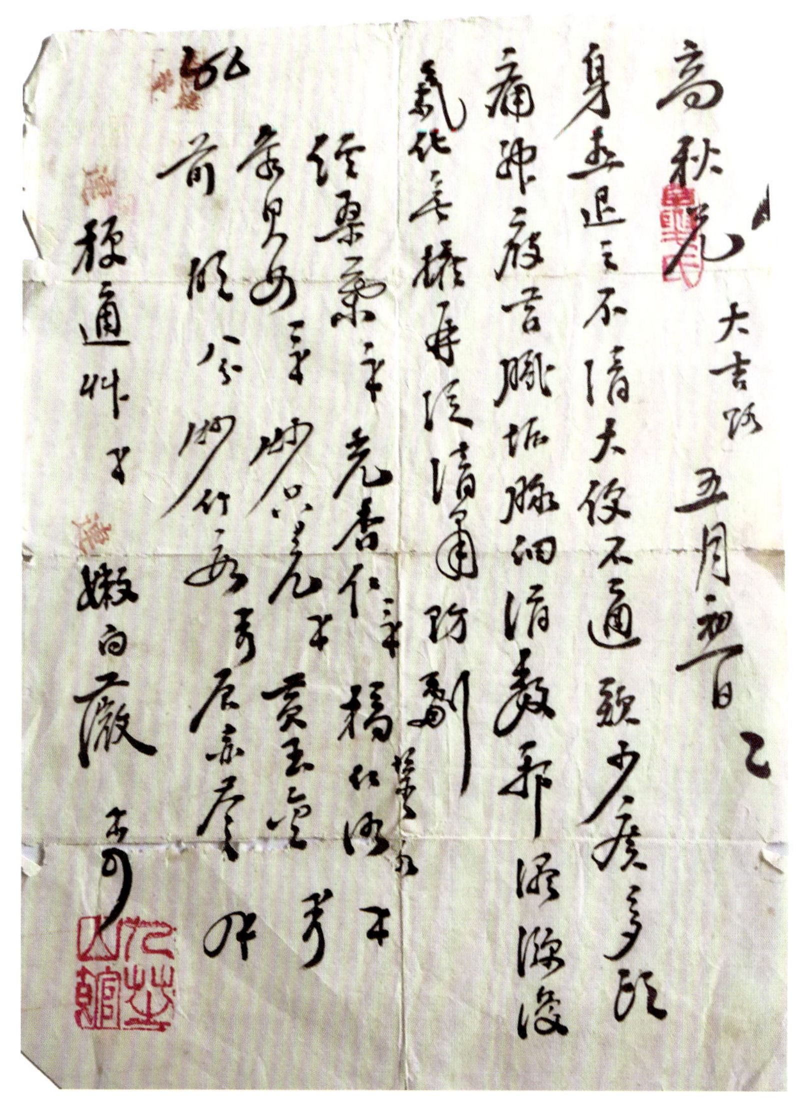

· 九华山馆中医药方之二

洋：五角

大吉路高秋（眉）兄

身热退之不清，大便不通，少痰多头痛神疲，言□垢脉细数邪□□□气化无□再从清通防……

九华山馆（章）

五月初一日

七 附录

1. 鼎元钱庄捐赠教育基金红帖

福泰亨金号这批家族档案的时间至1937年全面抗战爆发前戛然而止，不知何原因，或许是歇业了。在整理这批档案时却意外发现两件抗战胜利后的实物，一件是1949年4月《上海市钱商业同业公会会员录》；另外一件是上海鼎元钱庄的捐赠教育基金的红帖，经查证该钱庄曾是中共的一处秘密联络处和地下金库，故作为上海市近代红色史迹，亦收入其中。

鼎元钱庄——中共的地下金库

在上海闹市位于南京路与四川路交会口有家鼎元钱庄，它曾是中共地下党的秘密金库，是陈毅、粟裕大军华中根据地设在上海的秘密办事处，承担着揽财、揽物、接送人员的重大任务。鼎元钱庄的老板叫许振东，镇江人，父亲从事航运，家境富裕。抗战时在桂林广西大学读书，参加抗日宣传活动。后到上海筹办左翼刊物出版社。受中共党员徐雪寒、邓克生影响，要求加入共产党，并一起去新四军根据地。后经组织慎重研究认为，他不入党留在上海为党工作更为有利。于是，许振东接受了组织的安排留在上海。鼎元钱庄筹组时按照根据地商定的方案：即我党出资50%，许振东出资40%，剩下10%在社会招股。之后在高邮、扬州、镇海分别布点，也成立私人钱庄与上海鼎元衔接，由根据地华中银行直接领导。其时鼎元钱庄的副经理、襄里都是地下党员。鼎元钱庄选址闹市区主要考虑有二：因钱庄生意大，人员进出多，在闹市区反而安全；另外，鼎元隔壁是银行金号，在金号边倒腾黄金除了方便也利掩敌特之耳目。鼎元钱庄隔壁461号是谦泰商业银行（其前身是谦泰钱兑庄），再隔壁465号是老祥和银楼。谦泰银行、老祥和银楼和天津路的祥和金号，其实都是一个老板。祥和金号实力雄厚，在上海以加工买卖金条著称。抗战后国统区货币急速贬值，物价飞涨，大宗买卖基本以黄金作为支付手段了。

1948年鼎元钱庄用盈余的黄金100两用于采购军用胶鞋、搪瓷碗运抵东北战场，解决了东北我军的急需。许振东很会经营，为防货币贬值，将钱庄结余全部换成黄金保存。到1948年底，鼎元钱庄向党组织上交的黄金达900两，这些实物黄金大多是祥和金号的焓赤十两金。当时处在白色恐怖下的许振东需要不时与党组织交换情况，跟他接触的领导只有徐雪寒和陈明两位，一旦联络不上或遇到麻烦事，被指定的联系人就是地下党员朱枫，镇海人，家境富裕。1948年她在鼎元任职时已是中共秘密党员，同时在另外几家公司兼职。她办事干练，有大家闺秀之风范。1950年党组织安排她去台湾，她不惜抛家弃子，勇闯龙潭虎穴，后因叛徒出卖，于1950年6月在台湾就义，骨灰直到2012年才迎回故乡安葬。她是我党隐蔽战线的杰出女战士。鼎元钱庄在新中国成立后停业。老板许振东虽然终身没能加入共产党，却是共产党难得的忠实朋友。

· 上海祥和一两金

· 上海祥和十两金

· 鼎元钱庄老板许振东

· 鼎元钱庄（四川中路转角）

· 鼎元钱庄捐助教育基金红帖

CHEQUE. No. G 4188 Shanghai, 19

The Ting Yuen Bank.

SHANGHAI

Pay against this cheque to or Bearer

Dollars

鼎元钱庄支票

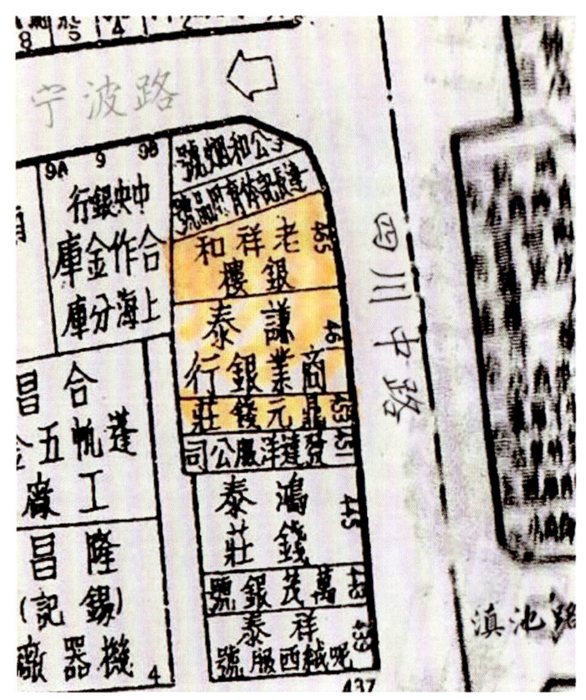

鼎元钱庄、谦泰银行、老祥和银楼位置图

朱枫烈士

2.《上海市钱商业同业公会会员录》（1949 年 4 月）

1949 年 4 月编印的《上海市钱商业同业公会会员录》，“鼎元钱庄”位列其中

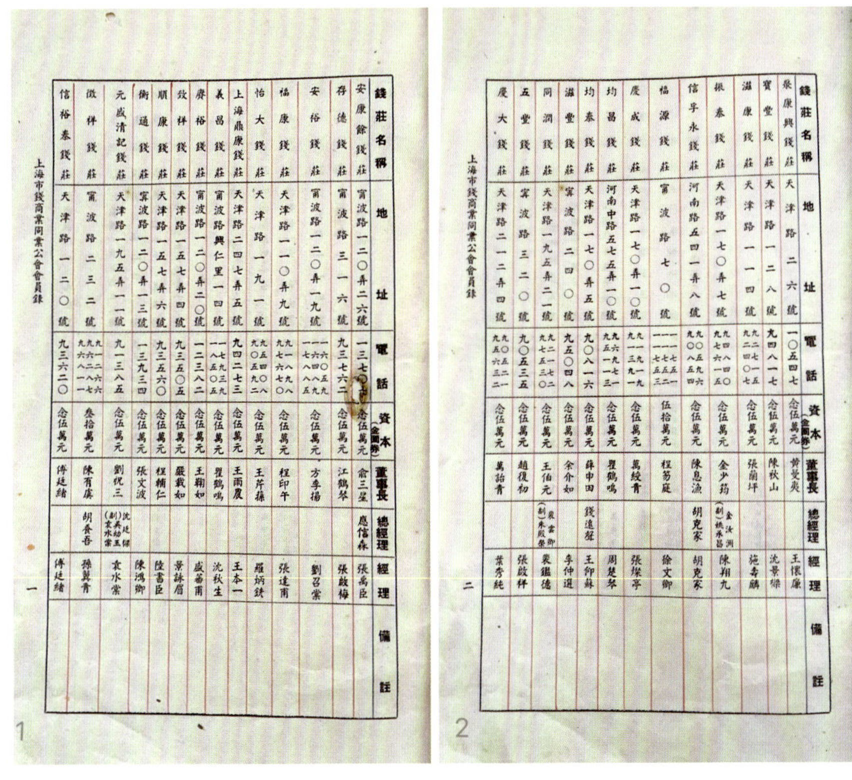

上海市錢商業同業公會會員錄

錢莊名稱	地址	電話	資本（金圓券）	董事長	總經理	經理	備註
安康餘錢莊	甯波路一二〇弄二六號	一三七〇[illegible]	念伍萬元	俞三星	應信森	張禹臣	
存德錢莊	甯波路三一六號	九三七六二	念伍萬元	江鶴琴		張啟梅	
安裕錢莊	甯波路一二〇弄一九號	一六〇五九 一六四八九 一七八八五	念伍萬元	方季揚		劉召棠	
福康錢莊	天津路一一〇弄九號	九一八九八 九七六七〇	念伍萬元	程印午		張達甫	
怡大錢莊	天津路一九一號	九五四〇八 九〇五九二	念伍萬元	王芹蓀		羅炳鉄	
上海鼎康錢莊	天津路二四七弄五號	九四二七三	念伍萬元	王雨農		王本一	
義昌錢莊	甯波路興仁里一四號	一七九三九 一八五〇五	念伍萬元	瞿鶴鳴		沈秋生	
賡裕錢莊	甯波路一二〇弄二〇號	一二三八二	念伍萬元	王鞠如		盛蕃甫	
致祥錢莊	天津路一五七弄四號	九三五〇五	念伍萬元	嚴載如		景詠眉	
順康錢莊	天津路一五七弄六號	九三五六〇	念伍萬元	程楠仁		陸書臣	
衡通錢莊	甯波路一二〇弄一三號	一三九三四	念伍萬元	張文波		陳鴻卿	
元盛清記錢莊	天津路一九五弄一一號	九一三八五	念伍萬元	劉倪三	沈廷標 吳幼玉 （副）袁水棠	袁水棠	
徵祥錢莊	甯波路二三二號	九一二六六 九六二八七 九六八一一	叁拾萬元	陳有庚	胡養吾	孫翼青	
信裕泰錢莊	天津路一二〇號	九三六二〇	念伍萬元	傅廷緒		傅廷緒	

一

上海市錢商業同業公會會員錄

錢莊名稱	地址	電話	資本（金圓券）	董事長	總經理	經理	備註
聚康興錢莊	天津路二六號	一〇五四七	念伍萬元	黃旻爽		王懷廉	
寶豐錢莊	天津路一二八號	九四八一七	念伍萬元	陳秋山		沈景樑	
滋康錢莊	天津路一一四號	九二七一五 九二四〇七	念伍萬元	張蘭坪		施壽麟	
振泰錢莊	天津路一七〇弄七號	九四八四〇 九七六一五	念伍萬元	金少筠	金汝洲 （副）姚承昌	陳翔九	
信孚永錢莊	河南路五四一弄八號	九〇五九六 九〇八五四	念伍萬元	陳息漁	胡克家	胡克家	
福源錢莊	甯波路七〇號	一一七五一 一一七五二 一一七五三	伍拾萬元	程筠庭		徐文卿	
慶成錢莊	天津路一七〇弄一〇號	九一九一九 九一三九一	念伍萬元	萬綬青		張燦亭	
均昌錢莊	河南中路五七五弄一〇號	九六九七一 九五一一三	念伍萬元	瞿鶴鳴		周楚琴	
均泰錢莊	天津路一七〇弄五號	九〇八一六	念伍萬元	薛中田	錢遠聲	王仰蘇	
滋豐錢莊	甯波路二四〇號	九五〇四八	念伍萬元	余介如		李仲選	
同潤錢莊	天津路一九五弄二一號	九二一七二 九七五三〇	念伍萬元	王伯元	裴雲卿 （副）朱殿榮	裴鑑德	
五豐錢莊	甯波路三二〇號	九〇五三五	念伍萬元	趙復初		張啟梓	
慶大錢莊	天津路二一二弄四號	九〇五二一 九五六三二	念伍萬元	萬詒青		葉秀純	

二

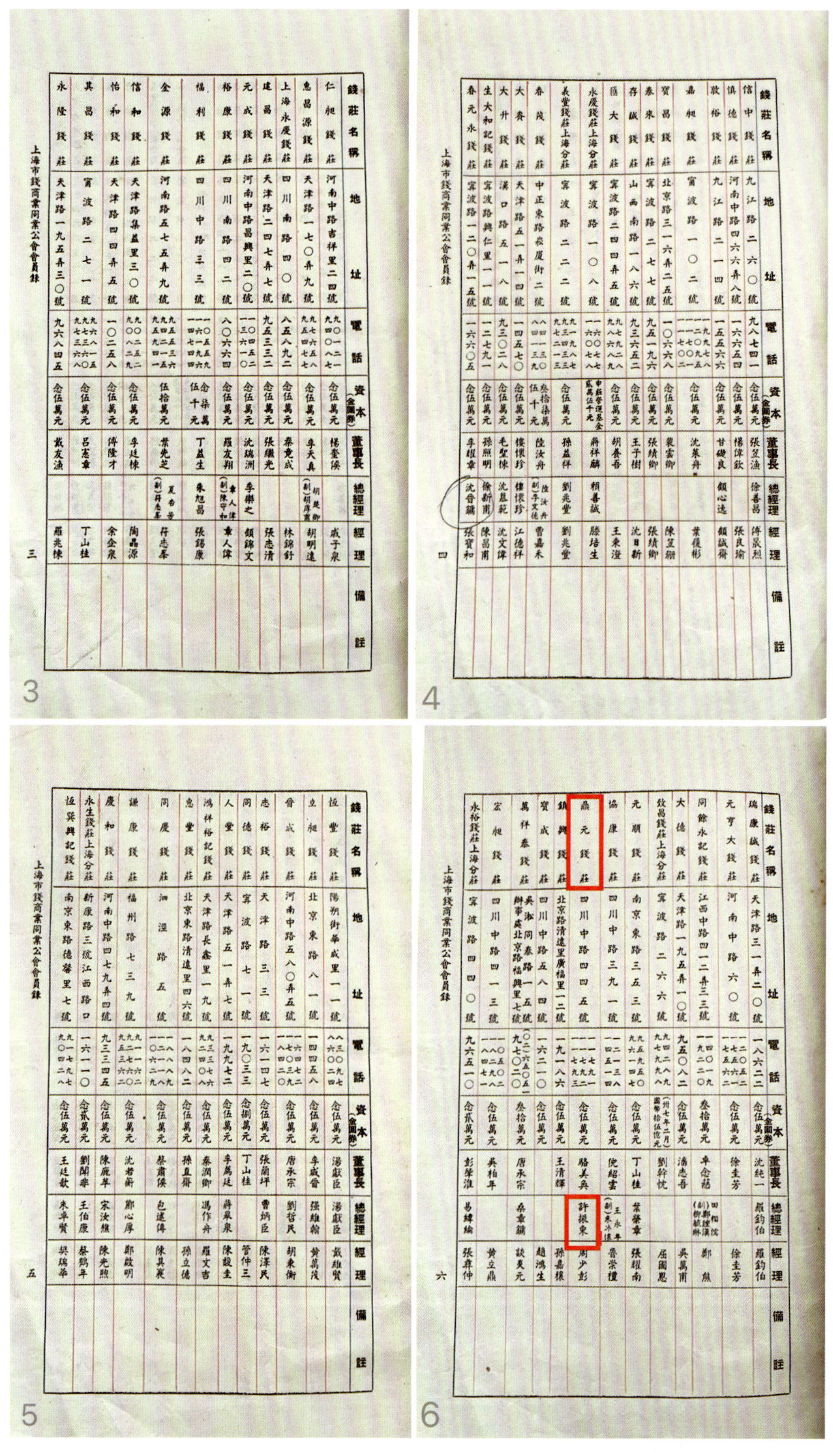

上海市錢商業同業公會會員錄 三

錢莊名稱	地址	電話	資本(金圓券)	董事長	總經理	經理	備註
仁昶錢莊	河南中路吉祥里二四號	九〇一二一 九四〇八七	念伍萬元	楊蔭孫		戚子泉	
惠昌源錢莊	天津路一七〇弄九號	九七五五八 九五四七七	念伍萬元	李天真	胡建卿 (副)胡厚直	胡明達	
上海永慶錢莊	四川南路四〇號	八五八九二	念伍萬元	秦竟成		林錦釗	
建昌錢莊	天津路二四七弄七號	九五三三二	念伍萬元	張繼光		張志清	
元成錢莊	河南中路昌興里二〇號	一〇四五二 一三六一〇	念伍萬元	沈瑞洲	李樂之	顧錦文	
裕康錢莊	四川南路四二號	八〇六六四	念伍萬元	羅友翔	章人偉 (副)陳宇和	章人偉	
福利錢莊	四川中路三三號	一〇五五九 一六一九六 一四七四四	念柒萬伍千元	丁益生	朱旭昌	張錫康	
金源錢莊	河南路五七五弄九號	九五五三六 九四二一五 九五九四一	伍拾萬元	葉先芝	夏杏芳 (副)符志奉	符志奉	
信和錢莊	天津路集益里三〇號	九〇二五二 九〇八二九	念伍萬元	李廷棟		陶晶源	
怡和錢莊	天津路四四弄五號	一〇二五八	念伍萬元	傅隆才		余企泉	
其昌錢莊	甯波路二七一號	九六八一五 九七三六〇 九七三六八	念伍萬元	呂憲章		丁山桂	
永隆錢莊	天津路一九五弄三〇號	九六八四五	念伍萬元	戴友漁		羅兆棟	

3

上海市錢商業同業公會會員錄 四

錢莊名稱	地址	電話	資本(金圓券)	董事長	總經理	經理	備註
信中錢莊	九江路二六〇號	九八七四一	念伍萬元	張笠漁	徐善昌	傅景烈	
慎德錢莊	河南中路四六六弄八號	一六六五四	念伍萬元	楊偉欽		張良瑜	
敦裕錢莊	九江路二一四號	一五五六六	念伍萬元	甘礎良	顧心逵	顧誠齋	
嘉昶錢莊	甯波路一〇二號	一九九七八 一二〇九五 一一七〇一 一一七〇二	念伍萬元	沈萊舟		葉復彬	
寶昌錢莊	北京路三一六弄二五號	一〇六六八	念伍萬元	裘雲卿		陳笠珊	
泰來錢莊	甯波路二七七號	九五一九六	念伍萬元	張績卿		張績卿	
存誠錢莊	山西南路一八六號	九三六五二	念伍萬元	王子樹		沈日新	
匯大錢莊	甯波路二四四弄五號	九七九二八 九八六八九	念伍萬元	胡養吾		王東澄	
永慶錢莊上海分莊	甯波路一〇八號	一六〇七七 一六〇七八	中莊營運基金貳萬伍千元	蔣祥麟	賴善誠	滕培生	
義豐錢莊上海分莊	甯波路二二二號	九一九八七 九三四三三 九七二一三	念伍萬元	孫益祥	劉兆堂	劉兆堂	
春茂錢莊	中正東路松慶街二號	八四一三〇 八四一三九	叁拾柒萬伍千元	陸汝舟	陸汝舟 (副)李文德	曹嘉禾	
大賚錢莊	天津路五一弄一四號	一四五七〇	念伍萬元	樓懷珍	樓懷珍	江德祥	
大升錢莊	漢口路五一八號	九三〇二八	念伍萬元	毛聖棟	沈慕範	沈文偉	
生大和記錢莊	甯波路興仁里一一號	一二七九一	念伍萬元	孫照明	徐新甫	陳昌甫	
春元永錢莊	甯波路一二〇弄一五號	一六六〇五	念伍萬元	李植章	沈晉鏞	張寶和	

4

上海市錢商業同業公會會員錄 五

錢莊名稱	地址	電話	資本(金圓券)	董事長	總經理	經理	備註
恆豐錢莊	陽朔街華成里一一號	八三〇九七 八六〇二四	念伍萬元	湯獻臣	湯獻臣	戴維賢	
立昶錢莊	北京東路八一號	一四四五八	念伍萬元	李咸曾	張維翰	黄萬茂	
晉成錢莊	河南中路五八〇弄五號	一六四七二 一七〇三九 一八四二〇	念伍萬元	唐承宗	劉哲民	胡東衡	
志裕錢莊	天津路三三號	一六一四七	念伍萬元	張蘭坪	曹炳臣	陳澤民	
同德錢莊	甯波路七一號	一九〇三三	念捌萬元	丁山桂		管仲三	
人豐錢莊	天津路五一弄七號	一九九七二	念伍萬元	李篤廷	蔣畢泉	陳穀圭	
鴻祥裕記錢莊	天津路長鑫里一九號	九三三七六 九二四〇八	念伍萬元	秦潤卿	馮作舟	羅文吉	
惠豐錢莊	北京東路清遠里四六號	一八四八二	念伍萬元	孫直齋		孫立德	
同慶錢莊	泗涇路五號	一八八八九 一二一一八 一〇六二九	念伍萬元	蔡肅侯	包達偉	陳其襄	
謙康錢莊	福州路七三九號	九一一六二 九二七六〇 九五三六二	念伍萬元	沈者蔚	鄭心厚	鄭啟明	
慶和錢莊	河南中路四七九弄四號	九三三四五	念伍萬元	陳鹿苹	宋汝縉	陳光煦	
永生錢莊上海分莊	新康路三號江西路口	一六一一〇	念貳萬元	劉聞非	王伯康	蔡鶴年	
恆巽興記錢莊	南京東路德馨里七號	九一七九七 九〇四二八	念伍萬元	王廷歆	朱卓賢	吳瑞華	

5

上海市錢商業同業公會會員錄 六

錢莊名稱	地址	電話	資本(金圓券)	董事長	總經理	經理	備註
瑞康誠錢莊	天津路三一弄二〇號	一八六二二	念伍萬元	沈純一	羅鈞伯	羅鈞伯	
元亨大錢莊	河南中路六〇號	一二〇五二 一七五六一 一七五六二	念伍萬元	徐圭芳		徐圭芳	
同餘永記錢莊	江西中路四一二弄三三號	一四〇一九 一九二二〇	叁拾萬元	韋念慈	田和卿 (副)鄭煙漢 柳緘琳	鄭熊	
大德錢莊	天津路一九五弄一〇號	九五〇八二	念伍萬元	潘志吾		吳萬甫	
致昌錢莊上海分莊	甯波路二六六號	九四二八九 九七九九八	(卅七年二月)國幣拾伍億元	劉幹忱		屈國恩	
元順錢莊	南京東路三五三號	九五九五〇 九六一四七	念伍萬元	丁山桂	葉馨章	張緝南	
協康錢莊	四川中路三九一號	一二一三八 一四五一四	念伍萬元	倪紹雲	王永年 (副)朱沐德	魯崇禮	
鼎元錢莊	四川中路四四五號	一一七九一 一一七九二 一一七九三	念伍萬元	駱美奐	許根東	周少彭	
鎮興錢莊	北京路清遠里廣福里一二號	一九一八六	念伍萬元	王清輝		孫嘉根	
寶成錢莊	四川中路五八四號	一六二一〇	念伍萬元			趙鴻生	
萬祥泰錢莊	吳淞同泰路一五號 辦事處北京路福興里七號	(〇二)六五〇五一 九七〇二〇	叁拾萬元	唐承宗	桑章鏞	談炎元	
宏昶錢莊	四川中路四一三號	一〇五〇二 一八二九八 一八四七一	念伍萬元	吳柏年		黄立鼎	
永裕錢莊上海分莊	甯波路四四〇號	九六五一〇	念貳萬元	彭肇淮	易緯綸	張彝仲	

6

· 名录中“鼎元钱庄”位列其中

3. 上海《申报》刊登《买卖黄金办法》（1949 年 3 月）

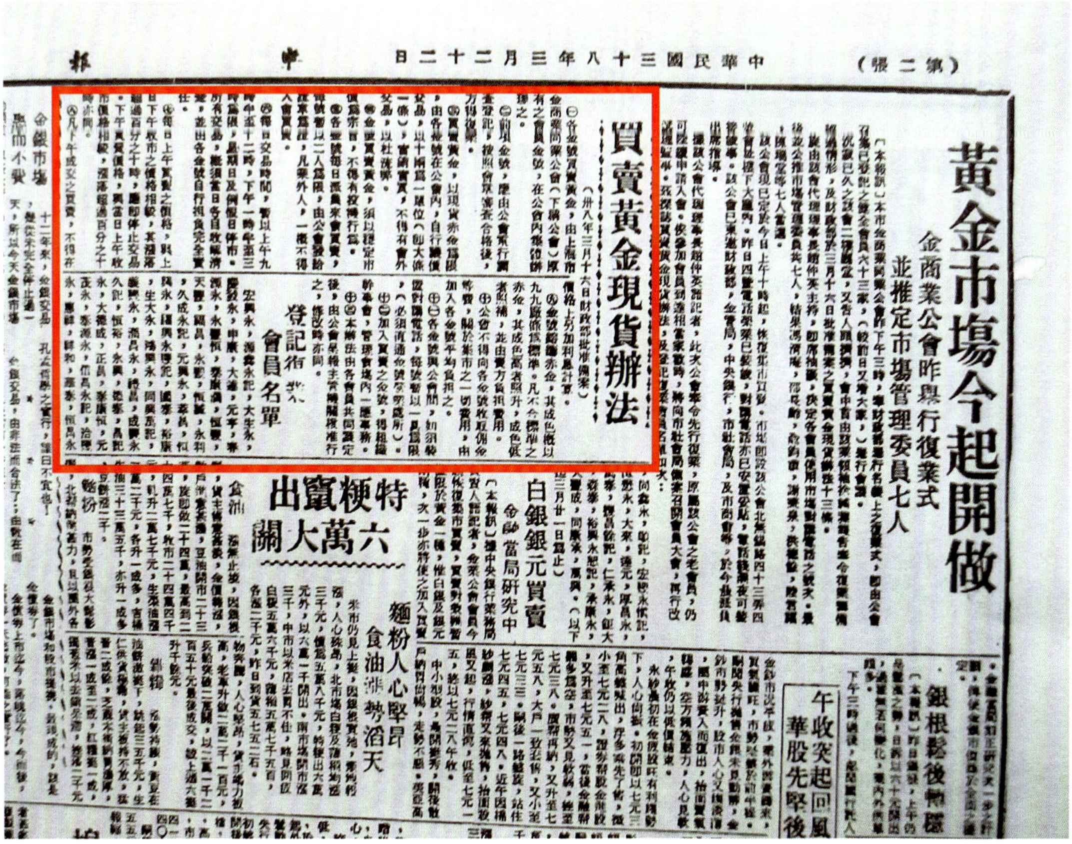

· 1949 年 3 月 22 日上海《申报》刊登《买卖黄金现货办法》登记复业的本地金号名单

买卖黄金现货办法：

一、各金号买卖黄金，由上海市金商业同业公会（下称公会）原有之会员金号，在公会内集体联环之。

二、前项金号，应由公会实行调查登记，按照会章审查合格后，方得复业。

三、买卖黄金，以现货赤金为限，由各金号在公会内，自行践价交易，以十两为一单位（即大条一条），实销实买，不得有会外交易，以杜流弊。

四、今后买卖黄金，须以稳定市价为宗旨，不得有投机行为。

五、各金号每日涨负来会买卖，每号暂以二人为限，由公会发给证章为证，凡业外人，一概不得入会买卖。

六、每日交易时间，暂以上午 9：30 至 12：00，下午 1：30 至 3：00 为限，星期日及例假日停市。所有交易，盖须当日各自收解清楚，并有各金号自行担负完全责任。

七、每日上午买卖之价格与上日下午收市之价格相较，其涨落超过百分之十时，应即停止交易。下午买卖价格，与当日上午收市价相较，涨落超过百分之十时亦同。

八、凡下午成交之买卖，不得在价格上另加利息计算。

九、金号熔铸赤金，其成色概以99厂条为标准，凡不合标准之赤金，其成色高者照升，成色低者照补，并由卖方负担费用。

十、公会不得向金号收取佣金等费用，关于集市之一切费用，由加入各金号平均负担之。

十一、各金号与公会间，如需装置对讲电话，每号暂以一具为限（必须直通金号营业处所）。

十二、加入买卖之金号，得组织干事会，管理会场内一应事务。

十三、本办法由各会员共同拟定后，由公会呈报主管机关核准行之，修改时亦同。

登记复业会员名单：

宏兴永、源鑫永记、大生永、庆发永、申康、大达、元亨、春源永、永丰恒、泰康润、恒丰、天丰、福昌、永丰、恒诚、永利、久成永记、元兴永、萃昌、恒兴永、福兴永庆记、国泰、裕康、生大永、鸿兴永、同兴万记、义兴永、润昌永、礼昌、成丰永久记、恒裕、永兴、德泰、昌记永、大德成、正昌、泰康恒、元茂永、泰源永、信昌永记、洽丰永、惠祥、祥和、万泰、恒昌永、同鑫永、顺记、宏丰永慎记、恒懋永、大来、达元、厚昌永、万泰、丰昌馀记、仁承永、钜大、森泰、裕兴永恕记、承康永、大丰成、同康永、万兴。（以上迄三月廿一日为止）

后记

十多年前这批老上海福泰亨金号文书，流入市场，几经转手，卖家重点是几个铁制模具，其他纸质书信账本票据等不甚重视。长期以来在各地收藏品市场反映旧中国金业的实证史料极少发现，加上这批资料的完整性，从创建金号的合同议墨图章模具、金业公会的选举通知及规章，到国际金价变化应对及标金交易的往来信函，甚至电话移机发票、小孩的成绩报告单等，内容十分丰富。这批文书从一个侧面反映了近代上海作为远东最大金融中心的地位，其价值不言而喻。

书中笔者按内容分为六个部分，即金号创建、行会组织、标金交易、账册分红、投资他业、社会公益和家庭日常等，共计150件实物原件和60余张珍贵的历史老照片并加以说明。早期金业对书写高度重视，因此留存至今的合同议墨、账册、分红帖、业务往来的书信等金融业凭证，给我们留下了许多值得品味的笔墨，或一丝不苟，或狂放恣肆，一件件堪称金融票据文献上的书法作品。这些文书内容因用语专业，部分私人信函又大多急就章，个别字句须上下反复揣摩，仔细辨认方能释读。作为民间金融文献史料的编纂，保存原件原色是本书的特点，书中图文对照，并辅以背景说明，方便读者阅读研究。

在资料的征集编辑过程中得到了上海第一财经专栏作者顾继东先生、海南德泉缘钱币博物馆刘德龙馆长、藏家崔振宇、魏裕武、李丙乾等先生的鼎力相助，上海科学技术出版社编辑励真先生对书稿作了大量审阅和润色。在此一并表示由衷的感谢！

傅为群

2023年于梅陇

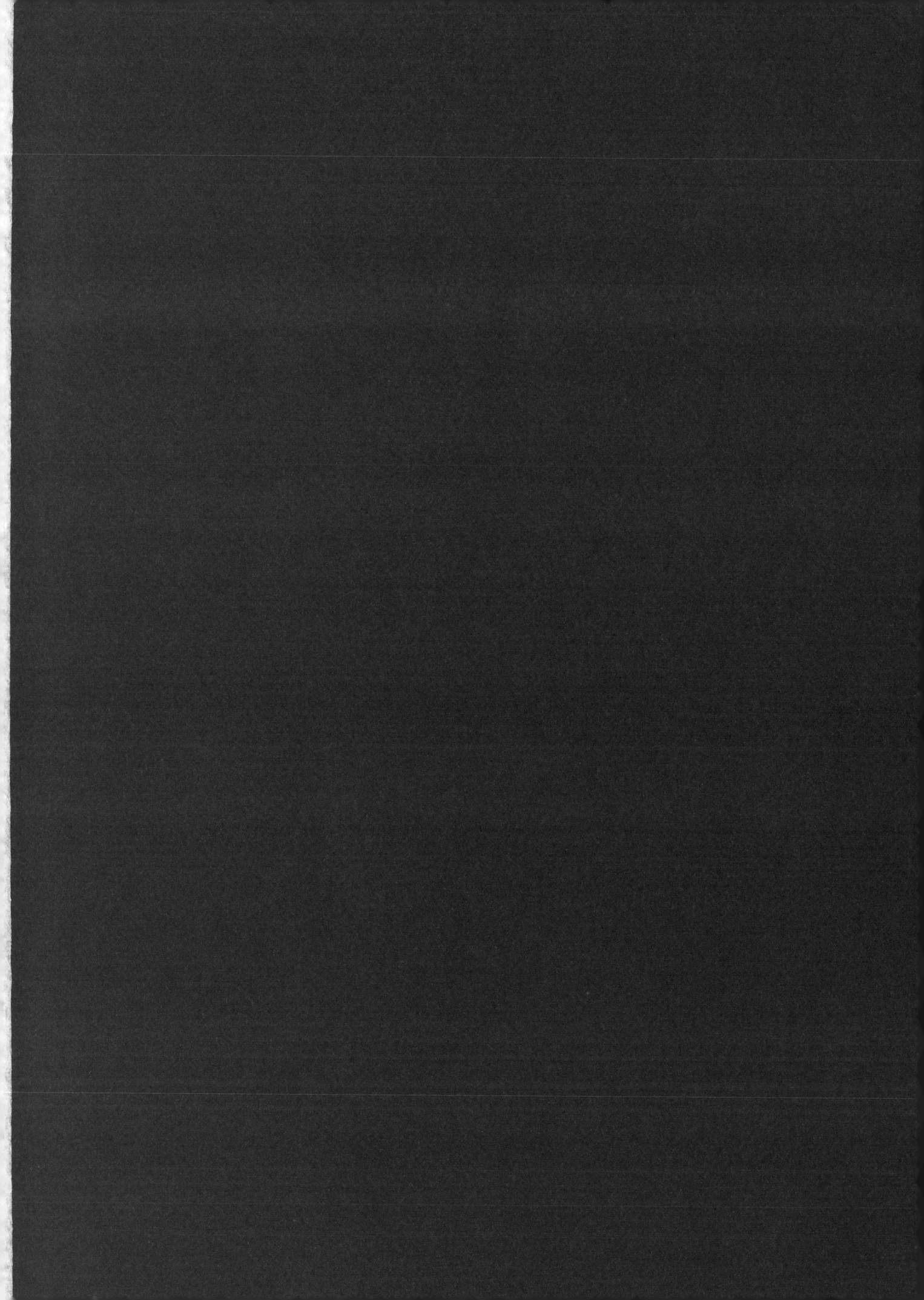